中国専門記者の日中関係史

太田宇之助を中心に

島田大輔
SHIMADA Daisuke

法政大学出版局

中国専門記者の日中関係史／目次

凡例

一　史料引用にあたり、旧字体・異体字などは、原則として当用・常用漢字に改めた。合字と二文字以上の踊り字は仮名表記に改めた。
二　引用文中の〔　〕は著者による補足である。
三　外国語文献の引用は現代日本語に翻訳した。
四　年月日の表記は原則として西暦を用いた。
五　「満洲」「満洲国」など括弧を付して表記すべき用語があるが、煩雑を避けるため、括弧を外して表記した。
六　「支那」「北支」などの表記は、引用文中は原文通りとしたほか、地の文においては、固有名詞（「支那派遣軍」「東京朝日新聞支那部」など）に限りそのままとした。
七　本文中では敬称略とする。
八　以下二点の頻出する文献については表記を省略した。
「太田日記」：「太田宇之助日記」昭和一五〜二〇年『横浜開港資料館紀要』第二〇〜二八号、二〇〇二〜一〇年。「太田日記」の引用にあたっては、「太田日記」〇〇〇〇年〇月〇日条といった形式とする。

『生涯』：太田宇之助『生涯――一新聞人の歩んだ道』行政問題研究所出版局、一九八一年。なお、『生涯』で太田は自身を「赤松宇太郎」と仮称し、三人称の体裁で書いている。また、太田の親族・家族についても仮名で表記されている。

序章　日本における中国認識と太田宇之助

第一節　中国専門記者とはどのような存在か

近代日本が外交上の最大の関心を向けていたのが中国だったこと、また、その蹉跌の最大の要因も中国政策だったことは、論を俟たない。では、中国政策の基盤となった中国認識とは、どのようなものだったのだろうか。中国に精通していたはずの中国通がどのような中国認識を抱いていて、その認識はどのように変化し、また、現実の日中関係にどのような影響を及ぼしたのかを、問い直す必要がある。

近代日本の中国認識についての研究は十分な蓄積がある。その代表である中国政治思想史家の野村浩一は「近代日本の歴史は中国認識失敗の歴史」と総括した。(1) また、日本政治思想史研究家の松本三之介は中国非国家論（中国人には近代国家形成能力と統治能力が欠如していると決めつける議論）が日本国内の中国論の主流となったと指摘し、そうした蔑視に基づく中国政策の矛盾・不合理性を批判した吉野作造、石橋湛山、尾崎秀実《ほつみ》、三木清ら、少数の知識人の重要性を論じた。(2)

先行研究の多くでは、知識人、陸軍軍人、外交官、大陸浪人、実業家の中国認識が分析されてきた。しかし、当時の総合雑誌・専門雑誌を紐解くと、そういった人物よりも、中国通のジャーナリスト（中国専門記者）が評論の主な担い手だったことが分かる。にもかかわらず、ジャーナリストに関する研究は、尾崎秀実とその他数名を除いて研究されてこなかった（詳しくは本章第三節参照）。

新聞社・通信社は、本社に支那部・東亜部という専門部局、そして、中国大陸に独自の通信網を有しており、そこに属する中国専門記者は、それぞれの中国取材・駐在経験に根ざした報道・言論活動を展開していた。本書では、基本的に、内地の新聞社に所属する記者を対象とする。[3] 彼らは、中国駐在特派員と本社の中国関連ポストを往復し、中国に関する報道に携わった。また、その執筆活動は、自社の新聞にとどまらず、総合雑誌・専門雑誌等に署名評論を積極的に掲載した。そして、その活動は次第に記者の活動の枠を越え、政府関係の嘱託に就任したり、昭和研究会（近衛文麿のブレーン・トラスト）に参加したりするなど、さまざまな形で時局に積極的に関与するようになっていた。当時のメディアを紐解けば、中国専門記者は、中国情報の供給源として非常に大きな位置を占めていたことが分かる。彼らは、陸軍、外務省、実業界の中国通と並んで、戦前期日本の中国通の重要な一要素であった。

こうした中国専門記者が所属する大手新聞社の支那部や東亜部を概括的に分析した土屋礼子は、新聞社における彼ら中国専門記者の立場、そして、彼らが一九二〇年代から四〇年代に果たした役割を以下のように総括している。

一般的に日本の大手新聞社の中で、中国および東アジア関係の部署の地位は高くない。政治部、経済部、社会部といった社内の権力的序列の中で、外報部・外信部の片隅に中国及び東アジア関係の担当記者がいるのが常である。しかし、一九二〇年代から一九四〇年代までの「支那」および「東亜」部署は、かつてなく注目され、また勢力を拡大した部署だった。〔中略〕その中で支那通をはじめとする「東亜」の記者たちは、共産主義の影響下での中国の政治経済的な変化と将来の方向性を論ずることが求められると同時に、排日運動と日本の軍と政府による対中国政策を論ずるだけでなく、それへの協力を要請され、また進んでそれに応じた。[4]

土屋の述べる通り、昭和戦前期における新聞社の中国専門記者の役割は、現在と比べても他のいかなる時期に比べても高かった。だが、研究が十分に進んでいるとはいえない。あくまで「観察者」としての側面が強く、政策決定に携わることのできない弱い立場だったと見なされてきたからである。しかし、中国専門記者の分析した情報は各自の経験に根ざした独自性があり、各紙の社論形成・報道にも影響を与え、それを読んだ読者にも影響を及ぼしていたのである。中国専門記者は取材の過程で中国の要人にも比較的容易に会見することができた。かつ、魯迅と交流を持った山上正義（新聞聯合社）の分析を行った丸山昇の研究[5]で明らかな通り、中国の知識人・ジャーナリストとも交流を深め得た存在である。近代日本（特に中国通）の中国認識を論じる上で、これまで中国専門記者の存在は看過されてきた。しかし、中国での豊富な駐在経験を持ち、国民に中国情報を伝える役割を持った中国専門記者の役割・主体性は無視されるべきではない。

それにもかかわらず、本章第三節で詳しく述べる通り、中国専門記者がどのような中国経験を有し、どのような中国認識を抱いていたのかはこれまでまったくといっていいほど論じられてこなかった。たしかに西村成雄や戸部良一といった日中関係史の第一人者が、彼らの役割を評価する論考を次々に発表するようになったが[6]、とはいえ、いずれの論考も、別の研究テーマのなかで中国専門記者について付随的に言及したものであり、比較的短い期間を切り取った分析に過ぎない。

近年、外国特派記者の重要性が注目されており、これは中国に限ったことではない。たとえば、ソ連崩壊後に公開された同国の公文書を駆使して、スターリン時代の支配構造や日ソ関係を明らかにしてきた政治史研究者の富田武[7]は、戦前期日本のロシア専門記者の分析を『日本人記者の観た赤いロシア』としてまとめている。富田は、そのあとがきのなかで特派員のレポートに触れた際の驚きを以下のように述べている。

後世の私たちは、彼ら記者が得たよりも豊富な情報を、とくにソ連崩壊後に入手した。このことは、しかし、記者たちの認識が劣っていたことを必ずしも意味しない。筆者〔富田〕は執筆しながら、自分が研究者として築いてきたロシア革命観、ソ連観の重要な要素のいくつかは彼ら〔記者〕がすでに観察したものであることに、あらためて気付かされた。正確に言えば、当時の記者たちの観察を、ソ連崩壊後に公文書を閲覧し、あるいは資料集で得た知見で裏付けることができた。外国史の研究は、当該国の公文書や新聞だけで完結するものではなく、自国の特派員の現地取材報告も生かすべきことを痛感したわけである。[8]

富田の言う通り、当時、公文書や私文書にアクセスできなかったにもかかわらず、後世の研究者と同等の水準で外国事情を鋭く分析していた新聞記者の取材力は無視すべきではなく、その記事は（無論、批判的に読解する必要があるが）重要な史料たりうるのである。そして、前述した通り、戦前期における中国専門記者の人数・規模・地位は、同時代のロシア専門記者の比ではない。

第二節　特異な中国論者としての太田

近年徐々に注目を集めているとはいえ、中国専門記者の研究は十分ではない。特に、時期ごとの中国認識の変化に対する分析が不十分である。そうした通時的な分析をする場合、特定の個人に焦点を絞るのが得策である。

なぜならば、一個人の言説を（時に比較が交じることにはなるが）中長期にわたって分析することにより、個人の内在的な変化、そして、情勢の変化という外在的変化の両者が看取しやすくなるからである。そこで、本書では、『東京朝日新聞』の太田宇之助（一八九一年一〇月八日〜一九八六年九月二日）の中国認識を長期的視野で分析し、日中関係に果たした役割を解明する。太田は、北京・上海などに通信員や上海支局長として駐在する一方、本社に帰任した際は、支那部次長や東亜問題調査会中国主査などを務めるなど、朝日新聞社において一貫として中国関係ポストに就いた、純粋な中国専門記者であった。太田に着目するのは、以下説明する通り、彼が特異な中国論者だったからである。

　日中戦争に至る要因の一つとして、一九三〇年代の日本の中国認識を挙げた波多野澄雄は、当時の状況を次のように要約している。第一に、「中国非国家論」が、一九三〇年代の日本の中国観の主流であり、内政干渉論、分治合作論、華北分離論といった、中国の国家統一を妨害し、混乱を助長する政策の根底にあった。第二に、日本陸軍は「国民党指導部が抗日運動を使嗾《しそう》している」と不信感を持っていたが、中国国民党も日本陸軍の華北分離に不信感を持っていた[9]。「中国非国家論」は、日本陸軍、政財界、論壇、そして民衆一般に根づいており、実際に政策に強い影響を及ぼしていた。

図1　太田宇之助（『朝日新聞社員写真帳』朝日新聞社，1934年）

　ただし、こうした主流の認識に抗う動きがなかったわけではない。『東京朝日新聞』の太田宇之助は、中国を近代化可能な普遍国家と見なし、相互不信に代わり相互信頼の必要性を説いた。そして、日本は中国の国家統一を積極的に援助せよ、との論陣を張ったのである。これは陸軍の認識とは異なったものであり、論壇のなかでも傍流であった。しかし、中国ナショナリズムと国家建設の動向・要望を偏見なく紹介し、日本の中国政策の転換を勧める太田の中国統一援助論は、中国国民政府と「対話」するためのあるべき「日中相互理解の基盤」とは何か、日本の朝野に警鐘を鳴らすものであり、ゆえに『大公報』など中国メディアでも太田の意見は好意的に取り上げられたのである。太田は、松本三之介が述べる、「『軽蔑する方法』〔「中国非国家論」〕のゆえに生じた中国観や中国政策の矛盾や不合理を指摘し、正しい中国理解のための視点や思考の枠組みを提示する試み[10]」を行った知識人の一人と位置づけられよう。従来の中国研究では「周辺」的存在であったが、太田の言論には、日中全面戦争を回避するため、苦悩しながらも、平等互恵の関係実現を目指した思想的営みを見出すことができる。主流に反する対抗的言説を展開した太田は、近代日本の中国認識の可能性と限界を考える上で重要であり、看過されるべき人物ではない[11]。

以上が太田を取り上げる第一の理由である。これに加えて、第二に、『東京朝日新聞』に長く在籍したものの、日中戦争中に陸軍・汪兆銘政権に関与し、戦後は在日華僑経営の大衆娯楽紙『内外タイムス』で主筆を務めるなど、その経歴がユニークであり、かつ、中国との関係が絶えず見出されること、第三に、一九一〇年代から五〇年代まで長きにわたって言論活動を続けた結果、論説や日記などの太田の発言史料が大量に残っており、長期的スパンで分析ができること、の三点による。

太田の中国認識を一言で言うと「リベラル」である。しかし、時代状況によって、それが貫けなくなると、抗わず妥協をして路線修正を行っている節が感じられる。ただし、そのような状況においても、可能な限りリベラルな姿勢を貫き、ぶれない軸を持っていたのが太田であった。そのため、同時代の中国の官民・メディアからの評価は非常に高い人物であった。

太田は戦後は中華民国駐日代表団との関係から東京の華僑紙『中華日報』(のち『内外タイムス』に改称)の編

集に携わるが、馬場公彦が指摘するように[12]、戦前派の中国通は主要論壇からはその活躍の場を与えられなくなっていった（『内外タイムス』の路線変更によりここでも居場所はなくなる）。一九三〇年代が太田の活躍の頂点だが、本書は、戦後まで分析することにより、近代日本において中国通や中国専門記者が果たした役割について長期的に分析したいと考えている。

時期により量に増減はあるものの、一九一〇年代から五〇年代の半世紀にわたり中国分析を発表し続けたという点で、太田宇之助は特異な記者である。少なくとも、太田と同世代の中国専門記者で戦後の論壇に生き残ることができたのは波多野乾一（戦後は『産経新聞』論説委員）くらいである。『朝日新聞』には戦前派の中国通はそれほど残っていない[13]。他の業種においても、戦前から引き続き、第一線に生き残った中国通はそれほど多くない。

太田宇之助が戦後忘却されたのは、第一に、中国専門記者に光が当たってこなかったことがあるが、第二に、汪兆銘政権と親しかったことが太田の存在をタブーにし、存命中ですら社会的に「忘れられた人」となってしまったからにほかならない。

第三節　先行研究の整理

従来の研究において、大正・昭和期日本の中国認識の研究対象となってきたのは、吉野作造[14]や石橋湛山[15]といったゼネラリスト的傾向を持つ知識人であり、中国専門家では、中国学者（内藤湖南[16]や矢野仁一[17]、橘樸《しらき》[18]など）[19]、陸軍軍人[20]、外交官[21]といった人々であった。民衆の中国認識については、明治期の児童雑誌や講談などから迫った研究がある[22]。中国語では、楊棟梁らによる通史的研究（近世から二〇一〇年代に至る近代日本の対華認識研究）が上梓されているが[23]、やはり中国専門記者は研究対象に入っていない。

中国専門記者のなかで、中国専門家として言及され、分析されてきたのはもっぱら尾崎秀実であった。マルクス主義に立つ尾崎は、中国がいまだ半封建・半植民地段階にあると規定し、その経済的矛盾と、中国民族運動、中国をめぐる国際関係に注目した。また、中国の労働者・農民（労農）層が主軸となる抗日民族統一戦線、そして、それを指導する中国共産党を中国統一主体として期待した。尾崎は一九三八年まで朝日新聞社に所属し、中国問題を専門にした記者であった。[24] 逆に言えば、尾崎以外の中国専門記者の研究は不足しているのである。

昭和戦前期の中国認識でよく扱われる問題に、「中国統一化論争」「中国再認識論」「東亜共同体論」といった日中戦争勃発前後に論壇を賑わした中国問題の論争がある。それらを対象とした研究としては、米谷匡史「戦時期日本の社会思想――現代化と戦時変革」[25]と西村成雄「日中戦争前夜の中国分析――『再認識論』と『統一化論争』」[26]の二つが重要である。だが、これらの論争は、必ずしも中国専門家のみによってなされていたわけではない。むしろ、議論をリードしていたのは矢内原忠雄や蠟山政道といった政治・経済学者たちであった。中国専門家（特に尾崎以外の中国専門記者）は論争に参加はしていたものの、あまり注目されてこなかったのである。これは、ある意味、中国専門記者を軽視してきたことの象徴であろう。しかし、仔細に検討すると、中国専門記者（特に『東京朝日新聞』の太田宇之助と大西斎《いつき》、そして『東京日日新聞』の吉岡文六）は、中国統一の大勢を是認する論調を、一般的に、「中国再認識論」の発端といわれる一九三七年二月よりも五か月も前に発表しており、[27]「再認識論」を先取りしていたのである。特に、太田は、いち早く（一九三三年頃より）のちの「再認識論」に繋がる議論を発表していた。[28] 彼らの役割は軽視していいものではない。

ただし、このような状況は変わりつつある。たとえば、西村論文は、尾崎のほかに、波多野乾一、太田宇之助、大西斎、村上知行などの中国専門記者の動向にも紙幅を割いている。なかでも現地駐在記者が論争に与えた役割について意味づけを行った点で画期的であった。[29] だが、西村の論文は、「中国再認識論」と「中国統一化論争」のメディア構造の全体像を明らかにすることが目的であり、その一環で中国専門記者の論考を取り上げたに過ぎない。しかも、その取り上げ方は、尾崎・村上を除けば限定的（二、三行）である。

また、戸部良一は、『外交時報』『中央公論』二誌を対象に、当時の知識人の日中戦争認識を分析している[30]。選定した論者の大部分がジャーナリストや新聞記者であるため、中国専門記者に関する分析となっている。日中戦争下の時局認識を人物横断的に行った点で参考になるが、羅列的であり、個人の認識の変化が見えない点に限界がある。

そもそも、中国専門記者たちは、論争の議題だけにこだわって言論活動をしていたわけではない。論争に関係する論考の分析だけでは、中国専門記者たちの言論活動を十分に分析できているとはいえない。中国問題が論争化したのは一九三五年以降の数年の現象であるが[31]、中国専門記者は、それ以前から長い間、総合雑誌や専門雑誌に寄稿していた。彼らは、中国問題の専門家として、一般読者や要路者の中国認識形成に少なからぬ影響を与えていたのである。時局的、論争的なテーマも重要ではあるが、もう少し広い視野で、彼らの論考や活動を分析し、社会集団としての中国専門記者の役割・位置づけを示す必要があるのではないだろうか。

では、中国専門記者の言論活動に関する研究はどのような状況であろうか。中国専門記者に関係する証言や随想としては、安藤彦太郎が、戦前の中国研究におけるジャーナリストの果たした大きな役割について言及している[32]。また、自身も中国専門記者である波多野乾一が、「中国専門記者とその業績」[33]という随筆を書き残しており、記憶を頼りに、分量は少ないものの中国専門記者について網羅的に記されている。史料が少ない人物についても十分な言及があり貴重である。

土屋礼子「毎日・朝日の二大新聞社における『東亜』の組織と記者たち」[34]は、『朝日新聞』と『毎日新聞』の中国関係部局・組織とそこに属する記者に関する概説的なスケッチである。毎日と朝日の記者を対比的に捉えたこと、また、波多野乾一以来初めて、社会集団として中国専門記者（土屋の言葉では「東亜記者」）を概括的に扱ったことは評価に値するが、東亜調査会（毎日）、東亜問題調査会（朝日）の小史、記者の小伝に過ぎず、中国専門記者の論説の分析はなされていない。二大新聞として取り上げられた毎日・朝日それぞれの所属記者の中国分析の違いなども、意識されていない。

後藤孝夫『辛亥革命から満洲事変へ——大阪朝日新聞と近代中国』は、『大阪朝日新聞』の中国社説に関する研究であり、辛亥革命から満洲事変に至る社論の変遷が分析されている。あわせて、社説に関連した中国専門記者として、牧巻次郎（放浪）と神尾茂が取り上げられている。特に、神尾については、神尾家に残った執筆社説切抜帳をもとにその執筆社説が分析されている。切抜帳の現存時期の制約により一九一九年から一〇年間に限られるものの、社論形成に大きな役割を果たしたことが明らかになっている。これは、本書に先行する中国専門記者の言論研究の成果の一つである。(35)

一九二〇年代の中国専門記者については、『東京朝日新聞』で支那部長・論説委員を務めた大西斎に関する拙稿がある。(36)拙稿では、一九二二年から三三年の期間の大西の署名記事・評論を分析し、自他ともに認める中国国民革命理解者だった大西が、満蒙特殊権益をめぐる日中対立を契機として、対中強硬論に徐々に転じていき、満洲事変を前に武力行使を容認する評論を発表するまでの過程を論じた。

一九三〇年代に関しては、尾崎に関するものを除いてほとんど存在しない。中国専門記者が執筆した論説を内容・傾向等の中身まで立ち入って、体系的に分析した研究は、やはり尾崎以外の人物に関してはなされていない。(37)

中国専門記者の政治行動に対する研究は、いくつか存在する。尾崎を除けば、最も焦点が当てられているのは太田宇之助である。たとえば、森秀樹(38)は、太田の回顧録と古書店で入手した太田宛のハガキを用いて、太田の人的ネットワークを明らかにしている。太田の日記は一部分（一九四〇〜四五年分）が公刊されており、望月雅士が執筆した解題(39)において、太田の政治活動（支那派遣軍総司令部嘱託時代）に関する研究がなされている。また、太田を直接扱った研究ではないが、非常に関係するものとして山本武利の研究がある。(40)山本は、上海で発刊された『朝日新聞』系の国策新聞『大陸新報』の活動と、陸軍と『朝日新聞』の関係を分析した。この研究の論点は、

『朝日新聞』の国策協力の実相を明らかにすることだが、そのなかで、『朝日新聞』を代表する中国専門記者である、太田宇之助の動向に大きく焦点を当てている。[41] 同じく、太田を直接扱った研究ではないが、「太田日記」を活用した研究として、髙綱博文による内山完造（上海内山書店経営者）の研究がある。髙綱は、内山の戦時期の動向を分析するなかで、内山の「老朋友」であった太田に着目した。その上で『生涯』や「太田日記」などを駆使して、両者が汪兆銘政権支持という点で同じ政治的方向性を有していたことを明らかにしている。[42]

ただし、太田に関しても、日記や回顧録、ハガキが使われているものの、やはり言論に対する分析は、ほとんどなされていない。そもそも行動に関する研究も一時期に集中している上、しかも十分とはいえない。特に、日中戦争前からの太田の中国認識の変化がまったく意識されておらず、日中戦争前後でどのような変遷を辿ったのかに関して比較検討が不十分である。また、支那派遣軍嘱託・東亜聯盟中国総会顧問時代に太田がどのような対華政策構想を有していたのか、そして、実際の政策にそれがどのように生かされたのか、という分析が行われていない。

以上要するに、中国専門記者の研究（特に彼らの中国認識に着目した研究）はほとんどなされていない。研究が多い尾崎秀実を除けば、太田宇之助は比較的研究されている方ではあるが、太田の言論に着目した研究は皆無であった。

第四節　本書の課題と構成

以上の先行研究の不足を踏まえ、本書では、太田宇之助の署名記事・評論を主に用い、太田の中国認識と経験を解明していきたい。太田宇之助の事例を通じて、中国専門記者が、徐々に関係が悪化する日中関係、そして勃発後、終結の兆しなく長期化する日中全面戦争のなかで、自らの中国認識や行動をどのように模索し更新していったのか、そして、それは戦争の前と後でどのように変わっていったのかという問題を、内在的に明らかにしたい。

その際、以下の分析視角を用いたい。

第一に、従来の研究が用いていた太田の日記や回顧録『生涯』だけでなく、太田が同時期に数多く発表していた署名記事・評論の分析を組み合わせることで、太田宇之助の認識の変化と一貫性を明らかにすることを研究課題としたい。その際、特に着目するのは、中国政治、ないし日中関係に関する観測と提言である。同時代の他の中国論との比較や中国からの反応を踏まえつつ、これを分析したい。太田の著作の一部は、太田の生前に編纂された評論集『新支那の誕生』[43]、および『中国と共に五十年』[44]に収録されているが、本書では、論集未掲載分の新聞・雑誌の記事・評論を含めて網羅的に収集し、分析している。

第二に、太田宇之助の中国経験の嚆矢である第三革命参加（一九一六年）から遡り、太田がどのような中国経験を積んだのかを明らかにすることである。新聞・雑誌記事、回顧録などを用いて分析し、太田の中国との関わり方、人脈の広がり方（中国人だけでなく、中国で得た日本人との関係も重視する）、特派員としての活動状況、戦後の中華民国駐日代表団、中華日報（内外タイムス）社との関わり方などを明らかにする。

第三に、太田宇之助を中心としつつ、それ以外の中国専門記者の中国認識を取り上げ、適宜比較することである。本書は、約五〇年間を対象に分析するため、何人もの中国専門記者を取り上げて総体的に分析することは難しい。そのため、『東京朝日新聞』における中国専門記者の先輩にあたる大西斎と、ライバル『東京日日新聞』に所属する吉岡文六の両者を取り上げ、太田と並行してどのような中国認識を有していたのか、補足的に論じていきたい。ただし、比較するのは、第1章から第3章に限られる。吉岡の署名評論は一九三四年にならないと出てこないため、第1章では比較対象としていない。また、太田は江蘇省経済顧問時代、中国評論をほぼ書かずに江蘇省の政策立案に没入しており、大西と吉岡は終戦直後相次いで亡くなっているため、第4章と第5章では比較していない。

第四に、分析対象時期は、一九一六年から一九五〇年代（太田が論壇や政策決定過程などで活躍し、その認識が分かる時期）とするが、分析の重点は一九三〇～四〇年代に置く（第2～4章）。その理由は、一つは、長期化の様相を呈することになり、解決の糸口が見えない日中戦争こそが中国通にとって試練であったということを重視するためである。対敵専門家となった彼ら中国通は、誰もが自らの中国に対する見方を試され、いかにして戦争を解決させるか苦闘することになった。彼らが日中戦争にどう対処したかという観点から、日中戦争の戦前期、戦中期、戦後期の三期における認識・活動の変容に特に重点を置くのはそのためである。もう一つは、単純に太田宇之助に関する日中戦争前後の史料が豊富に残っているという事情がある。一九三二年に内地に帰還した太田は、雑誌への署名評論の投稿を増加させ、また、一九四〇年から四五年の日記も公刊されている。太田の史料が、中国専門記者を論じるために重要な時期に集中しているのは僥倖といえる。

太田の中国語レベルに関して説明したい。中国専門記者となった太田であるが、要人との会談は通訳を介さないと理解できない程度であった。時期は下るが、一九四一年九月の日記に太田は「自分の支那語の出来ないのを恥しく思ふ」[45]と述懐し、通訳なしで中国の要人と会談した際は「通訳なき為意を尽くさざりしが」[46]とコミュニケーションがうまくいかなかったことを記している。中国専門記者となり二〇年以上経過した一九四一年時点でこのような状況であったため、それより過去のレベルは推して知るべきであろう。読解に関してはできた可能性はあるものの、中国語が不自由なことは、太田の取材活動にある程度の制約をもたらしたと見るべきである。本書では、太田の中国語能力と関連づけた分析はできなかったが、これは他日の課題となろう。

太田宇之助の日記・書簡をはじめとした関連資料「太田宇之助関係文書」（八〇四件）は横浜開港資料館に所蔵されているが、公刊済みの一九四〇～四五年の日記を除いて、現在整理中であり、本書では利用できなかった。

本書の執筆にあたり、日本新聞博物館が所蔵する「太田宇之助関係文書」を閲覧する機会を得た[47]。同関係文書は約四二〇点の書簡・ハガキで構成され、その大部分が新聞記者（朝日新聞関係者が多い）からの来簡である。ただし、あくまで来簡が中心であり、太田自身によって綴られたものはほとんどない。本書で一部を利用したが、太田自身の考えが看取できる太田の署名記事・評論の分析を優先した。同史料を含む太田宇之助関係文書の来歴・紹介はすでに上梓しており[48]、その主要箇所は本章補節として掲載しているが、本関係文書の分析は他稿を期したい。

本書の構成は次の通りである。

第1章では、太田の生い立ちから筆を起こし、その中国経験の端緒となった中国第三革命への関与や朝日新聞社入社の経緯を解明したのちに、一九一〇年代から二〇年代の太田の中国認識を、南北和議問題、五・四運動、聯省自治論、国民革命観などを通して分析する。

第2章では、一九三〇年代、そして、日中戦争前夜の太田の動向と中国認識について、上海支局長時代の第一次上海事変における報道活動、日本帰国後に論壇で展開した中国統一援助論の発展過程、太田の中国評論に対する中国知識人の反応・応答などから分析する。

第3章では、日中戦争期を対象として、太田が、戦争勃発に対しどのような言論を展開したのか、なぜ陸軍・汪兆銘政権に協力するに至ったのか、また朝日新聞社をなぜ退社したのかという問題を解明するために、日中戦争勃発後の言論と政策立案の内容を分析し、その内在的論理や動機を明らかにする。

第4章では、「対華新政策」をキーワードとして、江蘇省において太田の構想した米糧政策、現地陸軍機構（江蘇省連絡部）との対立の内実を分析し、江蘇省経済顧問となった太田の対中施策、および戦中期に堅持した中国認識のあり方を解明する。それによって第3章に続き、太田の「戦争協力」の実相を問う。

第5章では、太田がいかに不遇の戦後期を送ることになったのかについて、総選挙出馬と落選、『内外タイムス』時代の言論と処遇といった戦後の論壇から徐々に退場していく様子を通して分析する。また、太田の遺志で建設された留学生寮東京都太田記念館についても解説する。

補章では、太田の対照事例であり、かつ親友でもあった中国人日本通ジャーナリスト陳博生を取り上げ、日中戦争前後の陳の日本認識を分析する。

終章では、本書の総括と太田宇之助の評価を行い、今後の展望を示す。

補節　太田宇之助関係文書の散逸

1　史料の概要と散逸経緯

太田宇之助の史料は比較的豊富に残っている点に特徴があるが、その史料は散逸により複数箇所にある(49)。太田は遺言として自宅敷地（東京都杉並区久我山。約二〇〇〇平米）を中国人留学生のために提供したいと明言していた。かつて東京都の民生局長であった縫田曄子《ようこ》（宇之助長女。当時市川房枝記念会理事長(50)）の尽力もあり、この自宅は東京都に寄贈され（一九八四年に寄贈契約）、八六年九月の太田逝去ののち、正式に寄贈手続きが行われた。留学生寮建設のため、太田の旧宅（一九三四年築）を取り壊すことになり、八八年八月に着工し、八九年九月に竣工した。九〇年に運用が開始され、現在も都立の留学生寮「東京都太田記念館」として利用されている（詳しくは、第5章第五節で述べる(51)）。この八六年の逝去から八八年の着工までの空白期間に、太田の私文書の一部は盗難に遭ったと思われる。

太田に関する史料（私文書、特に太田旧蔵）は、太田の生前は太田家の持ち物であった。没後も東京都に寄贈する自宅に保管されていた。しかし、太田の没後、何者かにより史料の一部（相当量）が盗まれ、古書店で売り払われるという事件が発生した（遺族に聞き取った経緯は注記[52]）。日記などは別置してあり無事であった。盗まれずに残った史料は東京都太田記念館に保管されていたが、これらも二〇〇二年に横浜開港資料館に寄贈されることになった。

以上の経緯の結果、太田の主なコレクションは、ほぼ以下の二つに分かれることになった。

①売却されずに遺族のもとに残った史料――横浜開港資料館蔵「太田宇之助関係文書」（八〇四件[53]）

②売却された史料のなかで最もまとまったもの――日本新聞博物館蔵「太田宇之助関係文書」（四二四件）

2　現在判明している太田宇之助関係文書

以下、現時点で判明している太田宇之助の文書の所在とその概要を紹介したい。

①売却されずに残った文書（遺族→東京都太田記念館→横浜開港資料館）

「太田宇之助関係文書」（横浜開港資料館）八〇四件

盗難を免れた太田の文書は当初東京都太田記念館にあったが、横浜開港資料館に移された（経緯注記[54]）。横浜開港資料館に移管されたのは二〇〇〇年一月九日に縫田曄子が今井清一に相談したことに始まり、〇二年一月三一日に寄贈契約を横浜市と締結した[55]。

中武香奈美学芸員の解説[56]によると、中心は一九二五年から八六年までの日記である。日記のほかに、年ごとの回顧録、備忘録、手帳もある。手紙は、家族との間のものが大半を占める。板垣征四郎、影佐禎昭、石橋湛山、内山完造からの手紙もあり、一九四七年衆議院選挙出馬関係の文書も残っている模様である[57]。

同史料群のうち、一九四〇～四五年の日記（太田が支那派遣軍、汪兆銘政権に関係していた時期）が二〇〇〇年代に翻刻されたが[58]、残余の史料は二〇二五年現在も整理中らしく、閲覧はできない状況である。筆者はこの翻刻された日記を本書で利用しているが、太田自身の行動や所感が直截《ちょくせつ》に書かれた良質の史料である。未公開分の日記には国民革命期から日中戦争期が含まれており、仮に全面公開がされれば、太田宇之助という人物と彼が果たした日中関係における役割に関する研究はさらに進むことは間違いがない。

②古書ルートに流れた文書（盗難→古書店→個人あるいは公的機関）

⑴「太田宇之助関係文書」（日本新聞博物館）四二四件

横浜開港資料館のほかに日本新聞博物館にも太田宇之助の関係文書が所蔵されている。日本新聞博物館の所蔵文書は、同館の羽島コレクションの一部である。所蔵先は、日本大通の日本新聞博物館本館ではなく、所蔵庫である鴨居分室である。日本新聞博物館は設立にあたって、民間の新聞資料収集家である羽島知之が四十数年収集した一〇万点に及ぶ「羽島コレクション[59]」を購入し[60]（一九九七年三月）、これが同館の所蔵史料の主な母体となっている。新聞原紙・附録・チラシなどの紙資料については、張宝芸の紹介が詳しい[61]。また、羽島コレクションの概略・構成やその日本新聞博物館への受け入れ経緯は羽島自身の説明が詳しい[62]。なお、同館には羽島以外からの寄贈・寄託資料や各新聞・通信社の寄贈資料がある[63]。

日本新聞博物館のホームページなどにおいて太田宇之助関係文書の所蔵は公になっておらず目録もない（簡易目録は筆者が個人的に作成している）。ただし、同館に連絡すれば閲覧可能である[64]。

筆者が調査した「太田宇之助関係文書」（日本新聞博物館）の概要を以下記す。

分量・整理状況　分量は、箱数五箱（A３サイズ。高さ八センチくらいのもの）、点数四二四点（整理番号だけは付されているため、それを合計）であり、内訳は、封書一三六点、ハガキ一八八点である。整理番号が付され、ビニールポケットに収められている（同一番号でも封筒と書簡でポケット一つずつに収まっている）。文書の整理番号は、020401-000562から020401-000984である。途中の番号から始まっているのは、ほかの羽島コレクションからの連番らしいが、詳細は不明である（整理した担当の学芸員はもういないとのことである）。概要調査も目録作成も行われていない。

年代 年代は、確認の限り、最古のものは一九一二年で、これは太田が結核で第三高等学校を中退して網干の実家で病気療養中に後醍院正六（大阪朝日新聞京都支局長。三高在籍中の太田の後援者）から送られた手紙である。早稲田在学中の一九一五年の手紙もいくつかある。また戦後のものも含まれる。朝日新聞入社から上海支局長時代（一九一七〜一九三二年）が比較的多く残っている。

後述するように、同コレクションは、神保町の古書店に売られていた太田宇之助宛の封書・ハガキを羽島が購入したものである。ただし、のちに引用する購入者たちの証言によれば、一括して売られたわけではなく、バラで販売されていた。羽島は、太田書簡に関しては新聞記者の太田宛書簡を中心に購入しており、この史料群は、太田をめぐる人間関係、中国人を含む社内外新聞人との交流、朝日新聞の社内状況（特に同社支那部の動向に関するもの）[65]の実態解明に資するところが大きい。ただし、あくまで来簡であり、太田の思想の解明には向いていない。しかし、五五通もの太田宛書簡がある神尾茂（大阪朝日新聞支那部長）をはじめ、発信者たちの研究には大いに寄与するだろう。

同文書に含まれる来簡の送り主は一六七名であり、発簡は四名宛である。妻栄子への手紙などを除くと、大部分が新聞関係者からの来簡で構成されたコレクションである[66]。太田の交友関係を考えると、同コレクションが新聞関係者にほぼ限定されているのは作為を感じるが、確認した結果、収集の段階で羽島が選別を行っていたことは後述の通りである。新聞関係の手紙を羽島が選別したことは、この史料群にある種のバイアスを生んだ。太田のメディア関係の人脈解明には役立つようになったものの、メディア関係以外の交流（日中双方の政治家、外交官、軍人など）が見えにくくなった。ただし、新聞関係者だけであっても来簡がまとまって残されたこと自体僥倖なのだから、望蜀は禁物である。

民国期中国の新聞社・新聞人からの手紙も若干含まれる。申報館（上海）、汪漢渓（上海新聞報社主）、胡政之（天津大公報社長）、張季鸞《ちょうきらん》（天津大公報主筆）がそれである。前三点は中国語書簡であり、かつ重要な内容ではない（挨拶状）。しかし、張季鸞の書簡は、日本語書簡（張の日本語書簡は貴重）、かつ日中新聞人の関係を見る上で非常に興味深い内容である。[67]

(2)「太田宇之助宛辻政信書簡」（国立国会書館憲政資料室／憲政資料室収集文書　書簡二九六）、四件

この辻政信の書簡は国立国会書館憲政資料室において二〇一五年五月一日より公開されているものである。ただし、二〇一四年一〇月頃には北九州市の今井書店で八万円で売られていた（筆者の記録より）。中身は一九四〇年（支那派遣軍に両者が在籍していた時期）の手紙二通と戦後の年賀状二枚である。この辻書簡ももともとは盗難・売却された太田文書の一部であったと思われる。一九四〇年代の書簡二通は、当時辻と太田らが推進していた汪政権育成策の内容、太田の貢献とそれに対する辻の賛辞が記されている。同文書は、支那派遣軍総司令部在籍当時の太田と辻の協同関係が看取できる良質な史料である。[68]今井書店での販売価格が高かったのは、発信者が辻政信という著名人だからである。

(3)森秀樹『朝日新聞と東亜の人びと』（スバルインターナショナル、一九八八年）

同書は、羽島と別個に古書店で購入した太田宛の書簡・ハガキ（一一四名分）を購入した森秀樹[69]が編纂した、太田宇之助宛書信の史料集である。しかし、森が購入したものの多くは太田宛の年賀状であり、新年のあいさつと一、二行程度の短文の近況しか書かれていない。そのため、森が着目したのは「発信者」と太田の関係であった。発信者ごとに章立てされており、森が他の文献に当たって調査した発信者の経歴と、太田との関係に着目し

た人脈マップ（相関図）作成に重点が置かれている。太田に手紙を送った発信者と太田その人に関する森の調査に比重が置かれているのが同書の特徴である。

『朝日新聞と東亜の人びと』には、分量・内容のある書簡類も若干掲載されている。しかし、史料の写真が小さいため文字が潰れており、翻刻・引用されていても中略や未解読が多く、史料としては使いづらい。宛名以外に史料的価値の少ない年賀状ばかりが載せられていることもあり、あらゆる面で惜しい史料集である。

(4)ある郵趣家の個人収集による太田宇之助関係文書（約六〇件）

二〇二二年三月に、所沢市在住のある郵趣家から太田宇之助宛書簡を所有しているとの連絡があり、自宅を訪問した。筆者が太田を研究していることを知った上での連絡であった。約六〇通の太田宛書簡や太田家の家族写真があり、うち四四通の書簡をご厚意により譲渡いただいた。ご希望によりお手元に残された史料についても、許しを得て撮影を行った。

その概要であるが、家族・親族（妻栄子や長女曄子、長兄太田覚治郎など）や友人（金属商勝本忠兵衛の息子であり、太田の朝日入社を仲介した勝本鼎一）のものが多く、ほかにも、尾崎秀実、神尾茂、後醍院正六などの朝日の同僚、満鉄の調査マン伊藤武雄などが含まれていた。時期は一九一七～四四年までのものであった。年賀状のような内容のないものは少なく、内容豊かな書簡が数多い。この郵趣家によると、これらは一九九三～九四年にエンタイヤ（郵趣）の市場に出てきたものであり、複数業者から購入したとのことである。ほぼすべて太田宛（妻宛、第三者間書簡も一部含む）なので、出所は、「盗難された太田旧蔵文書」であることは間違いない。

太田の文書が、盗難により散逸したことは不幸であったが、他方、心ある収集家により大切かつ適切に保存管理がされてきた意義を改めて強調したい。

3 収集家の証言

先に述べた森秀樹は、古書店での入手経緯について、次のように書き残している。少し長いが、史料の来歴やどのように売られていたのかがよく分かるためそのまま引用する。

①森秀樹の証言

昨年〔一九八七年〕の一一月初めのことです。神田の古書店で偶然、太田宇之助氏宛の古ハガキを見つけ買い求めました。私はエンタイヤ（ハガキ・手紙の切手消印コレクション）の趣味ではありませんが、黄色いハガキが昭和一〇年前後のものであることはすぐ察しがつきました。しかし、そのハガキは百枚束で包まれ、一番上の表しか見えなかったわけですから、その時はかすかに記憶している太田宇之助氏の名前〔森は、かつて読売旅行会に勤務しており、旅行好きの太田は森の顧客であったために名前を知っていた〕に興味を覚え、何となく入手したというのが正直なところです。

さて、その最初の百枚の束はすべて太田宇之助氏宛のものでした。これが本書をまとめてみる気になったきっかけです。整理ノートの最初の頁には人名が並んでいますが、その中で不勉強の私にも記憶のある名前が登場しています。……宮崎龍介、室伏高信、西岡竹次郎、松岡駒吉、鈴木貞一、高橋健二、神川彦松、山本実彦、丸山幹治、芳沢謙吉、根本博……。太田宇之助氏が元朝日記者であることもすぐにわかりました。そして、ハガキ（手紙）探しが始まりました。

四ヶ月間に入手したハガキ（手紙）は約一万五千通にのぼりました。というのは、大量の古ハガキ（手紙）の束の中に太田氏宛のものがバラバラに混じっている状態でしたので、数を集めて見つけるより他には手はなかったのです。また、古書店サイドでは私の蒐集開始に追いかけるようにして、太田宇之助氏宛の著名人のハガキ・手紙を数点、一点数千円から三万円ぐらいの値を付け古書展に出すようになりました。本書の構想が大体まとまり、資料がある程度整ってきた段階でも蒐集は続けていましたが、高くてのがす羽目になったものは何点かありました（吉川幸次郎・小寺謙吉・緒方竹虎・田中耕太郎・美土路昌一）。〔中略〕最終的に一万五千通のハガキ（手紙）の中から、太田宇之助氏宛のものが約千通。その中、著名人を中心に差し出し人の経歴をある程度調査できたものが約二五〇名になりました。〔中略〕資料的価値が少ないかもしれない年賀状（本書では紙幅に限りがありますので一部のみを紹介していますが、そのほとんどは何年かに継続しています）がだいぶありました。(70)

森が集めた一一〇〇通（最初の一〇〇枚と一万五〇〇〇通を選別した結果の一〇〇〇枚の合計）のハガキは、古書店に流れた太田宇之助文書の一部である。太田は一九八六年九月に亡くなっているが、その一年後の八七年一一月にすでに古書店に太田の書簡が並んでいたことが分かる。また、森が入手したものの大部分は、年賀状あるいは短文のハガキであり史料的価値は薄い。おそらく、古書店は、高く売れる書簡と売れそうにないハガキを選別し、ハガキを束売りしたのだろう。

なお、縫田曄子は森から連絡を受け、初めて父親の手紙が古書店に大量に流通していることを知ったという。(71)

②羽島知之（新聞資料収集家）の証言

日本新聞博物館所蔵の「太田宇之助関係文書」は巨大な「羽島コレクション」の一部である。筆者は二〇一八年一一月一五日に羽島に電話取材を行い、入手の経緯を確認した。(72) 以下は、その際に筆者が書き留めた取材メモ全文である。

【場所・経緯・時期】 購入した場所は、神田の古書店「アベノスタンプコイン」（現在廃業）。

・エンタイヤとして扱われていた。
・新聞関係のものが多かったため、店の方から話を持ちかけてきた。
・店に持ち込んだ人も分かっているが、その人は切手のコレクター。
・購入時期は、電話口では分からないが、恐らく昭和の終わり頃のはず。調べれば詳細な時期が分かるのかもしれない。

【購入形態】新聞記者のものが多いのは羽島さんのセレクト。
・大部分はまとめて買ったが、一部は追加で購入。かなり高かった。
・出たものをすべて買ったわけでなく、新聞記者のものを選別した。
・ただし、その時の気分で新聞記者以外のものも買っている。
・森秀樹さんが購入したのは、羽島さんが買ったあとのもの（同じ店で買ったらしい）。

③証言の考察

以上の両名の証言を若干補足した上で古書ルートに流れた史料について考察してみたい。

第一に、羽島は、森より早く購入したと述べているので、森が購入した一九八七年一一月より早いのは確かである（記憶違いの可能性もゼロではないが、同時期なのは間違いない）。やはり一九八六年九月に太田が亡くなってから、一年余りの間に文書は盗難に遭っているとみるべきである。森の所蔵品も羽島コレクションもほぼすべて太田宛の書簡・ハガキであり、もともとの出所は太田家以外にありえないからである。

第二に、太田宛の書簡・ハガキはエンタイヤ（切手、消印などを収集する郵趣）として古書店で扱われたことである。羽島が購入したと証言したアベノスタンプコイン社は、大阪に本店がある同社の東京支店で、神保町のなかでもエンタイヤを専門とした店であった。一九八〇年代末において、太田宇之助の知名度はきわめて低かったと思われる。発信者が著名人でない限り、書簡・ハガキは内容でなく、切手・消印に商品価値を見出され、束で売られたのである。

第三に、アベノスタンプコイン社以外の店にも太田の文書が出ていることがあるため、この店だけに一括で売られたのではなく、市場を通じて売買された可能性がある。したがって、同店に持ち込んだ人物が、太田の家から文書を盗んだ人物とは断定できない。

第四に、羽島は、自身が新聞記者のものを選別・購入した後の残余を、森秀樹が買ったと述べているが、森購入分のなかにも新聞記者のものがかなり含まれている。ただ、森には古書店購入（アベノスタンプコイン社だと思われる）以外で、個別に集めているものもある。

4 史料の現状

太田宇之助の私文書は盗難による古書ルートへの流出という特殊事例であるが、二名の収集家がそれぞれ個別に収集したために、散逸はある程度免れ、公刊・公開されることになった。太田宇之助という人物は二〇一〇年代になるまで歴史研究ではあまり注目されなかった人物である。そのような状況で、この人物の史料を集めようとした篤志の個人コレクターの尽力は特筆に値する。また、整理中であるが日記も現存しており、散逸した私文書のなかでは幸運な事例といえるかもしれない(73)。しかし、一度盗難、売却により流出してしまった結果、太田の死没時にあったはずの史料構造は崩れ、かつ、どこにあるのか分からなくなった文書が発生してしまった点は残念である。

太田の私文書、とりわけ太田宛の書簡は今後も折に触れて、古書市場やインターネットオークションに出品されると思われる。現に、二〇二四年四月にヤフーオークションに太田宛の書簡（実業之日本社、および同社編集者のもの）が出品され、筆者が落札した（第3章にて活用している）。これらを一元的に収集するのは不可能に近いが、可能な限り注視していきたいと筆者は考えている。

注

(1) 野村浩一『近代日本の中国認識——アジアへの航跡』研文出版、一九八一年。
(2) 松本三之介『近代日本の中国認識——徳川期儒学から東亜共同体論まで』以文社、二〇一一年。
(3) 中国に本社のある新聞社の記者は本書では扱わない。中国の日本人経営新聞に関しては、中下正治『新聞にみる日中関係史』研文出版、一九九六年、李相哲『満州における日本人経営新聞の歴史』凱風社、二〇〇〇年、周佳栄編『近代日人在華報業活動』香港：三聯書店、二〇〇七年、許金生『近代日本対華宣伝戦研究(一八六八—一九三七)』上海：復旦大学出版社、二〇二一年を参照。
(4) 土屋礼子「毎日・朝日の二大新聞社における『東亜』の組織と記者たち」『Intelligence』第一五号、二〇一五年、一二五〜一二六頁。
(5) 丸山昇『ある中国特派員——山上正義と魯迅』田畑書店、一九九七年。
(6) 西村成雄「日中戦争前夜の中国分析——『再認識論』と『統一化論争』」(岸本美緒編『岩波講座「帝国」日本の学知第三巻 東洋学の磁場』岩波書店、二〇〇六年)。戸部良一「日本人の日中戦争観——一九三七—一九四一」(同『戦争のなかの日本』千倉書房、二〇二〇年)。
(7) 著作に富田武『スターリニズムの統治構造——一九三〇年代ソ連の政策決定と国民統合』岩波書店、一九九六年、同『戦間期の日ソ関係』岩波書店、二〇一〇年、などがある。
(8) 富田武『日本人記者の観た赤いロシア』岩波書店、二〇一七年、二一六〜二一七頁。
(9) 波多野澄雄「日中戦争の原因と背景について」(波多野澄雄・中村元哉編『日中戦争はなぜ起きたのか』中央公論新社、二〇一八年)、二六〜二七頁。
(10) 前掲、松本『近代日本の中国認識』、二九四〜二九五頁。
(11) 西村成雄は一九三〇年代の中国論のなかで、主流に対する対抗的言説を展開した太田宇之助を再評価する必要性を、西村成雄「ジャーナリスト太田宇之助氏の第2四半世紀——一九三五年『中国論』の新たな構図」『図録 ジャーナリスト太田宇之助の見た中国と孫文』孫文記念館、二〇一九年、において述べている。掲載書は、孫文記念館（神戸）において二〇一九年一一月に開催された特別展「ジャーナリスト太田宇之助の見た中国と孫文」の図録であり、この西村の論文は、同月孫文記念館で催された筆者の講演「忘れられた稀代の中国通ジャーナリスト――太田宇之助と日中友好の夢」（講演の口述筆記は『孫文研究』第六六号、二〇二〇年に掲載）に対する、西村のコメント・問題提起を元にしている。筆者が本文中で述べた三〇年代における太田の位置づけは、西村との議論に触発され、発展させたものである。

(12) 馬場公彦『戦後日本人の中国像――日本敗戦から文化大革命・日中復交まで』新曜社、二〇一〇年、七三〜九二頁では、終戦直後、戦前派の中国専門家が論壇から姿を消していく状況が描かれているが、太田の退場もこの一例として考えられる（詳しくは第5章参照）。

(13) ただし、『毎日新聞』には、戦前派が比較的残存しており、田中香苗、橘善守らが一九六〇年代においても第一線にいた。

(14) 尾崎護『吉野作造と中国』中央公論新社、二〇〇八年、藤村一郎『吉野作造の国際政治論――もうひとつの大陸政策』有志舎、二〇一二年など。

(15) 増田弘『石橋湛山研究――「小日本主義者」の国際認識』東洋経済新報社、一九九〇年など。

(16) 内藤湖南研究会編『内藤湖南の世界』河合文化教育研究所、二〇〇一年、山田智・黒川みどり編『内藤湖南とアジア認識』勉誠出版、二〇一三年など。

(17) 久保亨「同時代日本の中華民国認識――矢野仁一の中国認識を中心に」（久保亨他編著『中華民国の憲政と独裁　一九一二―一九四九』慶應義塾大学出版会、二〇一一年）。

(18) 山本秀夫編『橘樸と中国』勁草書房、一九九〇年など。

(19) 岡本隆司『近代日本の中国観――石橋湛山・内藤湖南から谷川道雄まで』講談社、二〇一八年、および、小野寺史郎『戦後日本の中国観――アジアと近代をめぐる葛藤』中央公論新社、二〇二一年は、戦前から戦後の中国学者の中国観を追ったところに特徴がある。

(20) 戸部良一『日本陸軍と中国――「支那通」にみる夢と蹉跌』講談社、一九九九年。樋口秀実「日本陸軍の中国認識の変遷と『分治合作主義』」『アジア経済』第五七巻第一号、二〇一六年。金子貴純「塘沽停戦協定成立以降における陸軍の『偽装親日論』と外務省の対中政策」『外交史料館報』第三三号、二〇二〇年。関智英「荒木貞夫の人物像とその中国認識」（瀧下彩子・矢野真太郎編『軍人荒木貞夫と戦前の日中関係――東洋文庫所蔵の口述記録』東洋文庫、二〇二四年）。

(21) 劉傑「日中関係のなかの『中国通』外交官——芳沢謙吉・有吉明の時代」(劉傑・川島真編『対立と共存の歴史認識』東京大学出版会、二〇一三年)。同「石射猪太郎と日中戦争」(黃自進・劉建輝・戸部良一編『〈日中戦争〉とは何だったのか——複眼的視点』ミネルヴァ書房、二〇一七年)。

(22) 金山泰志『明治期日本における民衆の中国観——教科書・雑誌・地方新聞・講談・演劇に着目して』芙蓉書房出版、二〇一四年。

(23) 楊棟梁主編『近代以来日本対華認識及其行動選択研究』北京：経済科学出版社、二〇一五年。同主編『近代以来日本的中国観』全六巻、南京：江蘇人民出版社、二〇一六年。

(24) 尾崎の中国研究に関する専論として、今井清一・藤井昇三編『尾崎秀実の中国研究』アジア経済研究所、一九八三年があり、さまざまな角度から、その評論を分析している。尾崎の時評の分析としては、米谷匡史「解説」(同編『尾崎秀実時評集——日中戦争期の東アジア』平凡社、二〇〇四年)が優れている。田中悦子による言論分析も貴重である(田中悦子「昭和九—一〇年の尾崎秀実——初期評論をめぐって」『日本歴史』第四六六号、一九八七年。同「尾崎秀実の中国情勢の分析——昭和一二〜一三年国民再編成運動との関連から」『日本歴史』第五五七号、一九九四年。同「尾崎秀実の汪兆銘工作観——昭和十四年〜十六年中国情勢観をめぐって」『日本歴史』第五九二号、一九九七年。同「上海時代の尾崎秀実——『上海特電』を中心に」『日本歴史』第六〇五号、一九九八年)。また、浅田喬二『日本知識人の植民地認識』校倉書房、一九八五年や、松本前掲書や野村前掲書でも、尾崎にかなりの紙幅が割かれている。

(25) 米谷匡史「戦時期日本の社会思想——現代化と戦時変革」『思想』第八八二号、一九九七年。

(26) 前掲、西村「日中戦争前夜の中国分析」。

(27) 太田宇之助「支那統一の大業成らんとす」『日本評論』一九三六年九月号、同「支那統一と我が対支政策」『外交時報』第七六二号(一九三六年九月一日)、大西斎「日支国交の今明日——成都北海両事件を繞りて」『中央公論』一九三六年一〇月号など。

(28) この点は中国でも認められており、『大公報』紙上の太田の評論集の推薦記事(「日本名記者太田宇之助新著『新支那之誕生』一貫的対華同情論」『大公報』(上海)一九三七年四月三日)や、太田の評論集の書評(王行「読『新支那の誕生』後有感」『復興月刊』新中国建設学会、第五巻第八期、一九三七年)において、日本国内で流行していた中国再認識論に関して、太田こそがその先駆者である、ということが指摘されている。

(29) 前掲、西村「日中戦争前夜の中国分析」による、村上知行（読売新聞社北平支局長）に関する分析を指す。村上は駐在先の北平で、西安事件前後の中国民衆の変化（内戦停止および抗日実行の要求の高まり）を正しく報告し、また、日本人の中国認識の誤りを批判する論文を執筆し『中央公論』などに投稿した。まさに現地記者だからできる、現地感覚に裏打ちされた報告（ただし現地駐在だけではなく、村上自身の中国・日本経験があってのことだと西村は断っている）であり、西村はこれを、「支配的主流メディア言説」に対抗する「非支配的中国解読コード」の例とした。
(30) 前掲、戸部「日本人の日中戦争観」。
(31) 根岸智代「一九三五年『華北問題』をめぐる胡適・室伏高信の論争」『大阪大学中国文化フォーラム・ディスカッションペーパー』二〇一三―三、二〇一三年。同「一九三〇年代半ば中国再認識をめぐる日本の論壇――『中央公論』誌を中心にして」『現代中国研究』第三五・三六号、二〇一五年。
(32) 安藤彦太郎「戦時期日本の中国研究」小島晋治・大里浩秋・並木頼寿編『二〇世紀の中国研究――その遺産をどう生かすか』研文出版、二〇〇一年。
(33) 波多野乾一「中国専門記者とその業績」『新聞研究』第七二号、一九五七年。
(34) 前掲、土屋「毎日・朝日の二大新聞社における『東亜』の組織と記者たち」。
(35) 後藤孝夫『辛亥革命から満州事変へ――大阪朝日新聞と近代中国』みすず書房、一九八七年。
(36) 島田大輔「新聞記者における国民革命認識と対満蒙強硬論の形成――東京朝日新聞大西斎の満洲事変に至る転回」『歴史評論』第八一一号、二〇一七年。
(37) 尾崎の中国論に関する先行研究は本章注24を参照。
(38) 森秀樹編著『朝日新聞と東亜の人びと』スバルインターナショナル、一九八八年。
(39) 望月雅士「〔解題〕支那派遣軍嘱託としての太田宇之助」『横浜開港資料館紀要』第二一号、二〇〇三年。
(40) 山本武利『朝日新聞の中国侵略』文藝春秋社、二〇一一年。
(41) 山本は分析の上で、前掲「太田宇之助日記」を活用している。「太田宇之助日記」を活用しているのは、翻刻者の望月を除けば、山本と後述する高綱博文くらいしか確認できていない。ただし、当然であるが、山本は『朝日新聞』の戦前の時局協力を明らかにするという視点でしか「太田宇之助日記」を分析しておらず、太田宇之助研究や中国専門記者研究としての利用はなされていない。

(42) 髙綱博文「戦時上海における内山完造――内山完造の〈グレーゾーン〉問題を中心に」『日本大学通信教育部研究紀要』第三三号、二〇二〇年。
(43) 太田宇之助『新支那の誕生』日本評論社、一九三七年。
(44) 太田宇之助『中国と共に五十年』世界情勢研究会出版局、一九七七年。
(45)「太田日記」一九四一年九月一九日条。
(46)「太田日記」一九四一年九月二二日条。
(47) 同文書の閲覧は有山輝雄先生のご紹介により可能になり、また、実際の閲覧にあたり日本新聞博物館の工藤路江学芸員に大変お世話になった。両先生に心から御礼申し上げる。
(48) 島田大輔「売られ散逸した私文書の来歴とその行方――太田宇之助および宮村三郎(林銑十郎)旧蔵史料を中心に」『東アジア近代史』第二八号、二〇二二年。
(49) 太田の発簡は、「重光葵関係文書」(憲政記念館)や「竹中繁史料」(二〇二五年二月現在、国立歴史民俗博物館に寄贈準備中。同文書に関しては、詳しくは山﨑眞紀子・石川照子・須藤瑞代・藤井敦子・姚毅『女性記者・竹中繁のつないだ近代中国と日本――一九二六~二七年の中国旅行日記を中心に』研文出版、二〇一八年参照)をはじめ数カ所に現存しており、姫路の太田本家にも若干太田関係の史料があるが、本補節はあくまで太田が生前に持っていた史料群(日記と来簡など)の来歴と散逸に焦点を当てているため、他の史料群に含まれる太田の文書、あるいは公刊された太田の回顧録、評論集などについては触れない。
(50) 縫田氏の半生を回想したものとして、縫田曄子『語り下ろし 情報との出合い』ドメス出版、一九九九年、望月雅士・中武香奈美「インタビュー記録 太田宇之助父娘と中国――太田宇之助長女、縫田曄子氏に聞く」『横浜開港資料館紀要』第三八号、二〇二二年。
(51) 以下の二点を参照。『東京都太田記念館二五周年記念誌』東京都、二〇一六年。斎藤貴男「空疎な小皇帝 第三回 台湾海峡で危険な火遊び」『世界』二〇〇二年九月号。
(52) 遺族の縫田氏の証言は以下の通りである。第一に、生前、太田の書簡は書斎のトランクに入れられていたらしく(日記や特に大切な手紙は別置)、このトランクが持ち去られた結果だということである。第二に、宇之助の没後から東京都が記念館建設を起工する間に、不自然かつ不審な(遺族が関知していない)人の出入りがあったらしい。第三に、太田の蔵書を古書店に売りませんかと、母（宇之助妻）に持ちかけた人がいる。「この人じゃないか」という目星はついているが、物証がないので、被害届も出していないとのことである（以上、筆者による縫田曄子氏への聴きとり、二〇一八年一一月三日）。

（53）「太田宇之助関係文書」（横浜開港資料館蔵）の件数であるが、中武香奈美「太田宇之助日記　解説」『横浜開港資料館紀要』第二〇号、二〇〇二年では、七九五件であったが、横浜開港資料館において件数の再確認があったようで、前掲、望月・中武「インタビュー記録　太田宇之助父娘と中国」において、八〇四件に修正された。

（54）開港資料館に寄贈されたのは、①当初相談した東京都が寄贈を拒否した、②太田家は尾崎秀実の遺族と世代を超えた交流があり、その縁で尾崎の女婿であった今井清一（横浜市立大学名誉教授）が仲介となり、今井が関係していた横浜開港資料館が引き受けることになった、という経緯による（筆者による縫田曄子氏への聴きとり、二〇一八年一一月三日）。

（55）以上の日付は、縫田氏から筆者宛の手紙（二〇一八年一一月二三日）を典拠としている。

（56）前掲、中武「太田宇之助日記　解説」。

（57）ただし、筆者宛の縫田氏の手紙（二〇一八年一一月二三日）によれば、八〇四点といっても写真アルバムや戦後の趣味の世界旅行関係のものが多くを占め、研究の対象になりにくいものばかりであり、日記などを除けば有用な史料の点数は少ないとのことである。

（58）「太田宇之助日記」一九四〇～四五年『横浜開港資料館紀要』第二〇～二八号、二〇〇二～二〇一〇年。

（59）羽島コレクションには、原紙（創刊号、号外含む）、切り抜き、販促グッズ（マッチ、テレホンカード、絵ハガキ）、社内備品（袢纏《はんてん》や印刷機）、購読申込書、販売関係文書、投書原稿など新聞に関するあらゆるものが入っている。

（60）安良城竜太「【経営メモ】新聞博物館の展示基本設計まとまる／新聞ライブラリー、情報システム検討へ新組織／博物館鴨居分室の完成と収集機材の整理／羽島コレクションの購入」『新聞経営』第一三九号、一九九七年。

（61）張宝芸「日本新聞博物館——紙資料を中心とした所蔵資料」『戦争とメディア、そして生活』勉誠出版、二〇〇八年。

（62）羽島知之「新聞博物館に入る『羽島コレクション』」『日本古書通信』第八一七号、一九九七年。羽島知之「新聞と私——新聞収集研究六〇年」『あめく通信』第九号、琉球新報新聞博物館、二〇〇八年。

（63）筆者も新聞博物館の所蔵史料をすべて把握しているわけではないが、同盟通信社関係文書（新聞通信調査会旧蔵資料）、黒岩周六日記、書簡としては、宮本吉夫（情報局官僚）、久米正雄（東京日日新聞学芸部長。漱石門人）、戦前に活躍した新聞記者へのインタビューテープ（『別冊新聞研究　聴きとりでつづる新聞史』日本新聞協会、一九七五～八九年の原本）などは収蔵されている。黒岩日記については、櫻井良樹「黒岩周六日記〈大正三年四月―四年四月〉」『紀尾井史学』第四号、一九八四年がその翻刻である。櫻井氏のご教示によると同稿上梓時には黒岩日記は黒岩家にあり、黒岩菊郎がのちに新聞博物館に寄贈したとのことである。

(64) 日本新聞博物館所蔵資料閲覧・複写の手続きはホームページに案内がある。https://newspark.jp/database/（二〇二四年一二月一日確認）。

(65) 神尾茂、原田棟一郎、神田正雄、大西斎といった大阪・東京朝日新聞（以下、大朝、東朝と略す）支那部長からの書簡は従来研究が不十分な同社支那部の実態の一端を伝えるものであり興味深い。それらを紐解くと、上海ないし北京にいる太田に対する取材指示や太田の通信に対する賞賛および指導、他紙や社内別部署への批判などが見いだせる。次の注66で挙げた太田宛の来簡が多い者の上位に支那部長がいる。特に神尾の書簡は、かなり赤裸々であり史料的価値が高い。

(66) 太田の発簡の大部分は妻の栄子宛（一二通）である。来簡のなかで最も多いのは神尾茂（大朝支那部長）からの書簡（五一通）である。神尾以外で六通を超えるのは、原田棟一郎（大朝外報・支那部長、二四通）、後醍院正六（大朝学芸部長、一八通）、鳥居素川（大朝編集局長、一一通）、大内衛（大朝、一一通）、神田正雄（東朝支那部長、一〇通）、横田実（日本新聞協会事務局長、七通）、大阪朝日新聞支那部（六通）、山内清（大朝外報部、六通）、大西斎（東朝支那部長、六通）である。横田を除けば、全員朝日新聞関係者である。

(67) 第1章で分析する。

(68) 同書簡は第3章で分析する。

(69) 森秀樹（一九四四年生）は八八年まで読売旅行会などの旅行会社に在籍し、同書刊行当時はスバルインターナショナルの取締役だった。いわゆるアマチュアの研究者である（森秀樹『朝日新聞と東亜の人びと』スバルインターナショナル、一九八八年の奥付）。

(70) 同右書、①頁。

(71) 筆者による縫田曄子氏への聴きとり、二〇一八年一一月三日。

(72) 羽島氏への取材の際に本書での発表の許可を得ている。

(73) 横浜開港資料館と日本新聞博物館本館は二〇〇メートルしか離れていないが、それぞれ「太田宇之助関係文書」が所蔵された経緯に関連性はなく、近隣となったのは偶然でしかない。

第1章　ある中国専門記者の誕生

第一節　中国への関与の端緒

1　生い立ち

太田宇之助は一八九一年一〇月八日に兵庫県揖保《いぼ》郡網干町《あぼしちょう》（現姫路市）において、乾物店を営む太田善次郎、たき夫妻の九人兄弟の四男として生まれた[1]。両親は結核により一九〇二年（父）、〇五年（母）に相次いで亡くなっている。太田の事跡については、回顧録『生涯』に依拠せざるをえない部分が多いが、大学卒業までの軌跡は特に回顧録に頼らざるをえない。

太田の一族には、網干の町の地域振興に尽くした人々が多い。太田の生家は分家だが、本家の従兄弟（父の兄の子）の太田勝治が町議会議員を四期務めている[2]。勝治の養嗣子・太田陸郎は、他家からの養子であるが高名な民俗学者であった。陸郎は中国の民俗学を専攻し、一九三八年に応召を受け華中地域で陸軍少尉として活動していたが、南方勤務からの帰任途上の一九四二年に台湾で事故死している。(3) また、網干の興浜《おきのはま》地区の神社（金比羅神社）・仏閣（大覚寺）の鳥居、燈籠などには太田姓の高額の寄進・奉納の芳名を数多く確認できる。明治・大正・昭和と網干の町の発展に尽くした名望家の一族であった。

明治・大正期に網干町長・網干銀行頭取を歴任した山本真蔵もまた太田の親族（従兄弟）であった。姫路市網干区にある山本の旧家は現在文化財として公開されているが、和洋折衷の大きな邸宅である。彼はマッチ製造を通じて中国や神戸の華僑とも繋がりのあった人物である。(4) 真蔵の父は太田家から山本家に養子に入ったので、真蔵は宇之助とは血の繋がった従兄弟であった。そういった縁もあって宇之助の姫路中学進学の支援をしている。山本は網干のリーダーの中のリーダーであった。ただし、宇之助は「虫が好かなかった」と回想に書き残しており、(5) あまり良い印象を持っていなかったように思える。

そして宇之助の長兄の太田覚治郎もまた、成年後は網干町会議員を五期務め、(6) 地域に尽くした。戦後は食糧増産と台風被害対策のために、網干の興浜で干拓事業を推進した人物であった。覚治郎の功績を顕彰した干拓の碑もいまだに残っている。(7) 兄覚治郎は、宇之助が一九四八年の衆議院選挙に兵庫四区から出馬した時も物心両面で支援した。成人後ほとんど地元に縁がなかった宇之助が、落選したとはいえ選挙で善戦したのは兄の声望ゆえであった（第5章で後述）。

以上の通り、太田の一族は名望家であり、裕福だったと思われるかもしれない。しかし、宇之助の家は分家であり、なおかつ、幼い頃に両親が亡くなったこともあり、経済的に困窮して一家離散してしまう。やはり働き手である両親がおらず未成年の子どもたちだけだと生活できなかったのである。年齢がある程度に達した子どもはすでに丁稚奉公に出されたり嫁がされたりしており、宇之助より幼い子は各親族の養子になり兄弟離れ離れになってしまった。父の営んでいた乾物屋は姉夫婦の経営を経て、最終的には長兄覚治郎が跡を継いだのだが、それは何年も先のことで、家族の離散は免れなかった。こういう状況にもかかわらず宇之助は小学校（網干町立網干小学校尋常科）[8]の時から成績優秀で頭が良かった。そのため親族の理解・援助を得て（のち、自ら苦学し自活）、上級学校、最終的には大学まで進むことになる。

郷里の高等小学校（網干町立網干小学校高等科）を卒業したのち、地主であった従兄弟の山本真蔵の援助により、一九〇六年兵庫県立姫路中学（現在の姫路西高等学校）に進んだ。だが、宇之助が住まわされたのは真蔵が姫路に構えていた妾宅であった。妾が浮気しないように監視することが宇之助の役目であった。この妾宅の番犬という境遇に気兼ねし、また、苦学生への憧れもあり、宇之助は中学三年で退学し、一九〇八年神戸に移った[9]。

宇之助は自活による苦学を志し、牛乳配達や新聞配達等で生活費を賄ったものの、その生活は貧しく苦しかった。しかも、貧乏だけが彼の障害だったわけではない。宇之助は病気がちであった。両親の死の原因の結核に宇之助も罹患しており、病気を抱えながらの学生生活であった。実際姫路中学、関西学院普通科[10]、私立京都中学校、第三高等学校等に在籍はしていたが、腸チフスなどの感染症や結核によってたびたび学業を中断せざるをえなかった。学業中断の理由には、金銭の不足もあったが、生活のために無理をしたため病気が悪化していき、さらに貧乏になっていくという悪循環もあった。先に挙げた中等教育機関で卒業したのは京都中学だけあった[11]。それ以外はいずれも中退を余儀なくされている。

宇之助は一九一一年に第三高校に進んだものの、翌一二年には乾性肋膜炎（結核性）により退学を余儀なくされた[12]。三高在学中は、大阪朝日新聞京都支局に宿直として住み込みをした。その際、支局長の後醍院正六の伝手で匿名の篤志家から月五〇円の援助を受けることになったが、のちに篤志家の正体が後藤新平（後醍院は台湾日日新報編集局長時代に後藤と知り合っていた）だと判明した[13]。後醍院に始まる人脈は、早稲田大学在学中の中国革命参加、そして朝日新聞入社に繋がることになる。

病気により学業を断念せざるをえなくなった太田は郷里で療養したのち、一九一三年神戸に移り、後醍院の紹介で、岸元吉（大阪朝日新聞神戸支局長）の自宅に下宿し、岸の紹介により、伊達友俊（神戸図書館長）と知り合い、同図書館に事務員として採用された[14]。図書館事務員として奉職中、太田は『早稲田大学通信講義録』で独習し、試験の結果、一九一五年早稲田大学専門部政治経済学科二年次に編入した[15]。苦学と病気で回り道したため、早稲田大学に編入した時点で二四歳となっていた。

早稲田大学に進んだ太田は、伊達の紹介で国木田収二（独歩の弟・元読売新聞編集局長）の書生となった。太田の早大での学生生活に関する記録はほとんど残っていない。回顧録『生涯』においても、恩師や受けた講義、影響を受けた本、学内の友人関係など何一つ記していない（代わりに、後述する革命参加に至るきっかけとなった国木田との関係が詳しく書かれている）。数少ない記述として、回顧録には「入学間もなく、学内にアジア研究会とか中国問題研究会といったような団体があることを知って、その一団体に加入して中国に対する関心を深めるのに努めていた[16]」とあり、中国への関心は早大入学直後に芽生えていたようである。

当時、早稲田大学では数多くの中国人留学生が学んでいたので[17]、太田に彼らとの交流があったことは想像できる。同学科の一期上には卒業後も交流が続いた陳溥賢《ちんふけん》（のち博生を名乗る。帰国後、晨報社長、中央通訊社総編集）がおり、太田は、陳にとって自分は「日本に於ける第一の友人と自任[18]」している。陳は早稲田大学専門部政治経済学科を一九一六年に卒業しているが、太田は一九一七年に同科を卒業している一学年下の同窓生である（生年は同じ）。在学中に両者に関係があったことは十分に想像できる。また、卒業後、陳は北京政府勤務を経て、『晨報』（北京）の記者となっている。太田は一九一七～一九年、二五～二八年に北京通信員を務めており、記者時代の交流もあったのではないかと思われる。第2章第四節にて後述する通り、一九三六年に陳が『文藝春秋』に寄稿した評論「日本の支那評論家」のなかで太田を高く評価している。太田の回顧録に記載はないが、両者の交流は在学中に育まれたものであろう。

2　早稲田大学在学中の中国革命への参加

早大在学中、太田は上海に渡り、袁世凱帝政に反対する中華革命党の武装蜂起（第三革命）に参加している。太田が関与したのは、一九一六年五月五日未明に実行された、「策電」艦襲撃事件である。

「策電」艦襲撃事件については、長く忘却されてきたが、『外務省警察史』に収録されたレポートを駆使した小野信爾による詳細な研究がある。[19] また、日本海軍の援助の詳細については波多野勝の研究が小野の不足を補っている。[20]

「策電」艦襲撃事件とは、一九一六年一月頃に孫文率いる中華革命党による革命活動の一環として立案された、上海の呉淞《ウースン》沖に碇泊していた北京政府軍の軍艦「策電」に対する襲撃（目的は奪取）事件である（作戦実行は同年五月）。襲撃の責任者は中華革命軍海軍総司令の王統一であった。王は、日本の商船学校に留学した経験を持ち、第二革命失敗ののち、孫文とともに日本に亡命した人物である。「策電」の奪取と協同して、陳其美（中華革命軍陸軍総司令）率いる陸軍部隊が蜂起する手はずとなっており、革命軍による上海の解放が終極の目的であった。[21]

この計画の背景には、日本海軍の大々的支援があった。当時、第二次大隈重信内閣は、一九一六年三月七日に袁世凱打倒と反袁勢力援助を謳った「中国目下ノ時局ニ対シ帝国ノ取ルベキ政策」を閣議決定しており、日本は総力を挙げて中国の反袁活動を支援していたのである。[22] 日本海軍による襲撃事件援助は並々ならぬものがあり、実行部隊は全員日本海軍の予備海兵によって構成され、その募集も海軍省が後援した。中心となったのは、秋山真之海軍軍務局長であり、秋山の斡旋により、久原房之助（久原鉱業社長）から五〇万円の借款が与えられた。[23]

太田は、中華革命軍海軍総司令の王統一の秘書として、この襲撃事件に参加していた。その経緯を簡単に説明すると、王は太田の下宿先の国木田収二の義兄弟（妻同士が姉妹）で、太田とは旧知の仲であった。その縁で太田は王に誘われ、早大在学中の一九一六年三月に上海に渡ったのである。(24)この第三革命への参加は孫文ら革命派との関係を生むことになった。太田は王の秘書として、孫文とその秘書山田純三郎、そして陳其美らとの関係を築いたのである。事件直後亡くなる陳其美は、周知の通り、蔣介石の義兄弟である。孫文や陳其美らとの関係は、革命派、のちの中国国民党関係者に対する取材活動に有利に働いたと見てよいだろう。

さて、一九一六年五月五日未明、中華革命党の一派は、上海呉淞沖に碇泊していた政府軍の軍艦「策電」を奪取すべく襲撃した。ただし、総司令官の王と秘書の太田は襲撃には参加せず、陸上からその推移を見守った。先に述べた通り、この事件の実行部隊は、全員日本海軍の予備海兵であった。久原から提供された借款は予備海兵の雇用、そして「策電」乗組員の買収に当てられた。実行部隊の日本海兵約二〇名は、買収が済んでいると思い込み、策電に乗り移ったが、ここで思わぬ発砲を受けた。屈強の海兵たちは狼狽し、六名が捕虜にされるなど醜態を晒した。買収はうまく行かず、また、実行部隊には通訳は一人もいなかったのである。(25)太田は失敗の原因を、準備が整っていない段階にもかかわらず、孫文が実行を焦った結果だと見ているが、(26)小野はこれに否定的である。(27)いずれにせよ、太田が参加した「策電」艦襲撃事件は失敗に終わったのである。

第三革命は袁世凱の死と革命派に近い黎元洪《れいげんこう》が後継大総統となったことにより終息に向かった。王統一は、事件後孫文と仲違いし、京都衣笠等持院近辺に潜居する。(28)また、事件直後、陳其美は北京政府の放った刺客に暗殺された。(29)

この「策電」艦襲撃事件は失敗に終わったとはいえ、太田にとっては中国への関与の端緒であり、非常に大きな意義を有した。早大に復学し卒業したのち、この革命経験を論文に認め、これが当時の大阪朝日新聞編集局長の鳥居素川《そせん》に認められ大阪朝日新聞に入社する。(30)太田は朝日新聞の中国専門記者となっていくが、この第三革命に参加した事実は、国民党系に対する強い人脈を形作り、太田のキャリアにとってきわめて重要な意味を持ったのである。(31)

3 朝日新聞への入社と鳥居素川との関係

太田は一九一七年六月に早稲田大学専門部政治経済学科を卒業すると、同年同月大阪朝日新聞社に入社した。先に触れたように、革命参加のレポートを大阪朝日新聞編集局長（事実上の主筆）鳥居素川に認められたからであった。入社経緯を詳しく説明する。朝日新聞社において入社試験が設けられたのは、一九二六年一二月のことであった[32]。それ以前、朝日新聞社への入社は縁故採用に限られていた。上海から帰国後、太田は朝日新聞社の有力な出資者である鋼商・勝本忠兵衛の息子である勝本鼎一（当時慶応義塾大学学生）と知人となった。勝本鼎一との出会いは早大生の友人の紹介によるが、鼎一が太田の革命参加に関心を持ったから生まれた縁であり、のちに生涯の親友の一人と回想するほどの関係となった。勝本忠兵衛は鳥居と非常に懇意であった。太田は、勝本鼎一―勝本忠兵衛のルートを利用して、鳥居素川に紹介されることになった。入社試験代わりに太田が提出した革命体験記「支那革命行」が評価されて、太田は大阪朝日新聞社への入社を許されることになったのである[33]。

太田の大阪朝日新聞入社は、日本新聞博物館蔵の後醍院正六（当時、大阪朝日新聞学芸部長）から届いた二通の書簡（一九一七年五月）からも確かめられる。先に述べた通り、後醍院は京都支局長時代に太田を支局の住み込みのバイトとして採用し（当時、太田は三高生）、後藤新平に太田の金銭援助を依頼した過去があり、入社以前から関係があった。第一の書簡（五月五日）は、太田の朝日採用選考に関する書簡であるが、自分より勝本忠兵衛の方が推薦者として確実と述べている[34]。第二の書簡（五月二七日）は、選考がうまくいきそうだ、という社内事情を太田に伝えるものである[35]。どちらも、従来回顧録頼りだった太田の入社経緯を実証する一次史料である。

「支那革命行」が評価されたのは「鳥居局長は中国問題に対して非常な情熱をもっていたので、宇太郎〔太田〕の中国革命参加の経歴に特に注目した[36]」からだと太田は回想している。太田が朝日新聞社に入社できたのは、紹介されたのが中国問題に関心が強い鳥居素川であったことが非常に大きかったといえよう。

鳥居の経歴（特に中国との関係）について簡単に紹介したい。一八六七年生まれの鳥居素川（本名赫雄《てるお》）は同郷熊本の先輩・荒尾精の薫陶を受け、一八九〇年上海に設立された日清貿易研究所（のちの東亜同文書院）の第一期生となったが、間もなく病気により退学している。その後、新聞『日本』を経て一八九八年に朝日新聞社に入社し、一九一四年からは大阪朝日新聞編集局長として事実上の主筆の任に当たった。一九一八年一〇月に、寺内正毅内閣による言論弾圧事件である白虹事件により引責辞任するまで、鳥居は朝日の筆政にあった。一九一九年に大阪で『大正日日新聞』を創刊するが、『大阪朝日新聞』『大阪毎日新聞』両紙により営業上の妨害を受け紙勢は振るわなかった（鳥居は二〇年退社）。一九二八年に亡くなった。(37)

病により日清貿易研究所を退学したが、鳥居が中国に対する関心を強く持っていたのは事実であり、たびたび中国に視察に出かけ孫文ら革命派とも懇意であった。(38)鳥居は、第三革命が激化していた一九一六年四～五月に華北を中心に中国を視察している。折しも、太田が上海で革命に従事していたのと同じ時期である。鳥居は、一九一六年の中国視察についての記事を『大阪朝日新聞』に連載しているが、そのなかで南方派援助を訴えている。(39)鳥居が太田の「中国革命行」に興味を持つのはいわば当然であったといえよう。

入社から三か月後の一九一七年九月より太田は北京通信部勤務となり、神尾茂北京通信員の助手となった。地方回りを経験せずに中国赴任が決まったが、これは当時であっても異例だったようである。(40)たとえば、神尾茂は一九〇九年に東亜同文書院を卒業して大阪朝日新聞に入社しているが、中国に初めて派遣されたのは入社から二年後（一九一一年）であった。(41)また、同じく東亜同文書院を一九一一年に卒業し同年東京朝日新聞に入社した大西斎は、七年間の国内勤務（犬養毅の立憲国民党の番記者）を強いられている。(42)中国語に堪能なはずの東亜同文書院卒業生ですら数年の国内修行期間があったのにもかかわらず、太田が三か月で現地に派遣されたのはやはり異例だったといえる。また、北京に派遣されてからわずか二か月で署名記事「倒段の密謀」を『大阪朝日新聞』紙上に載せているが、入社五か月で署名記事が掲載されるのも異例中の異例であった。これらは、すなわち、大阪朝日新聞の実権を握っていた鳥居の期待の表れと見てよい。日本新聞博物館蔵「太田宇之助関係文書」には鳥居から太田宛の書簡が数点含まれているが、そのなかの一通（一九一八年一月二二日）には太田の通信を激賞し鳥居自ら整理部に掲載を交渉したという記述が出てくる。[43] 太田は中国専門記者として純粋培養されていくが、入社初期にあたっては鳥居素川の意向が強く働いていたのである。だが入社一年後の一九一八年八月に白虹事件が起きる。寺内内閣批判の記事が筆禍に遭った事件であるが、鳥居や鳥居に近い社員（たとえば長谷川如是閑や大山郁夫）らは責任を取って一斉に退社した。[44] 北京にいた太田は恩人と行動をともにすべく退社を決断するが、会社に留まるべきという鳥居の説得により、社に残った。[45]

以後、一九三二年に東京本社に帰任するまで、太田は一時の本社勤務を除き、北京通信員、上海通信員、上海支局長を歴任する。この長い中国滞在により彼は独特な中国認識を育むことになった。そしてこの外地勤務の間に、『大阪朝日新聞』『東京朝日新聞』両紙に署名記事を頻繁に投稿するのである。

第二節　中国南北和議問題と五・四運動

1　南北和議に対する太田の観察

一九二〇年代における中国は北の北京政府と南の広東政府の両立体制であり、北京政府の内部においても幾度となく内戦が繰り広げられる軍閥混戦の状況にあった。また、国民党と共産党も離合集散を繰り返した。最終的には、一九二六年七月に国民政府（一九二五年七月に広東政府から改組）の北伐が始まり、一九二八年一二月東北軍の易幟《えきし》をもって、中国国民政府の全国統一がひとまず完成した。国民政府は、中国国民党を基礎として一九二五年七月広州に誕生した、孫文の遺教（三民主義、建国大綱）を継ぐ政府である。北伐の展開により、武漢、南京へと遷都し、日中戦争中は重慶に移転した。大半の時期は、蔣介石が政府の実権を握っていた。終戦後、南京に還都すると、一九四七年一二月に中華民国憲法を施行し、国民政府は中華民国政府へと改組された。しかし、中国共産党との国共内戦に敗れ、一九四九年以降、中華民国政府は台北に移転した。[46]

太田が北京に赴任した一九一七年九月は、孫文を大元帥として広東に中華民国軍政府（広東軍政府。幾度か改組される広東政府の最初のもの）が樹立された月であった。太田も参加した一九一六年の第三革命は、一九一四年五月に袁世凱によって廃止された中華民国臨時約法（「旧約法」）および国会（「旧国会」）の復旧が目的であり、革命派と関係が深い黎元洪が袁の後任の大総統になるとその目的が達せられた。しかし、黎元洪と国務総理段祺《だんき》瑞《ずい》の政争（府院の争い）、およびそれに端を発した張勲復辟《ちょうくんふくへき》（宣統帝溥儀の復位）などにより黎元洪は大総統を退き、実権を得た段祺瑞は一九一七年七月に再び旧約法と旧国会を廃止した。旧国会の議員と孫文は護法運動を開始し、前述の広東軍政府が成立したのであった。この結果、中華民国は南北（北京政府と広東政府）に分裂することになった。

太田が中国専門記者として最初に取り組んだのは中国南北和平問題であった。[47]一九一七年九月に北京に赴任した太田は、その年の一一月に人生最初の署名記事「倒段の密謀」[48]を執筆し、『大阪朝日新聞』に掲載されている。これは北京政府内の勢力抗争に関する記事で、広東政府との和平統一を唱える馮国璋《ふうこくしょう》（大総統、直隷派）により、武力南進を主張する段祺瑞（国務総理、安徽派）が追い落とされる過程を描いたものだった。段の失脚後、馮大総統は和平派の王士珍国務総理のもと停戦命令を発し、南北和議を模索していた。しかし、一九一八年一月二四日湖南省の要衝岳州が南軍に占拠されると、馮大総統は二月に南方討伐令を出さざるをえなくなり、三月に段祺瑞が国務総理に返り咲いた。こうした北京政府内の和平派と主戦派の権力闘争の模様を、太田の記事は詳細に報告している。太田は北京政府の北洋派を私利私欲から内部闘争を繰り返す閥族と批判し[49]、和平も武力統一もできず混迷していく中国政治の先行きに不安を覚えていた[50]。特に厳しく批判したのは、主戦派である段祺瑞である。段派の暗躍の結果もたらされた段の復権を「中国の不幸」と呼び[51]、段に向けて武力南進を戒める文章を草している[52]。そうした太田にとって、西原借款を通じて段祺瑞援助（援段）政策を推進する寺内内閣の中国政策も許容できないものであった[53]。

太田が再び積極的に中国政治に対する意見表明を始めるのは、一九一八年一〇月に大総統に就任した徐世昌《じょせいしょう》が提議した南北和平運動に触れて以降である。徐世昌が一九一九年一〇月二四日に南北和平を訴える大総統令を発すると、広東軍政府は呼びかけに応じ、一九一九年二月二〇日に上海において南北和平会議が開催された。太田は同月、北京通信部（助手）から上海通信員（単独派遣）に転じている[54]。なお、同時期に上海に駐在した宗方小太郎（東方通信社社長）の日記によると、太田はこの頃宗方をはじめとする上海駐在日本人とよく交流していた[55]。

太田は前述の徐世昌の取り組みを評価し、南北和平会議の成功に期待した[56]。だが「護法」の問題については南北間の隔たりが大きく、両者間の妥協が成立するかどうかを危惧した。開催に至るまで妥協問題について、時に悲観に傾いたものの[57]、最終的には妥協成立の見透しを立てた[58]。

しかし、和平会議は南方代表の唐紹儀の非妥協的態度により停頓し、三月二日停会に至った。四月九日に再開したものの、五月一三日についに決裂に至った。太田は、この和議不成立の責任を南方、特に孫文ら民党勢力にあると批判している[59]。広東軍政府に対する太田の不信感は、一九二〇年三月に同政府が分裂することにより確信に変わり、南方不信は「南方が協力して北方和議を開くなど絶対不可能」「今や支那は南北にも縦断的にも結合し統一し得る希望は毫も存在しない」といった南北和議への悲観論へと変わっていった[60]。太田は、一九二〇年二月には、中国の自力での南北和議に絶望し、列国共同の内政干渉による統一策すら是認するようになっていた[61]。

徐世昌は一九二〇年一〇月三〇日に、再び南北統一に関する大総統令を発布したが、太田はこれに対し和議による統一はもはや見込みがないと断じている[62]。

以上の通り、太田は、徐世昌大総統の首唱による南北和平交渉に当初期待していたものの、上海和平会議が南方の強硬論により頓挫するなかで、次第に悲観論に変わっていく。そして、南北和議への悲観は、そのまま聯省自治論に接続されていく。南北政府間交渉ではなく、「下」からの統一の機運に期待を寄せていくのである。

2 五・四運動への洞察

太田は、中国政治に対し南北和議と聯省自治論を中心に持論を発表する一方、日中の親善に心を砕いた。一九一九年二月の記事では日本の利己的な対中国態度を批判し、蔑視ではなく憐憫をもって中国人民の民生向上のために積極的に援助しなければ排日感情の一掃は不可能と述べている[63]。また、第一次世界大戦の戦後処理において日中間で問題となった山東問題についても、譲るべきものは譲り、二十一か条要求[64]にもこだわるべきではないと論じている[65]。

一九一九年、山東問題を契機にして発生した学生・民衆の排日運動である五・四運動を、太田は上海で目撃することになる。五・四運動が発生すると、太田は観測記「益《ますます》烈しき排日」を『大阪朝日新聞』に掲載した。そのなかで太田はこの運動の本質について以下のように論じている。

専門家は過去の事例より推して、此度の非買運動が三箇月乃至四箇月は継続すると観察してゐるが、吾人は今回のボイコットが従来のそれよりは根底の深きものあるを思ひ、之を極めて重視すると共に、この風潮が決して短日月に止まざるべきを信ぜざるを得ないのである。〔中略〕〔他の専門家は〕支那国民のこの程の運動に対しては、いつも之が背後に扇動者ありとし、それが英米なりといひ、或ひは野心ある政治家なりとして、深く考へない。一体日本の実際政治家には、事実に対して之を正視してその原因を確かむることを怠り、すべて側面から観察し、徹頭徹尾色眼鏡を通して見る弊がある。〔中略〕今日の排日運動にしても勿論英米、殊に米国系の言論機関が排日熱を煽ったことも一原因に相違ない。当地の民党の過激派が、学生団と結束し、之を使嗾した形跡も亦明らかである。併し之が原因の全部ではない。寧ろ一小部分であって、最大の原因は、実に現代支那の知識階級、殊に青年学生の間に横溢する排日思想に存する。今日の支那学生は、新聞や政党の煽動のみに因って動くほど無自覚ではない。〔中略〕彼等の排日思想は、山東問題のみによって培われたものではない。少くとも大隈内閣時代の対支交渉〔二十一か条要求〕が最初の、そして最も大きな素因となり、寺内内閣時代の段派を援助したことは内乱を助長したるものとして南北共に一般国民の恨む所となり、殊に相次いで借款を締結して、利権を日本にて独占したこと、及び日支軍の協約によりて、抜くべからざる排日感情を植ゑ付けてしまった。(66)

以上の通り、太田は、五・四運動を、「すぐ終息するいつものデモ」とする日本国内の見方を否定し、五・四運動が二十一か条要求以降の日本の対中国干渉政策への反感から醸成された排日運動を背景に持った「根の深い問題」であり、メディアや外国が煽動したものではなく、自覚的な国民運動だと指摘したのである。この主張は六月の署名記事「上海の騒擾」でも繰り返されている。(67)当時、五・四運動は欧米列強やメディアが煽動した暴動だと国内一般には理解されていた。陸軍軍人や外交官のみならず、太田の属する『大阪朝日新聞』すらそういった見解を有していた。(68)そうした俗論と一線を画す分析を太田はしていたのである。

五・四運動に際し、太田は当時上海在住だった孫文を訪ね、『大阪朝日新聞』、そして日本国民に向けた談話を引き出している。(69)孫文は、これらの談話のなかで、山東権益を中国に還付せず継承しようとした日本の姿勢を帝国主義であるとして厳しく指弾した。そして、五・四運動の背景に中国国民の根深い対日不信があることを指摘し、民党の関与を否定した。この孫文の談話は、『大阪朝日新聞』社説(70)と内藤湖南(71)から反駁されたが、こうした談話を引き出せたのは孫文と太田の関係性ゆえであり、他の記者には不可能であっただろう。実際、太田と孫文の言説を並べて読むと、両者が同一の地平に立っていることが分かる。

二〇〇五年、中国思想史研究者である溝口雄三は、五・四時期の『東京朝日新聞』『万朝報』『中央公論』『改造』を読み解き、「学生デモを『暴動』『騒擾』として『漫罵』するおそらく圧倒的多数の世論のなかで、太田、吉野〔作造〕両氏は正鵠を得た論評をしていた、それがしかし陽の目をみるまでには、〔中略〕日本の敗戦まで待たねばならなかった[72]」と述べている。今日、吉野作造の中国ナショナリズムへの理解は人口に膾炙《かいしゃ》しているが、太田の深い洞察もまた記憶されてしかるべきである。

3 雑誌『日華公論』での活動

太田の中国での日中親善活動で注目すべきものの一つに、天津租界で刊行されていた『日華公論』という雑誌への寄稿がある。同誌はもともとは一九一三年八月に森川照太により発刊された週刊新聞で、初代主筆は橘樸であった[73]。一九一九年に小倉章宏（主幹）に譲渡され、以後二二年一一月に停刊するまで月刊雑誌の体裁となった。小倉が主幹を務めていた時期の同誌は五・四時期の新文化運動の高まりを背景として、「日華文化提携の機関」という編集方針を掲げ、日中文化人が盛んに寄稿していた。中国人寄稿者としては、蔡元培、胡適、陳独秀、周作人などの北京大学教授や孫文、戴季陶、梁啓超、李大釗《りたいしょう》、胡漢民、陳公博といった政治家などがいた。中国人の著作の多くは別の中国語雑誌に掲載されたものを『日華公論』編集部が訳載したものだが、なかには直接寄稿されたものもあり、たとえば李大釗による論考がある。また、日本人寄稿者も北京や天津在住の日本人だけでなく、大隈重信、高田早苗、永井柳太郎、中野正剛、室伏高信、尾崎士郎などの著名人が名を連ねていた。従来まったく注目されてこなかった『日華公論』であるが、一九二〇年代初頭における在野（かつ海外）の日華提携運動の一つとして重要である。『日華公論』については、許硯輝の研究[74]が詳しいほか、筆者も詳細な分析を行ったことがある。[75]

『日華公論』における太田の活動を紹介するのは、大陸における中国専門記者の活動と人間関係の一端を見る上で興味深い事例だからである。

太田は北京から上海に転じてから『日華公論』に以下の書信（「上海より」と題して掲載）を寄稿している。

日華公論が北支那にあつて在支唯一の邦人の文化宣伝の機関として多大の努力を続けつゝあることに対しては常に尊敬を払つてゐます。一見あるべくして上海には日華公論のやうな雑誌を有しないことは僕の遺憾に思ふ所であるが深く考えれば天津にこれありて上海にこれなきは決して偶然のことではない。支那の新文化運動の中心は云ふ迄もなく北京であつて天津は上海よりも遥かに其雰囲気に近い。上海は到底思想を論ずる場所ではなくて投機的商業の市場である。日華公論の如きは当然上海よりも北京又は天津に成長すべき雑誌だと思つてゐる。今日の支那に僕等が兎も角興味を以て見やうとしてゐる唯一のものはこのヤングチヤイナの新文化運動である。そして兄等が此問題を捉えて支那を啓蒙しつゝあることは大いに多としなければならぬ。在支日本人の多くは支那から何物かを獲て日本の利益を図る人々であるが少くとも日華公論は精神上の糧を多く日支間に交換して互助を実行しつゝあるものである。[76]

以上の通り、太田は「在支唯一の邦人の文化宣伝の機関」として『日華公論』の活動を高く評価し、かつ強い愛着を有していることが分かる。調べた限りでは同誌にここまで強い愛着を表明したのは、主幹、主筆を除けば、太田が唯一である。これは、「日華文化提携」という趣旨に太田が特に共鳴を示していたからにほかならないからであろう。

この「上海より」では、太田の中国に対する考え方も記されている。

日本は漸く軍国主義から醒めかけて来たが未だに経済的帝国主義を抛《なげう》つものと見られない英、米も同断である。然らば日支の関係はまだまだ親善の域に達する見込みはない筈ではないか。我等はよく日本の人口剰余問題と日本の利益といふことから知らず識らず支那の権利を侵すことを黙過しやうとする。しかし日本の少数の資本家が巧みにこの説を利用して我等をして支那に於て絞り取りをやらせやうとする場合が甚だ多い。それで日支の共存共栄が何処に得られるのか。日本の資本を支那に植えるのはよいがなほ支那労働者を機械にして日本の労働者以上に絞り取りをやらうとするに我等は賛成が出来るか。かう考えて来ると我等の思想は躊ふのである。両国民が真に目覚めて相協力して互ひに一の文化の発達に資するやうになるのはいつの事か又は果たして実現する時があるか如何かを僕は疑ふ。(77)

ここで示されたのは、余剰人口の解消と経済的利益を掲げた中国への非軍事的進出が経済帝国主義的色彩を帯びているがために、中国への収奪となることへの深い危惧である。さらに、太田は、中国の国権回復運動への同情と援助の必要を以下の通り述べるのである。

我々は支那国民の熱心な国権回復運動に対して同情の念を禁ずることは出来ない。〔中略〕人情として同人種の解放のために日本人は米人に増して同情すべきは当然で仮令英米などの資本国家が協同して支那を管理すべく日本を誘った場合も日本は応に支那を庇護すべきであるのに山東問題、所謂二十一ヶ条の如き大局より見て左程重要でない問題に拘はつて支那人が甚だしく日本人を排斥して却つて米人等に頼むに至らしむるは甚だ遺憾ではないか。〔中略〕今日の支那の境遇とその国民の性質より極端に過激〔赤化、排外運動などを指す〕に赴かんとするは当然であつてこの緩和の為めに謀るには外国としては支那の現状の改善に援助を与へて国民の境遇を比較的順境に立たしむるが最も妥当であらう。(78)

ここに示された所論は、太田の生涯にわたる中国認識の一つの祖型となっていると見なすことができる。

第三節　聯省自治論への傾斜

1　太田の聯省自治論

南北和議に失望した太田が次に注目したのが聯省自治論であった。聯省自治論とは、中国において、中央の統一政権を目指すのではなく、まずは各省ごとに憲法を制定して自治を行い、それらの省から成る聯省会議を基盤に政府を樹立するという構想である。一九二〇年代において、太田は熱烈な聯省自治論者であった。聯省自治運動こそが民心を反映した運動であり、時代の趨勢であると判断し強く支持した。聯省自治運動は、一九二〇年七月に湖南省から始まり、西南諸省に波及した。当時、中国内ではにわかに注目を集めた運動であった。

中国の知識人で聯省自治に対する支持者として梁啓超・章炳麟・胡適といった面々がいた。また、政治家のなかにも聯省自治の支持者がおり、その代表が一九二〇年一一月から二二年六月にかけて広東政府において孫文に軍事面で協力し、同政府広東省長を務めた陳炯明《ちんけいめい》であった。

しかし聯省自治論は、集権化を志向する国民党・共産党からは「軍閥割拠の延命策」として忌避された。知識人たちが聯省自治論を支持したのは、「聯省自治運動は、中央権力を希求する軍閥跋扈の悲劇を克服する新たな選択として地方分権運動が提起され、それが従来の伝統的な集権的権威的支配に代わる新たな支配形態になるのではないかという期待〔中略〕に支えられていたから(79)」だと横山宏章は述べているが、太田がこの時期聯省自治論を支持した理由もその点にあったであろう。当時、「中国非国家論」（中国は近代国民国家として成熟していないという論）が日本国内で一定の説得力を持ち、[80] それを論拠の一つとして中国統一に悲観的な論調が横行していたことを考慮すると、当該時期日本の聯省自治論はある程度進歩的な側面があったことは指摘できよう。

太田は一九二〇年一二月末に、聯省自治運動を初めて記事として取り上げた。[81] 聯省自治はあくまでも民主的手続きを踏んで省憲法を制定することを特徴としており、太田はこれを時代の趨勢と見て強く支持した。軍閥の勢力の弱体化に繋がる裁兵（兵員削減）と督軍廃止もあわせて主張された。[82]

一九二一年三月、太田は皇太子（のちの昭和天皇）渡欧に際して上海から香港に特派され、皇太子の香港滞在を取材した。[83] 皇太子渡欧取材のついでに太田は広東政府を視察している。この際、孫文（広東政府非常大総統）と陳炯明（同広東省長）に会見した。聯省自治に反対し武力統一を主張する孫文と聯省自治を主張する陳炯明、それぞれの見解を聞き出している。そして、太田は陳炯明の聯省自治に強い賛意を示した。[84]

以後、太田の評論活動は聯省自治論に費やされることになる。特に、一九二一年には、聯省自治実現のため、列強の介入まで唱えるようになっていた。まず、日本の中国政策は列強協調の下に聯省自治の実現を図ることに転換すべきと主張し始めた。[85] 先に述べた通り、太田はこの時期中国の自力統一（特に南北和平統一）に絶望していたが、外力により聯省自治、督軍廃止、裁兵を促すほかない、という姿勢に変わっていた。ワシントン会議[86]に際しても、中国の統一を図るため、日英米仏四国が共同行動をもって聯省自治の成立を援助し、督軍廃止と裁兵に助力することを日本は提案し、実行を促すべきと訴えた。太田は、こうした施策が中国に対する内政干渉だと自覚していたため、あくまで和平統一のための一時的な非常措置だと丁寧に説明し、極力中国人民の了解を取り付け、中国主権の侵害にならない形の援助にとどめるべきだと主張した。[87] 太田がここまで露骨に中国への内政干渉を表明したのは、後にも先にも、この時のみである。汪兆銘政権に関係していた時でさえ、太田は中国への内政干渉に断固反対の姿勢を示していた。これはある種焦りによるものであろう。太田は、「聯省自治の傾向はこの二三年以来の著しい現象であつて、今は最早之を如何ともすることが出来ないまでに進んでいる」、「聯省自治

図2　孫文ら中国国民党要人と太田宇之助ら在上海日本人との記念写真（1922年9月11日，上海六三花園にて）
後列，左から佐原篤介，許崇清，津田静枝，奈良晃，小林角太郎，小山清治．中列，左から廖仲凱，汪兆銘，胡漢民，孫文，船津辰一郎，張継，楊庶堪．前列，左から波多博，太田宇之助，村田孜郎．
出典：上海孫中山故居紀念館編『孫中山——紀念孫中山先生誕辰一三〇周年』上海：上海人民出版社，1996年，163頁．波多博『中国と六十年』私家版，1965年，口絵．

にあらざれば安定するものでない[88]」と述べるように、聯省自治を中国統一唯一の道と見なしていた。しかしながら、中国が自力でそれを実現することに確信が持てなかったのである。

先に述べた通り、孫文は聯省自治に懐疑的であり、一九二二年六月に聯省自治論者であった広東省長陳炯明に広東政府を追い出されるに至る。これに対し、太田は「氏〔孫文〕がこの上反省して更に和衷協同の精神を展ばして西南諸省の聯省自治の主張を聴き、是等を纏めることに努むるならば統一に対し幾歩かを進めることが出来よう[89]」と孫文を批判した。一九一六年に第三革命に参画したことが太田の中国経験の原点となっており、太田の言論には一貫して国民党系に対する支持が見て取れる。その太田が、孫文に対して異論をさしはさんだことは、きわめて異例であり、この事実は、太田が当時強固な聯省自治論者であったことを示している[90]。なお、太田が聯省自治論を強く支持したことは、中国の中央集権的統一に懐疑的だったこととパラレルな関係にあった。中央集権論者である孫文への苦言も、そのような文脈で読む必要がある。

北京政府における直隷派と奉天派の内戦である一九二四年の第二次奉直戦争に際して、太田は日本がいずれかの一勢力（一党一派、すなわち軍閥）に加担することに反対し、不干渉主義を唱えた。当時広まりつつあった中国の反帝国主義運動を「支那民衆覚醒の一道程」と捉え、中国自身の自決に任せるべきだとした。軍閥支援による干渉は厳に戒むべきだが、中国民心を得た革命運動であれば、これを妨害するべきではなく援助と好意を与えるべきと訴えた。ここにおいても、太田が念頭に置いたのは聯省自治であり、時代の趨勢と見なした[91]。

第二次奉直戦争は、直隷軍に属していた馮玉祥《ふうぎょくしょう》が起こしたクーデター（北京政変）により一九二四年一一月に終結する。太田は、北京政変を「第一革命〔辛亥革命〕に比すべき重大な事件」、「全く行き詰まつてゐた支那政局にあつて自ら革命的の性質を帯びるに至つたもの」、「はじめて軍閥の私闘が支那一般民衆と交渉を生じたもの」と大々的に評価し、これにより「支那には最早之に代るべき新軍閥が生まれない」とまで断言した。そして、北京政変の結果生まれた新体制により、聯省自治、督軍廃止、裁兵が実現されるだろうと展望した[92]。

中国における聯省自治運動は、一九二六年以降、蒋介石率いる国民政府の北伐が進展するに従い下火になっていくが[93]、太田はその後も、聯省自治を志向していたことが確認できる。一九二八年一月、北伐は寧漢分立（武漢、南京両国民政府の分立）により一時停止していたものの、北伐軍は隴海線（洛陽・鄭州・開封・徐州などを結ぶ大陸横断鉄道）のラインまで進出していた。そのような時期にもかかわらず、太田は「孫文氏の主張した単一国家は支那には到底見込みがなく、国民党の天下になつても聯省自治、即ち連邦制の実質に赴く形勢となるは免れないと思ふ[94]」と述べている。

太田の執筆評論を仔細に検討すれば、中国政治の転変に従い、その論調が微妙に変化していることも指摘できうる。一九二二年には武力統一・中央集権を志向していた孫文を非難していたものが、一九二七年頃には国民政府の北伐を中国統一の原動力として肯定視するに至るのがその一例である[95]。しかし、先に引用した通り太田は、北伐による武力統一によっても聯省自治、すなわち連邦制は免れないとした。同時期の論壇でこれと類似する主張は、犬養毅（立憲政友会総裁[96]）を例外として、確認できていない。のちに太田は満洲事変を境に、一時聯省自治論を復活させるが、詳しくは第2章で述べたい。

2　大西斎のワシントン体制認識

当時の日本において聯省自治に期待を寄せていたのは太田一人ではない。たとえば、神尾茂（大阪朝日新聞[97]）、小幡西吉（駐華公使[98]）、吉野作造（東京帝国大学教授[99]）らも、聯省自治運動による中国統一に期待を寄せていた。ただし、小幡は、一九二四年から二五年にかけて、『外交時報』に聯省自治への期待を述べた論考を寄稿していた。ただし、ほとんどの聯省自治論者は遅くとも一九二五年にはその認識を変えている。

ここで、太田との比較対象として、『東京朝日新聞』における太田の同僚で上司にあたる中国専門記者・大西

図3　大西斎（『朝日新聞社員写真帳』朝日新聞社，1934年）

斎（一八八七年一二月一六日〜一九四七年一二月二〇日）の中国認識を見ていきたい。大西は太田と同じく当初聯省自治論を採っていたが、早々にその認識を改める。大西と太田は、同時代の中国を見ていたが、それぞれの視点は異なっており、必ずしも同じ問題を取り上げることはなかった。だが、その視点の違いを理解することこそが、中国専門記者という集団を理解する上での手がかりとなろう。数ある中国専門記者のなかで、とりわけ大西斎に着目したのは、以下の理由による。

第一に、太田宇之助と同じ『東京朝日新聞』所属であることである。第二に、大西が、大正期以降朝日新聞の筆政を担当していた緒方竹虎（東京朝日新聞編集局長）との関係が深く、支那部長、論説委員、副主筆として社内で昇進していくなど、太田に比べ、朝日新聞社の権力中枢に近いことである。第三に、一九二〇年代には太田と近似した中国認識を有していた大西であるが、満洲事変を境に太田とまったく異なる中国認識を見せていくことである。大西と比較することにより、『東京朝日新聞』における太田の位置づけがより明確になるであろう。

本書にとって太田と大西の比較は骨子の一つとなるので、大西の経歴を簡単に紹介したい。

大西は上海東亜同文書院の卒業生であり、上海・北京通信員、本社支那部長を歴任した中国専門記者であった。また、朝日主筆の緒方竹虎と同郷（福岡県）・同窓（福岡県立中学修猷館。大西が一期後輩）・同期入社（一九一一年）であった。[100]満洲事変以後も緒方の肝煎で設立された東朝東亜問題調査会の幹事（三四年）となり、副主筆（三九年）、論説主幹（四五年一一月）と朝日新聞社内で昇進した。[101]大西は、一九二五年二月から二九年六月まで東京朝日新聞社の支那部長を務め、三〇年一〇月以降は論説委員となったように、当該時期の東朝の中国関係論説の責任者であった。当時の『東京朝日新聞』を代表する中国専門記者といってよい。

大西の中国経験は上海東亜同文書院在学時（八期生、一九〇八～一一年）に遡ることができるが、新聞記者として中国に関わるのは、一九一七年に『大阪朝日新聞』上海通信員に就任したのが端緒であった。一九年に北京通信員に転じ、以後、二四年に帰国するまで中国に駐在した。この時期、大西は軍閥間戦争の絶えない中国政治を見つめ、ワシントン会議から北京関税特別会議に至るまでの列国の対華協調のあり方を論じた。

一九二一年八月に『東京朝日新聞』に連載された「支那の核心を観よ」[102]には、最初期の大西の中国観が顕著に現れている。このなかで大西は、当時英米で主張されていた中国国際共同管理論（以下、共管論）に対する批判を展開している。共管論は、近代国家としての統治能力を疑われていた中華民国に対し、在華権益を有する列国が共同で管理して、安定した政権を育成するべきという考えであった[103]。大西は、中国の国家改造は中国自身によって成し遂げられるべきであり列強が干渉するべきではないという見解を示し、共管論者が北京政府を過度に重視して中国民衆の動向を無視している点を問題視し共管論に反対した。そして、当時進行していた聯省自治運動こそが民心を反映した運動であり、時代の趨勢と見て強く支持した。大西は、日本の対華政策に対して、中国軍閥の支援をやめ、中国民心の帰趨を把握し、聯省自治による中国統一に同情心と寛容の態度をもって臨むべきであり、中国民衆が支持しない二十一か条要求や山東駐兵を取り消す度量が必要だと述べている。

「支那の核心を観よ」に現れた大西の中国認識は一九二五年頃までおおむね一貫している。戦間期の中国をめぐる国際協調体制（ワシントン体制）を形成することになったワシントン会議（一九二一～二二年）に対して、大西は列国が中国の主権を尊重して援助を与えるという原則に対しては評価していたが、英米の真意が共管論にあるのではないかとの危惧を有していた[104]。二三年五月の臨城事件により英米を中心に共管論が再浮上すると、大西はワシントン会議の精神を反故にするかに見えた英米に対する批判を展開した[105]。大西の論考で英米の「自己本位」外交に対する不信は一貫しており、対英米協調の必要を積極的に訴えることはなかった。

ただし、中国に対し宥和的であろうとする姿勢を持ち続けていた。そのため中国の民心の把握を訴え、段祺瑞や張作霖などに行ってきた軍閥操縦を排撃した。[106] 大西の軍閥操縦政策批判は以後も一貫している。事実上中央政府であったはずの北京政府を評価することもなかった。しかし、南方政権や中国共産党については、一九二五年までは言及することはなかった。大西が民心の所在を広東国民政府に求めるのは二六年になってからである。聯省自治への支持は「支那の核心を観よ」以降継承されていない。

日本の対華外交に関しては、協調と屈従は異なるとし、[107] 孤立をいとわず「自主外交」を行うべきと提言した。そのため、一九二五年一〇月北京特別関税会議劈頭の日本全権代表（日置益《ひおきえき》）の発言（列国の協調を顧慮せず、中国の関税自主権回復要求を単独で支持）を高く賞賛している。[108] 関税会議での単独行動は、大西にとって対華外交の理想像となったようで、一九二〇年代を通じてたびたび言及している。[109] 大西は、国際的道義に則っていさえすれば、国際協調を脱して単独主義を取ることも必要と考えていたのである。また、山東問題に対し自主的返還を提議するなど、[110] 日本の在華権益に関して「譲るべきものは譲るべき」としたが「日本の死活に関し、バイタル・インテレストに触るゝものは、支那との間にもまた列国の間にも飽迄争はなければならぬ[111]」としたように、例外を設けた。大西の言うヴァイタル・インタレスト（死活的利益[112]）とは満蒙特殊権益を指す。これは以後の大西の評論にも出てくる概念であり、大西の中国認識の転回の要因ともなる。

この時期の大西が提起した、対華自主外交、一部権益の返還是認と死活的利益の死守、中国民心の把握、軍閥操縦の否定、単独主義の推奨、中国統一への期待などの要素は、一九二〇年代を通じて大西の中国認識の根幹をなしていく。総じて言えば、自由主義的であるが、ワシントン体制への積極的評価を行っていない。

この時期の大西と太田はともに中国の民心の把握を訴え、軍閥操縦を排撃するなど、共通性の高い議論を展開していた。両者の相違は大西が聯省自治論を早々に放棄したことにあるが、大西の死活的利益擁護の主張も無視できない。次節でも分析する通り、大西はある意味では太田よりも積極的に国民革命擁護を主張することがあったが、大西の国民革命擁護は死活的利益の擁護と表裏一体の関係にあった。最終的に満蒙特殊権益への固執が大西を変質させていくのである。

第四節　中国専門記者の国民革命観[113]

1　国民革命に対する太田の認識

太田は、一九二三年四月から二五年一月の間、東京朝日新聞社において支那部次長を務めていたが、二五年一月北京通信員として再び中国に赴任することになった（二八年五月まで）。この北京駐在時代、太田は芳沢謙吉（駐華公使）、重光葵《まもる》（駐華公使館一等書記官）、板垣征四郎（北京駐在陸軍武官補佐官）、土肥原賢二（北京坂西機関補佐官）、中江丑吉（北京在住の中国研究者）、清水安三（北京で崇貞平民工読学校を経営）といった駐在官員・邦人と交流を持った[114]。

太田の北京赴任から少し経った二五年三月一二日、孫文が北京で客死する。太田は孫文の私設秘書の山田純三郎とは第三革命以来の親交があり、山田の協力もあり孫文の訃報をスクープする[115]。しかし、スクープをものにした一方、第三革命以来特別な関係を有する孫文の死に複雑な感情を抱いていたという[116]。

太田の中国認識の転機は、二度目の北京赴任である一九二五年に訪れる。同年の五・三〇事件を契機として、中国民衆の政治的覚醒を確信するに至ったのである。同事件は、反帝国主義運動による「暴動」であったが、太田は被抑圧民族の民族主義の主張を正当なものとして認め、中国民衆の政治的要求に応えるため、不平等条約の撤廃に尽力するべきだと訴えた[117]。この評論は北京特別関税会議の直前に書かれたため、まず中国の関税自主権の回復要求に応えるべきだと主張し、日本全権代表（日置益）の発言を予告する内容になっている[118]。ここにおいて、聯省自治論は強固に主張されなくなり、中国の民族主義に対する評価が始まったのである。以後、太田は中国における不平等条約の撤廃要求に対し日本が中国に好意を与え、実現に向けて尽力（ただし即時撤廃ではない）すべきだと訴えるようになる[119]。

ところで、一九二六年の夏に太田は満蒙を視察している。奉天総領事館、満鉄、関東庁をはじめ各地を視察した太田は、鉄道敷設状況と付属地の経済状況、北満洲における日露関係、朝鮮人移民と水田問題、産業化と日本人移民、金融と商租権、撫順炭鉱と鞍山鉄山、満洲における日本の統治機構などに関するレポートを発表した[120]。このなかで満蒙に対する積極投資と経済的進出の必要を訴えている。ただし、太田は満蒙への経済進出はあくまで中国の主権を侵さない範囲にとどめるべきだと考えていた[121]。その考えによるものなのか、満洲事変の前に燃え上がった満蒙問題については一切発言していない。回想『生涯』によると、満洲国ができてからは「傀儡国を視るのに忍びなかった」として一切満洲を訪れていないようである[122]。満蒙問題に対する太田の沈黙は、分析の上で難点であるものの、本章では太田の対照例として大西斎の満蒙認識を分析している。

五・三〇事件に接した結果、生まれた太田の中国認識の変化は、中国国民革命に触れてさらに深化することになった。太田は、社命により、一九二六年一二月一三日から二七年二月六日にかけて武漢国民政府を訪問した。二か月ほどの滞在は太田に強い印象を与えたという。回想において、その印象を以下の通り記している。

北方にあって軍閥の権勢争いばかりを見て来た赤松〔太田〕にとって、漢口に着いて現地を見た時の驚きは本当に終生忘れ難い強烈なものであった。「革命」というのはこのようなものかと思い知らされた次第である。それは革命軍が英租界を占領した直後で、これまで掲げ続けられていた税関の屋上には英国旗はなく、その代り革命軍の赤旗がひるがえっていた。彼は何とも言えぬ感動で涙さえこぼれた。時代の激変を目のあたりに見たためで、英国や革命軍に対する感情を超越してのことだった。〔中略〕短い間の武漢出張は赤松〔太田〕の長い記者生活の中でも、最も感激に満ちたものだったし、彼の対中国観に大きな影響を与えたことは争われぬ事実である。[123]

この回想の通り、太田は、革命軍組織、財政状況、労働政策、孫文主義の現況、国共関係、宣伝、対外方針などをレポートし、武漢国民政府を、「学生労働者をはじめ多数民衆を味方」とした「民国以来はじめての主義主張の明らかな組織」であると評価し、そしてその確たる将来性に対して日本は認識を改めるべきだと述べ[124]、南方軍の成功を訴えるようになった。[125]なお、この武漢視察の際に太田は武漢国民政府の外交部長である陳友仁[126]や国共合作を指導する国民政府の最高顧問ミハイル・ボロディン[127]にも会見しているが、特にボロディンとの会見は世界的スクープだったとのことである。[128]また、太田の武漢取材には『東京朝日新聞』の女性記者竹中繁が同行しており、竹中の旅行日記からも太田の動向の一端を垣間見ることができる。[129]

中国駐在時期、太田は中国の要人らと何度か会見している。北京と上海に同程度の期間駐在していたにもかかわらず、会見に成功した要人は南方・革命派が圧倒的に多かった。北方の要人で会見できたのは呉佩孚《ごはいふ》[130]、馮玉祥[131]くらいであり、段祺瑞、張作霖ら大多数の北洋派政治家とは会見できていない。対して、南方派として孫文、陳友仁、蔣介石[132]らとそれぞれ会見し、すでに述べた通り、広東政府と武漢国民政府の内部取材にも成功している。一九二八年の蔣介石・馮玉祥との単独会見は日本人記者初の快挙であり、同業者に激賞され、臨時賞（三〇〇円）と社費海外留学（六〇〇〇円）という褒美が出た。[133]これらは明らかに太田の革命派との人脈が功を奏したものであった。

太田は一九二八年に北京通信員を辞したのち、この時に得た留学費を利用する形で、社費留学としてソ連、英国、米国を約一年半視察している。特に英国には長く駐在し、英国の中国政策に関するレポートを執筆している。[134]

以上の通り、一九二〇年代後半において、太田は、国民政府による北伐に中国統一の原動力として期待を寄せ[135]、これに強い支持を与えていった。また、太田は、国民政府の早期承認と治外法権の撤廃を主張するなど中国ナショナリズムに対し宥和的な傾向があった[136]。ただし、太田は満洲事変が起きるまでは、国民政府が真に中国を統一するかどうか疑いを持っていた点は、注意する必要がある。太田が懸念したのは、国民政府の内部は派閥抗争が激しく、また旧軍閥を取り込んだことで、その安定性が疑われるところにあった[137]。とはいえ無論、北京政府よりははるかに評価していたことは言うまでもない[138]。

済南事件の直後の一九二八年五月、太田は「支那より帰りて[139]」と題する講演を行った。北京通信員からの帰任直後の講演である。そのなかで、太田は、国民政府の統一は間違いがないが、北伐の終了は完全な統一を意味せず、国民政府が北伐の途上で取り込んだ軍閥との内紛は続くとの展望を示した。ただし、北伐の成功は、中国のひとまずの安定に繋がり、中国を市場とする日本にとっても利益である、また、中国には輿論があり、国民革命は中国輿論の支持を得ている、と指摘した。そして、この期に及んで満蒙を確保するという目的のために張作霖を支援するのは時代錯誤であり、満蒙問題については、満蒙のなかで守るべき利益は何か考えた上で、中国と利益調整を行う必要がある（日華利益調整論）、と訴えた。「日華利益調整論」は後述する通り、大西斎も唱えていたものであるが、太田のそれは満蒙権益絶対護持論と結びつかなかったことを指摘しておきたい。

ここで強調しておきたいのは、以上指摘した通り、太田が国民政府による中国統一を期待しながらも、国民政府の内紛を懸念し、そのために、その安定を不安視していたことである。そして、その不安が、蔣介石による統一を望まない、あるいは、できればケチをつけたいという考えに基づくものではなかったことを今一度注意をしておきたい。国民革命により中国政治が新たな段階に移行することに期待する一方で、太田はまだ国民政府の統一への確信を持てないのである。本章第三節で述べた通り、一九二八年一月時点で、国民政府の武力による中央集権が達成できず、聯省自治論すら主張していたのは[140]、このような文脈から理解できる。

こうした太田の姿勢は、一九二九年から三一年にかけての反蔣運動（一九三〇年の中原大戦や一九三一年五月の広州国民政府樹立など）の際の評論[141]に現れている。こうした内紛は従前から予測していた事態であった。太田は、南京国民政府を「今日直ぐに倒すやうな勢力も外部にないやうだし、それかといつてももちろん楽観出来ない心細い頼りない状態」と評する一方、反蔣運動に対しては「アンチ蔣介石の分子は種々雑多で到底団結は出来ない」と見ている。このように太田は、反蔣勢力に対し支持を与えることはなかったものの、蔣介石の統治が安定するのか不安を持っていた。言うなれば、中国政治への閉塞感が、北伐完了から満洲事変にかけての太田の中国認識の基底にあった。第2章第二節で説明する通り、太田のこの閉塞感が打破される契機は満洲事変であった。

総じて言うと、一九一〇年代から二〇年代の太田の中国認識は、同情的ではあるが悲観に満ちたもので、必ずしも中国政治を楽観していたわけではない。しかし、その悲観は中国蔑視には接続しなかった。太田は中国政治を中国人の立場になって真剣に考えていたからこそ、先行きに不安を覚えたのである。しかし、太田は中国の将来を諦めていたわけではない。このことを理解していたのが、天津『大公報』主筆の張季鸞（熾章）であった。太田が一九二八年三月に北京通信員を辞する際、張は太田に対し次のような惜別の手紙を出している。

あなたの帰国を聞いて非常に惜別と寂寞を感じて居りました。北京の新聞界に唯一の達識家熱誠家として頼まれた貴兄が居なくなると、私としては実にガッカリしました。こういふ悪宣伝流行の新聞界にてせめて一人でも人類向上に対する同情心から此の国の改造と進歩の為めに注意してくれる人があれば、如何ばかり美しく且尊く見えることぞ、併し今や暫く別れねばなりません。我々は何だか荒野に遺された旅人のやうな感がします。〔中略〕貴兄に代って考えるならば、此の国に同情すればする程、北京通信員と云ふ職務が余程つらいと思ひます。〔中略〕望むことは必ず最近半年一年間の後に再び此の国に御出で下さい。東京本社はつまらぬ。やはり我々と一緒に此の国の四億人の希望を希望とし、其の苦痛を苦痛と思ふことは我々の切なる望です。〔中略〕貴兄は何処へ行かれても天津にこういふ時代落伍者とも云ふべき一人の変わらぬ老朋友が居ると思って下さい。同時に此の両国民子孫の為、善き関係を送ることについて、尚貴兄の御尽力を要求するものと思って下さい。[142]

周知の通り、『大公報』を通じて新聞の近代化に尽力した張季鸞は近代中国を代表するジャーナリストであった。[143]その張が中国理解者として太田を高く評価し、親友として別れを心から惜しんでいることが伝わってくる。そして、張は太田が中国の改造と進歩を真剣に考え、そのために苦悩していたことを理解していた。このような理解者を得たことこそが、太田の十数年の中国滞在の最大の成果といえよう。

2　国民革命に対する大西斎の認識

①北伐期

本章第二節第2項で述べた通り、大西は中国民心の把握を主張していたが、こうした大西の中国認識は、広東国民政府の勃興により深化していくことになる。以下、便宜上、北伐期、そして満洲事変期に分けて、大西の認識を確認したい。太田宇之助は、満蒙問題（特に満洲事変直前期）についてほとんど論考を残していないが、大西は満蒙問題に関する評論を数多く発表している。太田の満蒙問題に関する評論がないため、両者の満蒙認識の比較は困難であるが、両者の関心の相違はこれによりある程度説明できるだろう。

大西は、一九二六年一月以降広東国民政府を評価する言論を発表するようになった。[144]この時期から大西は、中国非国家論に反駁し、政治に無頓着と見なされてきた中国民衆の政治的覚醒について積極的な評価を行うようになる。[145]対して、北方の政局、軍閥間抗争に関しては依然冷淡な姿勢で臨み、張作霖援助により日本の満蒙権益を維持しようとする論を一蹴した。[146]大西は広東国民政府の国権回収の動きへの警戒を表明しているが、それでも日本は不干渉主義に徹するべきとした[147]。二七年に入ると南方政府への評価を高め、国民政府の早期承認すら訴えるようになる[148]。国民政府の寧漢分立に際しても、否定的な評価を与えず、将来的な政府合同がありうるとし、軍閥を主体とした北京政府の崩壊は避け難いと述べている[149]。

山東出兵と済南事件に対し、大西はきわめて批判的であった。そもそも田中義一の外交政策（田中外交）についても出兵以外に能がなく、現地保護主義にこだわり中国統一を阻害するとして一切の評価をしていない。南軍の勝利を時代の趨勢と見ていたため、居留民保護の名目であっても、革命干渉と捉えられかねない出兵には反対したのである[150]。日本国内には中国膺懲《ようちょう》論（中国をこらしめるべきという主張）が横行していたが、大西はそれとは一線を画していた。大西は、略奪は一部の暴力に過ぎず、南軍全体、ひいては中国全体を敵視するのは間違っている、と冷静な見方を提示し[151]、日中直接交渉による早期の事態収拾を希望した[152]。この山東出兵に対する態度は、満洲事変時の大西の評論と隔絶している。

北伐の完了とともに、国民革命が満蒙に迫る危機感を生じた大西は、一九二八年秋から二九年秋にかけて、中国の統一と日本の利益の調和（「日華利益調整論」）を模索していくことになる。二八年一二月に発表された評論「対支認識論[153]」は、中国非国家論を改めて否定し、中国民衆の政治的覚醒に目を向ける必要を訴え、日華提携論を提起し、中国統一に対する積極的援助を従来以上に謳ったものである。だが、その一方で、国民革命が満蒙権益回収・排日に向かうことへの警戒も示し、日本の好意を踏みにじるような事態が発生した場合は中国に対する態度を改めざるをえないとして、日本の「受忍限度」をはじめて提示した。従来の大西は、先に言及した通り、中国民心の趨勢を述べ、国民革命を擁護し排外事件にも理解を求めることで、日本国内の硬論を抑制する傾向があった。しかし、二八年秋以降、日本国民の満蒙確保の意向（「国民的要望」）を考慮するようになった。この結果、大西は、三一年以降、国内の沸騰する硬論に引き摺られる（あるいは主導する）ことを余儀なくされる。

先に述べた通り、「日華利益調整論」は太田も唱えていたものだったが、太田は日本の「受忍限度」を示していない。それは太田が満蒙を死活的利益と考えていなかったことの証左である。

「日華利益調整論」に基づき、中国国民政府を唯一の交渉相手とし、在華権益のうち譲るべきものは譲ることで統一事業を援助し、その代償として、日本国民の要望である死活的利益（ヴァイタル・インタレスト）を確保することが、当該時期の大西の対華政策論であった[154]。ただし、大西は満蒙特殊権益のうち、何が死活的であり何が譲ってもいい権益であるのかは明言していない[155]。田中外交を批判する大西は、二九年七月の濱口雄幸内閣成立による幣原喜重郎外相の再登場を歓迎しているが、かつての第一次幣原外交を硬直した不干渉主義として批判している[156]。第二次幣原外交の試金石は、満蒙問題に加え、領事裁判権が絡む日華通商条約改訂問題において、日中両国民の相反する要望を外交手腕によっていかに調和せしめるのかにあるとして、大西は幣原への積極的評価を留保している。田中外交への批判は一貫しているが、幣原外交に対する名指しの批判はここで初めて示されている。

以上要するに、国民革命に対し大西は、ほぼ一貫して好意的であり、張作霖ら北方軍閥支援に一貫して批判的であった。そうした大西の姿勢は大西自身「国民政府の代弁者」と述べるほどのものであった[157]。当該時期において、大西が日本有数の国民革命同情論者であったことは間違いない。太田宇之助に比べると、大西の方が国民革命擁護の姿勢は徹底している。しかし、国民革命が満蒙権益を侵害する懸念が現実化するなかで、大西は「日華利益調整論」という困難な可能性を模索することになる。

②満洲事変期

一九三一年一月に論壇に再登場した大西の評論においては、二六年以来たびたび表明されていた国民革命への同情・擁護論はすっかり息を潜めることになった。革命外交による不平等条約の一方的廃棄通告と、中国側の並行線建設による満鉄包囲網によって在華権益が侵害されつつあるといった具体的実害が強調されるようになり、中国に対する脅威認識が増大した[158]。大西は対華強硬論に転じていた。

そして、革命外交に対し十分な対処ができていないと見なされた幣原外交に対する批判が顕在化した。満蒙権益の護持という目的に対し、幣原外交はあまりに無力と見なされた。大西は、外務省に対華政策を一任させることへの懸念を表明するようになり、既成政党（できれば政府与党）が主導する挙国一致的な対華政策研究機関を設置し、政党が「国民的意思の発動」として対華政策を統率すべきだと提言した[159]。ここで大西が論じた、外務省外交への不信と挙国一致的な対華政策の必要性は、一九三一年九月における幣原外交の打破、および陸軍の満蒙における実力行使の容認といった彼の強硬論形成の素地となっていった。

大西は満蒙問題の解決のため、対華政策の根本方針の確立を訴えた[160]。大西によれば、田中外交も幣原外交も根本方針なき誤れる対華外交であった。大西の言う対華外交の根本方針とは以下のようなものである。すなわち、日本自身の客観的情勢を把握した上で、日本の在華権益について、擁護すべき限度、譲るべき限度を明確にし、その上で、自主的に中国に働きかけ、直接交渉により、日華相互の利益を調整することである。このなかで、英米が単独で国民政府を承認し、列国協調を脱して修約に呼応することで、中国との間に相互利益の調整を行っていることが対華自主外交の好ましい先例として言及されている。在華権益の防衛と革命外交への対処のため外交交渉の余地を認めたものの、軍事力の行使は明言されていない。こうした主張は一九二八～二九年の「日華利益調整論」とほぼ同様の地平に立っている。しかし、国民革命擁護を前提とした抽象的な日華提携論に基づいていた従来の大西の「日華利益調整論」に対し、国民革命への同情が消滅し、満蒙権益への具体的脅威認識が強まるなかで主張された三一年段階の同論は、中国への不信感が前提となっており、「国民的要望」に従い満蒙権益を確保するための革命外交への対処策でしかない。日華直接交渉による権益確保の余地が消滅したと考えるようになった大西の「日華利益調整論」は、「国民的要望」に従いさらなる強硬論へと容易に転化するものでもあった。

以上の通り、一九三一年一月以降の大西は国民革命に対する淡い同情を捨て、対華強硬論者となっていた。ただし、同年八月までは軍事力の行使には抑制的であった。しかし、万宝山事件や中村震太郎大尉事件などで対満蒙強硬論が沸騰するなか、九月に入ると態度を一変させることになった。

大西の満蒙問題観を転換したのは、田中内閣期に外務政務次官として田中外交を主導していた森恪《つとむ》への接近によるところが大きい。森は、一九三一年七月に満蒙を視察し、「支那の排日指導方針の下に悪化せる満蒙支那の解決のためには、国力発動以外に途はない」と結論づけた[161]。森は「国力の発動」が具体的に何を指すのか明言を避けたが、小山俊樹は「軍事力の行使」と見なしており[162]、筆者も同意見である。森と大西は『文藝春秋』が主催した「満蒙と我が特殊権益座談会」（九月四日開催[163]）に同席しているが、大西は満蒙問題解決のためには「国力の発動」の必要があるとの森の意見に同調している。

内容から見て柳条湖事件直前に書かれたと思われる評論「国策断行の機会[164]」において、大西は満蒙に対する武力行使を容認する立場を明らかにした。このなかで大西は、満蒙における日本の政治的、経済的諸権益が中国側により侵害される状況のなかで日中の共存共栄の希望が不可能になったと中国の対応を論難した上で、軍部の強硬論が幣原外交を吹き飛ばした状況を歓迎し、挙国一致による国力の発動の必要を訴えた。しかし、軍部のみが外交を担うこと、直ちに軍事力に訴えることは警戒している。軍部が政治家と協力し、政治家が軍部の強硬論をコントロールすることで、幣原外交を一蹴し、国論を一定すべきだと主張している。

大西が満蒙問題解決のための武力行使を容認するに至ったのは柳条湖事件以前であり、満洲事変に対する輿論の硬化を主導したと見ることができる。ただし、この時期はまだ陸軍の強硬路線に対する抑制論がある。

以後、大西は満洲事変期において、日本の行動を正当化し、日本の出兵を「自衛手段」であり「国利国権の擁護のため」とする、当局の見解をそのまま引き写すような評論を書くようになる[165]。また、南京政府との直接交渉を否定し満洲に新政権を樹立することも主張するようになり、日本が挙国一致の方針のもとに、軍事・外交・政治が連動して、国力を発動する以外に満洲問題の解決はできないとして、関東軍の行動を全面的に支持するに至った[166]。柳条湖事件直前には多少は残っていた軍部に対する牽制はまったく見られなくなった。

かつて太田宇之助よりも国民革命擁護の姿勢が徹底していた大西斎は、今や対中国強硬論者に変質してしまった。その原因は、太田には欠如している、満蒙特殊権益を死活的利益としてあくまで死守しようとする姿勢であった。似た傾向を持った『東京朝日新聞』の中国専門記者であった大西と太田の中国論は、ここで完全に分岐してしまったのである。

注

（1）太田の回顧録『生涯』では太田自身を含め、太田一族、および親族の名前が仮名となっている。ただし、東京都太田記念館ホームページ記載の「太田宇之助氏年譜」（http://www.otakinen.com/otaunosuke.html）（二〇二四年一二月一日確認）に、両親の名前が実名で載っていたため、それを利用した。太田の親族名は、太田の実家である姫路市網干の太田家子孫（兄覚治郎の子孫）からも聞き取って確認している。

（2）川嶋右次・藤本鎚重編『網干町史』網干町史刊行会、一九五一年、六七一頁。

（3）賀茂幸男『太田陸郎伝――民俗学者太田陸郎を語る玄圃梨の記』私家版、一九九二年。王京『一九三〇、四〇年代の日本民俗学と中国』神奈川大学二一世紀COEプログラム「人類文化研究のための非文字資料の体系化」研究推進会議、二〇〇八年、第二章。

（4）山本真蔵に関しては、『網干町史』に記載がある（前掲、川嶋・藤本編『網干町史』、六六五～六七一頁、七六四～七六五頁）。また、一九二〇年から四〇年までの彼の日記は公刊されている（山本真蔵日記を読む会編『山本真蔵日記』山本真蔵日記を読む会、二〇一七年）。この日記の時期、太田はすでに網干を離れているため記述は少ないものの、複数年の住所録（太田上海在勤時代）があり、山本の東京視察旅行中には朝日新聞社の案内者として登場する。

（5）『生涯』一六頁。

（6）前掲、川嶋・藤本編『網干町史』、六七二頁。

（7）興浜干拓記念碑は姫路市網干区興浜九〇七番地に現存する。碑文によると、干拓は一〇〇〇万円（当時）を投じて、一九四五年一〇月に着工され、一九四九年一二月に竣工し、干拓委員長を太田覚治郎が務めた、とある。

（8）太田が卒業した網干町立網干小学校（現姫路市立網干小学校）は、一九七一年に百周年を迎えており、網干小学校編『百年史』網干小学校、一九七一年が出版されている。同書に太田は「開校式と町歌と」という文章を寄稿している。

（9）『生涯』一五～一七頁。

（10）当時の関西学院普通科については、関西学院百年史編纂事業委員会編『関西学院百年史　一八八九―一九八九』通史編一、関西学院、一九九七年を参照。『生涯』二六～三二頁において、太田は関西学院の吉岡美国院長の薫陶を受けたことを思い出深く語っている。太田は、苦学生ゆえ学費を滞納していたらしく、退学の際、滞納した学費はいつか必ず払いますという挨拶を吉岡院長にしに行った。この時、吉岡は、「君の話は真実であると認めます。しかし、そのような境遇では心に決めていても学費の納付は難しくなるでしょう。そして、払えない状況では君は関西学院に来ることを遠慮するでしょう。それではお互いに面白くない。君の学費滞納分は帳消しにしましょう。その代わり君はいつでも、胸を張って母校を訪れてください」と言葉をかけ、学費滞納分を帳消しにした。太田は、関西学院の『母校通信』第八号、一九五二年にも同様のエピソードを綴った文章を寄稿している。

（11）太田の卒業は同校の校史からも確認できる。一九一一年、第三回卒業生だった模様である（財団法人京都高等学校理事会編『京都中学校の歴史――わが母校よ永遠なれ』財団法人京都高等学校理事会、二〇〇三年、附録「卒業生名簿」一頁）。

（12）『生涯』二六～三四頁。

（13）『生涯』三六～三八頁

（14）『生涯』四二～四四頁。

（15）『生涯』五一～五二、五七頁。通信講義録による「在外生」、および、本科編入制度に関しては、早稲田大学大学史資料センター編『二〇一六年度春季企画展「早稲田の通信講義録とその時代　一八八六～一九五六」図録』早稲田大学大学史資料センター、二〇一六年が詳しい。なお、太田が学んだ講義録教科書は姫路の太田生家に残っており、『図録　ジャーナリスト太田宇之助の見た中国と孫文』孫文記念館、二〇一九年、六～九頁に写真が掲載されている。

（16）『生涯』六四頁。『早稲田大学百年史』第二巻に太田在学時に存在した中国に関する学生研究会として支那協会が紹介されているが、太田が入会したのが同会かどうかは不明である。ただし、同会は中野正剛、神田正雄ら中国問題に関心の強い朝日新聞記者を輩出しており、太田が入会していた可能性は皆無ではない。以上、早稲田大学大学史編纂所編『早稲田大学百年史』第二巻、早稲田大学出版部、一九八一年、一〇四六～一〇四八頁参照。

（17）早稲田大学における中国人留学生の通史的・総体的把握は、紀旭峰「戦前期早稲田大学のアジア人留学生の軌跡――中国人と台湾人留学生数の動向を中心に」（李成市・劉傑編『留学生の早稲田――近代日本の知の接触領域』早稲田大学出版部、二〇一五年）が有用である。同論文付属の各年度、各学科の中国人卒業生名簿は参考になる。
(18)「太田日記」一九四五年九月六日条。
(19) 小野信爾「〈策電〉艦襲撃事件――第三革命と日本海軍傭兵」（同『青春群像――辛亥革命から五四運動へ』汲古書院、二〇一二年）。
(20) 波多野勝「中国第三革命と大隈内閣――反袁強硬政策と外務省秘密会議」（同『近代東アジアの政治変動と日本の外交』慶應通信、一九九五年）。
(21) 前掲、小野「〈策電〉艦襲撃事件」。
(22) 前掲、波多野「中国第三革命と大隈内閣」、二三二～二三三頁。
(23) 同右、二三四～二三八頁。
(24)『生涯』六六～七五頁。
(25)『生涯』六六～七五頁。
(26)『生涯』七五頁。
(27) 小野は、より早く実行すべきでむしろ発動の機会を逸していたとして、太田の見解に否定的である（前掲、小野「〈策電〉艦襲撃事件」、一六六頁）。小野は、太田のこのような見解は、王統一の弁明を聞いたからだろうと推測している。
(28) 王統一夫妻は、こののち一九一八年九月に太田宇之助が池田栄子と結婚する時に仲人を務めている（『生涯』九六～九七頁）ほか、姫路の太田生家には「不退転」という王の太田宛揮毫が残されている（前掲、『図録　ジャーナリスト太田宇之助の見た中国と孫文』、五四頁）。
(29)「策電」艦襲撃事件の記述に関しては、以下を参照。太田宇之助「孫文と私」（同『中国とともに五十年』世界情勢研究会出版局、一九七七年）、『生涯』、前掲、小野「〈策電〉艦襲撃事件」、前掲、波多野『近代東アジアの政治変動と日本の外交』。
(30)『生涯』八四～八七頁。
(31) 太田は、第三革命の思い出を戦前期から何度か回顧しているが、その初出は一九三五年八月と遅い。太田によると、現存関係者（主に日本海軍、山中峯太郎、国木田家など）に対する配慮によるものだったようで、回想を重ねるたびに出される情報が増えていくことに特徴がある。以下は、『生涯』以外に書かれた、太田による第三革命回顧の一覧である。太田宇之助

「不発の蜂火」『支那』一九三五年八月号。同「孫文の俤」『公論』一九三九年一一月号。同「支那革命行」『文藝春秋』臨時増刊第二八号、一九三九年一二月。太田生「孫文先生の印象」『中華日報』一九四八年一〇月一九日。太田宇之助「孫文先生生誕百年祭」『政界往来』第三一巻第四号、一九六五年四月。同「いまも生きる熱血の国父——孫文生誕百年祭に寄せて」『内外タイムス』一九六五年一一月一三日。同「孫文と私——一老記者の回想」『中央公論』第九〇巻第一二号、一九七五年一二月。

(32) 朝日新聞百年史編集委員会編『朝日新聞社史〔大正・昭和戦前編〕』朝日新聞社、一九九五年、二九五~二九八頁。

(33) 以上、『生涯』八四~八七頁。

(34) 後醍院正六から太田宇之助宛書簡(一九一七年五月五日)「太田宇之助関係文書」020401-000703(日本新聞博物館蔵)。

(35) 後醍院正六から太田宇之助宛書簡(一九一七年五月二七日)、「太田宇之助関係文書」020401-000706(日本新聞博物館蔵)。

(36) 『生涯』八七頁。

(37) 「『鳥居素川』関係年譜」(冨田啓一郎『大正デモクラシーと鳥居素川』熊本出版文化会館、二〇一七年、四〇八~四一五頁)。

(38) 前掲、「『鳥居素川』関係年譜」に、鳥居の中国視察は整理されている。また、鳥居素川「長江をめぐりて」(同『支那は支那なり』大阪毎日新聞社、一九二七年)には、一九二七年四月における蔣介石との会見記事があるが、鳥居は孫文等革命派と長年交流していると述べている(同、七頁)。

(39) 鳥居素川「舞台は回る」(前掲、鳥居『支那は支那なり』所収)。これは、『大阪朝日新聞』に一九一六年六月に連載されていたものである。

(40) 『生涯』八八~八九頁。

(41) 戸部良一「神尾茂」(中村義ほか編『近代日中関係史人名辞典』東京堂出版、二〇一〇年、一九一~一九二頁)。

(42) 松田忍「大西斎」(同右、一三四頁)。

(43) 鳥居赫雄から太田宇之助宛書簡(一九一八年一月二二日)、「太田宇之助関係文書」020401-000671(日本新聞博物館蔵)。同書簡のなかで、鳥居が太田に電報の書き方や記者の心得を滔々と述べている点は興味深い。これは、鳥居の太田への期待の表れであり、他方、基礎的な記者修業を終える前に北京に派遣したアフターケアともいえるものであった。

(44) 白虹事件については、有山輝雄『近代日本ジャーナリズムの構造——大阪朝日新聞白虹事件前後』東京出版、一九九五年が詳しい。

(45)『生涯』一〇〇～一〇一頁。
(46)当該時期の中華民国政治に関しては、ジェローム・チェン『軍紳政権』岩波書店、一九八四年、横山宏章『中華民国――賢人支配の善政主義』中公新書、中央公論社、一九九七年、西村成雄『二〇世紀中国政治史研究』放送大学教育振興会、二〇一一年を参照した。
(47)一九二一年までの中国政治については、波多野乾一『現代支那』大阪屋号書店、一九二一年を参照した。
(48)太田生「倒段の密謀」『大阪朝日新聞』一九一七年一一月二七日、二九日～一二月二日（一一月二三日執筆）。
(49)太田宇之助「討伐令出で丶」『大阪朝日新聞』一九一八年二月一三、一四、二二、二四日。
(50)太田宇之助「両端を持せる馮総統」『大阪朝日新聞』一九一七年一二月二一日。同「岳州戦如何」『大阪朝日新聞』一九一八年三月一三日。
(51)太田宇之助「段派の活動」『大阪朝日新聞』一九一八年三月一五、一六日。同「出現せる段内閣」『大阪朝日新聞』一九一八年四月一、三、四日。
(52)太田宇之助「段総理に呈する書」『大阪朝日新聞』一九一八年五月二〇、二二、二四日。
(53)太田宇之助「出現せる段内閣」『大阪朝日新聞』一九一八年四月一、三、四日。
(54)『生涯』一〇一頁。
(55)「宗方小太郎日記、大正七～八年」『神奈川大学人文学研究所報』第五七号、二〇一七年、「宗方小太郎日記、大正九～一〇年」同、第五八号、二〇一七年、「宗方小太郎日記、大正一一～一二年」同、第五九号、二〇一八年を参照。
(56)太田宇之助「支那の和平運動」『東京朝日新聞』一九一八年一一月一一、一二、一三、一九日。
(57)太田宇之助「南北妥協点如何」『東京朝日新聞』一九一八年一二月四・五日（執筆一一月一八日）。
(58)太田宇之助「妥協問題の将来」『東京朝日新聞』一九一八年一二月一八、一九日（執筆一二月八日）。同「和平会議の開幕」『東京朝日新聞』一九一九年三月一九日（執筆二月二一日）。
(59)太田宇之助「頓挫せる上海会議」『東京朝日新聞』一九一九年三月三一日、四月一、三日（執筆三月二〇日）。同「再頓挫せる和平会議」『大阪朝日新聞』一九一九年五月三〇、三一日、六月一日。同「和議遂に絶望」『東京朝日新聞』一九一九年一一月三日。
(60)太田宇之助「南方の内訌」『大阪朝日新聞』一九二〇年四月一三・一六日（執筆三月三〇日）。

(61) 太田宇之助「山東問題と和議と奢侈拝金と通貨膨張」『大阪朝日新聞』一九二〇年二月一八日。
(62) 太田宇之助「統一令後の支那」『東京朝日新聞』一九二〇年一一月二九日、一二月六日（執筆一一月一二日）。
(63) 太田宇之助「日支親善を奈何」『大阪朝日新聞』一九一九年二月二、三日。
(64) 二十一か条要求に関しては、奈良岡聰智『対華二十一ヵ条要求とは何だったのか――第一次世界大戦と日中対立の原点』名古屋大学出版会、二〇一五年を参照。
(65) 太田宇之助「山東問題と和議と学生の排日運動」『大阪朝日新聞』一九二〇年二月一五・一六・一七日。
(66) 太田宇之助「益烈しき排日」『大阪朝日新聞』一九一九年五月二三～二五日。
(67) 太田生「上海の騒擾」『大阪朝日新聞』一九一九年六月一八～二〇日。
(68) 藤本博生『日本帝国主義と五・四運動』同朋社、一九八二年、一〇八～一一七頁。
(69) 「日支親善望み難し　孫文氏語る」『大阪朝日新聞』一九一九年六月二一日。孫逸仙「日本朝野に愬《うった》ふ」『大阪朝日新聞』一九一九年六月二三日。
(70) 社説「孫逸仙氏に答ふ」『大阪朝日新聞』一九一九年六月二四日。
(71) 「浅薄なる孫氏の意見　文学博士内藤湖南氏談」『大阪朝日新聞』一九一九年六月二六日。
(72) 溝口雄三「反日デモ――どういう歴史の目で見るか」『現代思想』二〇〇五年六月号。なお、溝口は、「上海在住の太田宇之助なる署名が本名なのかペンネームなのかは問わない」（一四五頁）と書いており、太田の素性を全く知らない（調べない）まま、その署名記事を紹介しているようである。純粋に記事の内容だけで太田を高く評価しているのである。
(73) 山本秀夫『橘樸』中央公論社、一九七七年、五八頁。初期の『日華公論』（創刊号から第五〇号、一九一三年八月から一四年八月）は東洋文庫に現存しているが、この時期は週刊新聞であった。
(74) 許硯輝「日本在華刊物『日華公論』（一九一九―一九二二）研究」北京：北京語言大学博士学位論文、二〇二二年。
(75) 島田大輔「天津租界の日本語メディア『日華公論』（一九一三～一九二二年）における日華文化提携の試み――中国新文化運動と日本アナキズム運動との関連性を中心に」（科研費報告書『近代日中関係の対外宣伝と相互理解をめぐる摩擦と模索――『順天時報』の分析を通して』二〇二二年）。この科研費報告書をもとにした論文集を刊行する計画があり、同稿も掲載予定である。
(76) 太田宇之助「上海より」『日華公論』第九巻第一号、一九二一年一月、一七頁。

(77) 同右、一七〜一八頁。
(78) 同右、一八〜一九頁。
(79) 前掲、横山『中華民国』七六頁。
(80) 「中国非国家論」については、三輪公忠「中国『非国論』の系譜」(同『共同体意識の土着性』三一書房、一九七八年)、久保亨「同時代日本の中華民国認識――矢野仁一の中国認識を中心に」(久保亨・嵯峨隆編著『中華民国の憲政と独裁 一九一二―一九四九』慶應義塾大学出版会、二〇一一年)を参照。
(81) 太田宇之助「各省自決の傾向 連邦支那の前兆」『大阪朝日新聞』一九二〇年一二月二二〜二四日。
(82) 辛亥革命後、従来の総督・巡撫に代わり、行政長官である省長とともに、各省政府に置かれた軍政長官が督軍である。督軍は地方に割拠する軍閥の温床ともなっていた。
(83) 「英国の軍艦で御上陸 香港市街を御散歩 総督邸の大晩餐会【十一日香港にて 太田特派員】」『東京朝日新聞』一九二一年三月一二日夕刊。「御艦の後を 港外に慕ふの記 十三日香港にて 太田特派員」『東京朝日新聞』一九二一年三月一四日。
(84) 太田宇之助「新広東を観る」『東京朝日新聞』一九二一年四月四〜六日。
(85) 太田宇之助「対支政策更新の機」『東京朝日新聞』一九二一年五月二〇〜二二日。
(86) 一方、ワシントン会議の日中間の主要な争点であった山東問題については、その妥結を悲観している(太田宇之助「山東問題解決難」『東京朝日新聞』一九二一年一二月二五〜二六日)。
(87) 太田宇之助「華府会議と支那」『東京朝日新聞』一九二一年一〇月一、四、五日。
(88) 太田宇之助「支那時局の傾向 聯省統一へ」『東京朝日新聞』一九二三年七月一七〜一八日。
(89) 太田宇之助「其後の孫文氏 下」『東京朝日新聞』一九二二年九月一二日朝刊。
(90) 太田宇之助「支那動乱と我対支政策」『外交時報』第四七七号、一九二四年一〇月一五日でも「聯省自治の風潮は、呉佩孚氏と孫文氏と両極端の二主要人物によつて表面阻止されてゐる状態にあるが遅々たるものであつても、この大勢には結局何ものも抵抗出来ないであらうと思ふ」と述べている。
(91) 同右。
(92) 太田宇之助「支那時局の前途の収拾は如何」『改造』一九二四年一二月号。
(93) 聯省自治の衰退が国民党の隆興と軌を一にしていることは、長野朗が下記に述べた通りである。「聯省自治は一時支那の大部を風靡して、省憲法を制定した省も少くなかつたが、最近国民党の蹶起と共に全く消え去つたやうな状態にある」（長野朗『支那は何処へ行く？』支那問題研究所、一九二七年、一六八頁）。

(94) 太田宇之助「対支政策の新基調」『外交時報』第五五一号、一九二八年一月一日。

(95)「日本が民党（中国国民党）の実勢力と其将来に就き考慮を払ひ積極的に民党政府を迎える方針に出づならば、一は以て支那の平和を誘致し得るし、一は以て不平等条約問題を唯一のスローガンとする民党政府に、之が解決につき責任を執らしむることゝなるし、如何に革命政府と雖も徒らに無謀なる措置に出て、却つて支那及びその政府の不利となるやうなことはすまいと思はれる」。太田宇之助「支那の変局と日本」『外交時報』第五三二号、一九二七年二月一日。

(96) 犬養は、一九二九年一〇月と一九三〇年三月に聯省自治による中国統一を予測していた。①「支那カラ帰ツテ」（『東亜経済情報』一九二九年一〇月号所載）、②「昭和五年三月五日湯河原ヨリ帰京中談ノ一節」（『中央新聞』所載）、どちらも「JACAR（アジア歴史資料センター）：Ref.B02030144900、「帝国ノ対支外交政策関係一件」第二巻（B-A-1-1-091）（外務省外交史料館）」。ただし、従来の犬養の中国認識の研究（たとえば、児野道子「孫文を繞る日本人――犬養毅の対中国認識」平野健一郎編『近代日本とアジア』東京大学出版会、一九八四年）では、犬養が聯省自治論を唱えていた事実は看過されている。この前後の犬養の中国関係の言説を（当時の中国政治の状況を踏まえて）精査する作業が今後求められている。

(97) 後藤孝夫『辛亥革命から満州事変へ――大阪朝日新聞と近代中国』みすず書房、一九八七年、一八八～一八九頁を参照。

(98) 小幡酉吉「支那の紛乱と日本の対策」『外交時報』第四七九号、一九二四年一一月一五日。同「免れ難き支那共管論」『外交時報』第四九四号、一九二五年七月一日。

(99) 藤村一郎『吉野作造の国際政治論――もうひとつの大陸政策』有志舎、二〇一二年、一三八～一三九頁。

(100) 緒方自身の回想である緒方竹虎述『明治末期から太平洋戦争まで』朝日新聞社史編修室、一九五一年、三～四頁、六八～六九頁には、大西との同期入社の事情や大西との思い出が記されている。緒方の伝記は枚挙に暇がないが、大西斎との関係に紙幅が割かれたものは多くはない。嘉治隆一『緒方竹虎』時事通信社、一九六二年は、嘉治が生前の大西から聞き取った内容が盛り込まれており、比較的大西についての記述が多い。

(101) 大西の経歴は、松田忍「大西斎」（前掲、中村ほか編『近代日中関係史人名辞典』）、前掲、朝日新聞百年史編修委員会編『朝日新聞社史〔大正・昭和戦前編〕』、東亜同文書院大学史編纂委員会編『東亜同文書院大学史』滬友会、一九八二年、二九〇頁など参照。

(102) 大西斎「支那の核心を観よ――対支干渉論を排す」『東京朝日新聞』夕刊、一九二一年八月二五・二六・二八・三〇・三一日、九月一日。
(103) 酒井一臣「大国による中国管理論」(同『近代日本外交とアジア太平洋秩序』昭和堂、二〇〇九年)。
(104) 大西斎「支那から観た日本式外交と某国」『東方時論』一九二二年一月号。
(105) 射月生「支那の国際的地位と日支関係」『北京週報』第九五号、一九二四年一月。
(106) 大西生「偶像擁護の迷夢」『北京週報』第一七号、一九二二年五月。
(107) 前掲、射月生「支那の国際的地位と日支関係」。
(108) 大西斎「禍福糾へる支那」『外交時報』第五〇五号、一九二五年一二月一五日。
(109) 大西斎「疑問の呉張同盟」『外交時報』第五二〇号、一九二六年八月一日。大西射月「対支懸案を一瞥して」『我観』一九二八年一一月号。
(110) 大西斎「支那から観た日本式外交と某国」『東方時論』一九二二年一月号。
(111) 前掲、大西「禍福糾へる支那」。
(112) 「死活的利益」という視点から一九二〇年代の日本外交を分析した研究として、種稲秀司『近代日本外交と「死活的利益」――第二次幣原外交と太平洋戦争への序曲』芙蓉書房出版、二〇一四年がある。
(113) 日本の国民革命認識については、『大阪朝日新聞』『大阪毎日新聞』両紙の報道、社説、および『中央公論』や『外交時報』の評論を通じて分析したレヴェラントの論文が詳しい。REVELANT, Andrea. "Revolution Deconstructed: Chiang Kai-shek and the Northern Expedition in the Japanese Press 1926–1928", In: Laura De Giorgi, Guido Samarani (eds.), *Chiang Kai-shek and His Time: New Historical and Historiographical Perspectives*, Venezia: Edizioni Ca' Foscari, 2017.
(114) 『生涯』一一六~一二一頁。
(115) 「民国の元勲孫文氏逝く/今朝九時卅分国葬に決す」『東京朝日新聞』一九二五年三月一三日夕刊。
(116) 『生涯』一二〇頁。
(117) 太田宇之助「上海事件とその解決策」『外交時報』第四九四号(一九二五年七月一日)。
(118) 太田宇之助「解放期にある支那(関税会議に処する途)」『外交時報』第四九九号、一九二五年九月一五日。
(119) 太田宇之助「通商条約改訂の日支交渉はどうなる」『東京朝日新聞』一九二六年一一月一~三日。

(120) 太田宇之助「満蒙の問題を見る」『東京朝日新聞』一九二六年九月四～八、一一、一二日。
(121) 太田宇之助「満蒙交渉に巻き起こった突風」『東京朝日新聞』一九二七年一二月一一～一二日。
(122) 『生涯』一六五頁。
(123) 『生涯』一二一～一二三頁。
(124) 太田宇之助「国民政府の実質とその将来」『東京朝日新聞』一九二七年二月二三～三月四日。
(125) 太田宇之助「南方軍の気圏に触れて」『北京週報』第二四五号、一九二七年二月一二日。
(126) 「南方政府の大立物　陳友仁氏と語る／租界問題は各国個別に交渉／佐分利氏とは暗に諒解あり／十三日漢口にて　太田特派員発」『東京朝日新聞』一九二七年一月一四日。
(127) 「南方の天下となれば日支の友好は加はる／国民政府の最高顧問ボロヂン氏と語る／漢口にて　太田特派員発電」『東京朝日新聞』一九二七年一月二六日（夕刊）。
(128) 『生涯』一二三頁。
(129) 山﨑眞紀子・石川照子・須藤瑞代・藤井敦子・姚毅『女性記者・竹中繁のつないだ近代中国と日本――一九二六～二七年の中国旅行日記を中心に』研文出版、二〇一八年。竹中は武漢旅行中に太田の仲介により、山田純三郎（かつての孫文秘書）、宋慶齢（孫文夫人）に面会している。同書によると、「竹中繁史料」のなかには太田の書簡・ハガキなどが六九通含まれている。そのほとんどは戦後の絵ハガキ（太田が国内外の旅行先から竹中に送ったもの）である。
(130) 太田生「呉佩孚氏を訪ふ」『東京朝日新聞』一九二六年七月二・四・六日。
(131) 「馮玉祥将軍に聴く更正支那に処する抱負／細雨綿々たる新郷の寒駅に革命の大立物は語る【新郷にて　太田特派員　十九日発電】」『東京朝日新聞』一九二八年六月二二日。
(132) 「革命成就の歓声の中に憂悶の人蔣介石氏語る／なぞの辞職を発表した直後その心事を記者に披れきす【南京にて　太田特派員　十日発電】」『東京朝日新聞』一九二八年六月一二日。
(133) 『生涯』一二四～一二八頁。
(134) 太田宇之助「英国の対支政策」『大阪朝日新聞』一九二八年五月四～一一日。
(135) 太田宇之助「支那の変局と日本」『外交時報』第五三二号、一九二七年二月。
(136) たとえば、同右、および、前掲、「対支政策の新基調」など。

(137) 前掲、太田「支那の変局と日本」。
(138) 太田宇之助「北京軍政府の成立」『東京朝日新聞』一九二七年六月二八・三〇日。
(139) 太田宇之助「支那より帰りて」『朝日民衆講座第七輯　済南事変の真相』東京・大阪朝日新聞社、一九二八年。
(140) 前掲、太田「対支政策の新基調」。
(141) 太田宇之助「受難時代の南京政府」『東京朝日新聞』一九二九年一二月一七・一九日。同「『北方政府』は果たして纏るか」『大阪朝日新聞』一九三〇年七月二三～二四日。同「支那時局の収拾」『東京朝日新聞』一九三〇年九月二八・三〇日。同「睨み会ひの南京と広東」『大阪朝日新聞』一九三一年六月七～九日。同「広東政府を観る」『東京朝日新聞』一九三一年六月三〇～七月一日。
(142) 張熾章から太田宇之助宛書簡、一九二八年三月二八日、「太田宇之助関係文書」020401-00660（日本新聞博物館蔵）。この書簡は、前掲、『図録　ジャーナリスト太田宇之助の見た中国と孫文』、一二頁に写真と翻刻が全文掲載されている。
(143) 張季鸞と『大公報』については、王潤沢『張季鸞与「大公報」』北京：中華書局、二〇〇八年を参照。
(144) 大西斎「支那の赤化的傾向」『改造』一九二六年一月号。
(145) 大西斎「支那政治の一考察」『支那』一九二六年五月号。
(146) 大西斎「恵まれぬ支那の現状」『外交時報』第五〇八号、一九二六年二月一日。
(147) 同右。
(148) 大西斎「対支国際関係の急変（日本はどう出直すか）」『支那』一九二七年一月号。
(149) 大西斎「支那革命の前途」『外交時報』第五四二号、一九二七年七月一日。
(150) 同右。
(151) 大西斎「日本の出兵と事態の重大化」『東亜』一九二八年六月号。
(152) 大西斎「済南事件に就て」『国際知識』第八巻第六号、一九二八年六月一日。
(153) 大西斎「対支認識論」『外交時報』第五七七号、一九二八年一二月一五日。
(154) 大西斎「田中外交は支那の大勢を洞察せよ」『改造』一九二九年二月号。
(155) 大西の考える満蒙特殊権益の中身については、大西斎『支那の現状（朝日常識講座三）』朝日新聞社、一九二八年一一月に列挙されているが、そこでも優先順位は論じられていない。

(156) 大西斎「幣原外交の評価」『外交時報』第五九二号、一九二九年八月一日。同「《田中内閣の清算と濱口内閣への批判》対支外交の立場から」『中央公論』一九二九年八月号。

(157) 大西斎「対支認識論」『外交時報』第五七七号、一九二八年一二月一五日。

(158) 大西斎「幣原外相の一人相撲（押詰められる日本――対支関係を何と見る乎）」『外交時報』第六二七号、一九三一年一月一五日。

(159) 同右。

(160) 以下、大西の対華根本方針については、同右、大西斎「日支関係の前程」『東亜』一九三一年四月号を参照。

(161) 森恪「急迫せる満蒙対策」（『経済往来』一九三一年一〇月号、山浦貫一編『森恪』原書房、一九八二年所収）。

(162) 小山俊樹『評伝森恪――日中対立の焦点』ウェッジ、二〇一七年、二九〇頁。

(163) 「満蒙と我が特殊権益座談会」『文藝春秋』一九三一年一〇月号。

(164) 大西斎「国策断行の機会」『外交時報』第六四四号、一九三一年一〇月一日。

(165) 大西斎「日支関係蒔直し」『支那』一九三一年一〇月号。

(166) 大西斎「満洲事変の解決」『国本』一九三一年一二月号。同「共産党の横行?」『現代』一九三一年一二月号。

第2章　中国統一援助論と日中戦争前夜の中国認識の諸相

第一節　第一次上海事変における報道戦

一九二九年九月、太田宇之助は新設された大阪朝日新聞上海支局の初代支局長となった。[1]二度目の上海赴任であった。太田によると、「上海新支局は華中にある漢口、南京の通信部を統轄し、連絡を緊密にして通信網の完璧をはかる」[2]ことが設立の目的であり、北伐の完成により、政治中枢が華中に遷ったことに対応するためであった。上海支局は、従来の通信部から支局への昇格に伴い人員は増員し、尾崎秀実、宮崎世龍、久住悌三《ていぞう》、野村宣《のぶる》らが太田の部下となった。尾崎秀実が中国問題に関与し、リヒャルト・ゾルゲやアグネス・スメドレーらと出会い本格的に左翼運動に関与するのは上海支局に配属されてからであった。太田と尾崎は上司と部下の関係であったが、家族ぐるみの付き合いがあり、たびたび当時の思い出を語っている。[3]

太田の上海支局長在職中における同支局の取材活動については、尾崎秀実研究の一環として、一九二八年一一月から三二年二月に『大阪朝日新聞』に掲載された「上海特電」がまとめられており、[4]ここからある程度の取材活動の概略を把握することができる。上海支局の取材範囲は、華中と華南（広東省が多い）であったが、やはり南京と上海の取材が中心であった。一九三〇年の中原大戦に関しては積極的に南京国民政府の動向を取材している（同戦争の戦地は河南省、山東省、安徽省などが中心）のに対し、一九三一年の満洲事変では南京国民政府の動向の取材は少ない。また、この時期大阪・東京朝日新聞に掲載された太田の署名記事は、危険と欲望が渦巻くモダンでグロテスクな魔都上海の様相を伝えるものが目立つ[5]。

一九三一年五月に反蔣派政権である広州国民政府が樹立されると、太田は広州に赴き、汪兆銘（広州国民政府主席）、陳友仁（同外交部長）と会見している。特に、汪との会見は同政府樹立後において外国人初だったとのことである[6]。これも、革命参加経験に起因する、太田の国民党人脈の賜物であった。

さらに、上海支局は、第一次上海事変において活躍することになる。第一次上海事変の報道は、太田の新聞人としてのハイライトの一つであった。

一九三二年一月二八日に勃発した第一次上海事変は、一九三一年九月の満洲事変に端を発した中国民衆の排日運動と日本人居留民の対立激化を背景とした、日中両軍の武力衝突事件である[7]。二八日午後九時における両軍最初の武力衝突は、太田が居住する大阪朝日新聞上海支局の間近で発生した。同日夜から翌二九日までの戦闘、そしてその最中の取材活動について、太田は以下の通り回想している。少々長いが、戦闘の臨場感と取材の緊迫感が伝わるのでそのまま引用する。

私は当時新聞特派員として同地〔上海〕に在勤して居つたので、事変に当つても報道の第一線にあつたのであるが、私達の支局が支那街に接し、而も丁度最初の激戦の起つた虬江路といふ通りのすぐ表側にあつたものであるから、事変勃発と同時に附近は忽ち豆を煎るやうな音で包まれてしまつた。勿論私としては生まれて最初の経験で、それは何とも云へぬ心持ちであつた。在留邦人の最初の犠牲者が同夜すぎ二三軒の隣りから出たやうな訳であつて、その中にあつて報道の任務にある私共は行き交ふ銃弾の中を出入し、消灯の中でたゞ一灯を床までつり下げ、黒布でおほひ、外で光りの漏れないやうにして終夜電報を打ち続けざるを得なかつたものである。

二十九日の私は午前二時頃戦況を見るべく、消灯のままの自動車を真暗な北四川路を走らせたが、銃声の激しい所に来たので、あまりに危険を感じ元へ引返すべく、転向のため自動車のライトを一瞬の間不用意にもつけさせたところ、そこは丁度今回の事変〔一九三七年八月の第二次上海事変〕でも有名であつたアイシス劇場附近であつたことが分つたが、丁度その瞬間鉄カブトを冠つた我陸戦隊員二三十名が並んで建物に身をつけて伏しながら、向側に銃口を揃へてゐるのが眼に入つた、「誰だ、電灯を消せ、危い！」といふ叫び声に吃驚すると同時に非常に恐縮した次第であるが、この瞬間に受けた印象程強いものは私の生涯にないのである。やがて五時頃になつて既に銃声もやみ、空が漸く明るくなつて来た頃飛行機の音が聞こえて来た、と間もなく爆弾の炸裂する音がして、愈々初めたな、と思はず窓を半開きにして外を眺めると我海軍機三台が閘北の空の上を編隊飛行をしてゐるのが見えた。救はれたやうなその時の気持ち、これも事変中で最も深い朝の一つである。それから私共は大急ぎで支局を虹口の中心へ移したのであつた。数日後に着換の衣服をとりにここに帰つて見ると、砲弾が庭に落下し中て〔ママ〕、硝子はすべて落ち、支局はメチャメチャに破壊されてゐたのである。(8)

太田が戦闘に巻き込まれ、そのなかで取材を行ったのは、この第一次上海事変が最初にして最後であった。(9) 上海支局も被弾し、近所で犠牲者が出るような状況のなか電報を打ち続け、また銃声轟く闇夜のなか取材活動を行っている。一月二九日の東京・大阪朝日新聞両紙の朝刊において第一次上海事変の第一報が大々的に報じられ、同日付の号外も三度出されているが、(10) それらの情報源は太田が銃火のなか発信した電報（上海特電）であった。

第一次上海事変は、二月六日の陸軍部隊の派兵とともに戦闘が激化したが、三月三日に停戦し、同年五月五日に停戦協定が調印され終結した。この間朝日新聞社は計一〇名の従業員を派遣し、被弾した支局に代わる臨時支局（日本人経営旅館の万歳館に置かれる）において事変報道に当たった。(11)

こうした事変報道は当然競合他社とのスクープ合戦の様相を呈する。太田は、船便の関係で事変写真第一報をライバル紙『大阪毎日新聞』に出し抜かれ、進退伺いを出した。[12] しかし、停戦期間中の一九三二年四月二九日に虹口公園の天長節式典中に発生した朝鮮人独立運動家の尹奉吉《ユンボンギル》による爆弾テロ事件（上海天長節爆弾事件）では面目を保つこととなる。上海天長節爆弾事件は、尹が投げ込んだ爆弾により、白川義則上海派遣軍司令官や日本人居留民団幹部が亡くなり、太田の友人である重光葵駐華公使も片脚を失うといった大事件であった。最前列で式典に参加した太田は、事件を間近で目撃し、その被害状況と重大性を悟ると間髪入れずに公園出口に走り、日本人宅の電話を借り事件の第一報を大阪本社に伝えた。これは、同事件のスクープとなり、「日本への事件第一報となり、朝日紙の号外となつた次第で、赤松〔太田〕の海外特派員生活の期間中最も劇的な一こまであった」[13]と太田は回想している。

また、一九三二年六月に国民政府の行政院長であった汪兆銘と南京において単独会見を実現したことも注目に値する。記事によると満洲事変後日本人記者で汪と会見したのは太田が初だったとのことであり、太田の有する国民党内部との人脈や評価がここでも威力を発揮したことが分かる。汪は日中関係の解決は列国が介入する形の国際解決でなく、あくまでも日中二国間交渉によるべきだと主張している。この記事もまたスクープといってよいものであった。[14]

先に述べた通り、第一次上海事変は、太田の新聞人としてのハイライトといえる。それは、事変の最前線で取材にあたり、ライバル社とスクープ合戦を繰り広げたという、取材記者という側面から見たものである。太田の記者としての中国駐在経験のなかで最高の実績をあげたのは、この上海支局長時代と評価できる。しかし、言論人としての側面を見ると、第一次上海事変が与えた影響はそれほど大きくはない。言論人としての太田の最大のハイライトは、上海から帰任した直後から盧溝橋事件までの約五年間に現れる。日中戦争前夜、太田は中国統一援助論を掲げ、盛んに言論活動を展開するが、その言論のなかに第一次上海事変の経験はまったくといっていいほど現れない。むしろ、一九三二年以降の太田の言論を規定したのは、彼自身は経験しなかった満洲事変であった。以下分析していく通り、満洲事変こそが、北伐完了後もまだ太田が抱えていた中国政治への閉塞感が打破される契機となっていくのである。しかし、満洲事変に関する論説は一切残っておらず、太田がいかなる満洲事変観を有していたかは判然としない。ただし、満洲事変後において、事変によって現出した状況を所与のものと受け止めた言論を展開するのは、後述の通りである。

第二節　柳条湖事件から盧溝橋事件までの中国認識

1　東京朝日新聞東亜問題調査会主査への就任と外部誌への寄稿

太田は、一九三二年九月上海支局長から東京に帰任し、編集局勤務となったのち、一九三四年九月新設された東京朝日新聞東亜問題調査会の中国問題主査（部長待遇）となった。

東亜問題調査会は、緒方竹虎の満洲視察の結果、現地の情報や社内の中国問題研究体制が十分でなかったとの反省の下、東京朝日新聞内に設置された東亜問題（中国問題が主）に関するシンクタンクである。陸海軍、官僚や財界とも連絡して情報を収集し、朝日新聞と政財界の関係を強化することもその目的であった。

緒方竹虎は、太田より六年早く入社し（大西斎と同日入社）、一九二九年以降、東京朝日新聞編集局長として事実上の主筆の地位にあった人物である。[15] 太田が支那部次長の時期（一九二三～二五年）に、政治部長（当時）の緒方が一時支那部長を兼任していたとあるのが、太田の回顧録『生涯』における緒方の初出である。[16] しかし、太田と緒方の関係の端緒や、一九三〇年代までの太田と緒方の関係は不明な部分が多い。緒方は大正期の朝日新聞社において鳥居素川と対立した西村天囚の派閥に属していたので、鳥居の寵愛を受けた太田とは立場が異なっていた。現在閲覧できる一九四〇〜四五年の「太田日記」を見る限り、太田と緒方の関係は良好とはいえない。より厳密に言うと、緒方は緒方なりに太田を評価していたものの、太田は緒方からの処遇に不満を持っていた。緒方が最も信を置いていた中国通は同郷・旧知かつ同期入社の大西斎であったのである。両者の関係性の解明は、一九三〇年代の「太田日記」の公開を待つ必要がある。少なくともいえるのは、かつての主筆鳥居素川ほどは緒方は太田を寵愛しなかったことである。そのため、太田は緒方が筆政を担う社内で居心地の悪い思いをしたと思われる。これについては、第3章・第4章において、一九四〇年代の両者の関係を見ていきたい。

東亜問題調査会の初代会長は副社長の下村宏であったが、一九三四年一一月緒方が会長となった。土屋礼子によると、会の実権を担っていたのは緒方の腹心大西斎であったが、会の中心は太田宇之助であったという。『朝日東亜年報』『朝日東亜リポート』『最新支那要人伝』などの刊行物を編纂するほか、毎月一回例会を開き、外部の有識者（陸海軍人、官僚、財界人など）と情報交換を行った。[17] しかし、東亜問題調査会について、緒方自身は「現地で発表されるいろいろな刷物や発表を集め、民間からも三井・三菱などから情報を蒐め、東亜問題は何でも判る機構にしたかったのだが、民間人は軍人を前にしては、思つたことを正直にはいはず、時局も次第に重苦しい空気に包まれるやうになり、十分な仕事が出来なかった[18]」と回想しており、緒方の構想通りとはならなかった。東亜問題調査会は一九四〇年に中央調査会に改組されるが、改組後は太田の在籍は確認できない。

事実、東亜問題調査会時代の太田は会務の中心を担ったとはいえ、会自体の仕事が少なかったために、激務の連続で休みがなかった中国勤務時代に比べ、比較的余暇があった時期だと回想している。[19] 朝日新聞社内の業務があまり多くなかった太田は代わりに、社外の媒体への寄稿を活発化させる。一九三二年の東京帰任後の太田は、新聞人としては、東亜問題調査会が構想倒れに終わったために結果的に閑職に追いやられ、ある種不遇の時期であったが、社外への寄稿により、言論人としては、最も輝きを見せた時期である。これは、時代が太田を求めていたからにほかならない。太田自身は、この時期の執筆活動を以下のように回想している。

満州事変から満州国の建国、蔣介石の指揮する国民革命軍の北伐軍の進出、一方拡大して行く中国共産党と中国国民党との抗争等々中国の情勢は目まぐるしく変化して行く。このような時期とて、中国問題をとりあげる各種の出版や雑誌が多く、赤松〔太田〕にも一流雑誌社から執筆の注文が次々と続くようになった。中央公論、改造、日本評論などが含まれていた。これらの雑誌編集者が赤松〔太田〕に求めたものは、中国時局の解明を通じて、当時のわが政府、特に軍部の対華政策乃至方針について、彼が概ね批判的であるのを取り入れようとするためであった。このような非常時代、非常時局に当って、赤松〔太田〕がこのような気持ちでもって執筆するには非常の苦心を要したことは言うまでもない。[20]

朝日本社内の「東亜問題調査会」にしても、本社の新傾向反映で、やはり軍部におもねる風が生じていた。しかし、赤松〔太田〕はこの中にあっても、外部からの依頼原稿を遠慮なく盛んに書き続けた。右の風潮に対する批判的な彼の筆致が、進歩的な雑誌から歓迎されたのだが、これに対して本社が殆ど無関心のように彼を自由にさせてくれたのはさすがに朝日新聞社である。だが、幹部や同僚の彼を見る目には微妙なものがあったのは確かで、これらが自然に赤松〔太田〕の社における進級の妨げとなったことも間違いない。しかし、ともかくも中国関係の言論界で一種の流行児の形となったのは、彼にとって最も暗い時代における最大の慰めであった。[21]

日本政府、特に軍部に批判的なスタンスを持っていた太田に対し原稿依頼が殺到したとあるが、実際、一九三三年以降、太田の社外寄稿数は飛躍的に増加していく。社外の媒体への寄稿が増えたのは、暇になったからという事情も大きいが、やはり太田の言の通り時代の要請と見るべきであろう。

では、柳条湖事件から盧溝橋事件までの「日中戦間期」ともいうべき時期を含む一九三〇年代に、太田はどのような中国認識を有していたのか。次項以降、その変遷を含め整理していこう。

太田が東京に帰任した一九三二年以降、南京国民政府は蔣介石と汪兆銘の合作（蔣汪合作政権）のもと、「安内攘外」をスローガンとして、内治（共産党対策を含む）優先政策に転じた。国民政府は、剿共《そうきょう》（共産党鎮圧）や地方の半独立政権（福建人民政府や西南派など）の鎮圧・中央化を推進し、また幣制改革（三五年一一月）や各種経済建設などにより経済的にも集権化を推し進めた。日本国内でも、国民政府の統一を看取し、その観察をもとに対華政策を改めるべきだという声が上がり、一九三七年以降、「中国統一化論争」や「中国再認識論」が盛んになった(22)。

2　聯省自治論から中国統一援助論への過渡期――一九三二年から三四年の太田の中国認識

以下、説明していく通り、満洲事変に対する全国的な排日運動による中国ナショナリズムの覚醒、そして、満洲事変後の国民政府による経済建設、統一事業の進展を看取したことが、太田宇之助の中国認識の転換の契機となっていく。しかし、満洲事変による中国国情・国民の変化について太田は事変直後に瞬時に悟ったわけではない。第1章第四節で分析したようなやや悲観的な中国観（集権的統一への疑問、国民政府の政治的安定への悲観）を、三〇年代初めの太田はいまだ有していた。しかし、経済建設の実績や内乱の鎮圧を見るなかで、楽観と悲観の間で揺れ動き、徐々に中国国民党の政治統一を確信するに至っていったのである。

満洲事変直後の太田は、中国は崩壊寸前であるという現状認識を持っていた。これは、北伐後に有していた中国政治への閉塞感と連続している。一九三二年一月、満洲事変という国難により南京国民政府と広州国民政府は合流し、南京に孫科政権（孫文の子息孫科を首班とする国民政府）が成立したが、太田は、同政権の実力を疑問視した。そして、中国統一は前途遼遠であり地方分立の可能性が高いこと、中国の自力更生は不可能であり、中国政治の立て直しには外国の援助が必要なこと、その援助は日本が担うべきことを主張した[23]。満洲事変の解決の目途が立たないこの時期に、日本が中国援助を行うべきという提言は非現実的であったが、一九三〇年代の太田の中国論の特徴である、中国統一援助論の萌芽がすでに見られる点が興味深い。

孫科政権は一か月も経たずに崩壊したが、その後成立した汪兆銘（行政院長）と蔣介石（軍事委員会委員長）が協力した蔣汪合作政権についても、太田は一九三二年九月時点ではあまり評価していなかった。わずか四省を治めるに過ぎない中央政府は弱体で、崩壊前の北京政府と同じだと断じた。そして、国内問題を放置して対外問題に没入したために支離滅裂な状況になったとし、国内問題の解決を優先すべきだと主張した[24]。

太田が一九三〇年代に有していた対中国認識を本書では「中国統一援助論」と位置づけている。中国統一援助論者は、日本が承認していた中国国民政府との関係を重視し、かつ、日中関係改善に重きを置く穏健な立場であり、陸軍の大陸侵略政策に対する修正を意図したものである。中国の希求する国家統一の希望を認めるなど、国民政府が受け入れやすいものであり、全面戦争を防止し政府間対話の基盤となりうる可能性を有していた。盧溝橋事件により霧消したものの、日中戦争直前に、このような対中融和論が一時勢いを有したことは、近代日本の中国認識のあり方を考える上で重要である。

太田の中国統一援助論が明確な形で主張されるのは、一九三三年一月の評論「日支満関係の調整を策せ」が最初である。日中間の紛争解決の前提条件は中国の内政改善であるとし、現南京政府の統一工作に対する積極的援助を通じて、日本、中国、満洲国三者の関係調整を図るべきだと主張した。ここでは、満洲国独立は既成事実と見なされ、また満洲国独立という状況がかえって中国本土の統一を促進したと観察している[25]。注意すべき点は、中国を崩壊状態と表現し、自力更生に疑問を持っている点であり、だからこそ日本の援助を問うたのである[26]。一九三五年以降に本格化する中国統一援助論は、統一の実質をある程度認めていることがその背景にある。そういった点ではここでの主張は若干性格が異なる点に留意しておきたい。また、同時期、太田は抗日ナショナリズムにも一定の理解を示していた。[27] とはいえ、塘沽《タンクー》停戦協定（満洲事変の停戦協定）以前に、このような主張をしていたことは興味深い。

中国が崩壊状態にあるという現状認識は、中国の統一形式に対する太田の考え方にも影響を及ぼした。「中央集権制による支那の統一は極めて困難[28]」という認識に基づき、聯省自治による統一を展望したのである。[29] しかし、この考え方は、一九三四年までの過渡期的現象であり、一九三五年以降には引き継がれなかった。一九三四年三月の評論「内政に向へる支那」は中国統一に対する太田の過渡期的状況をよく表している。同稿において、反蒋抗日を掲げた第一九路軍の武装蜂起である福建事変（一九三三年一一月）に対する南京政府の早期鎮圧が好意的に受け止められ、統一は前途遼遠と見なされたものの、政情の安定の兆しが認められている。また、太田は、一九三四年一月の第四期第四次中央執行監察委員会全体会議（四期四中全会）において、南京政府が経済建設を主軸とした内治重視となったことを歓迎している。[30] 内治重視への転換は、一九三二年以来の太田の主張であった。[31] しかし、「内政に向へる支那」では、中央政府の権力が増大しても、省を単位とした地方分治が進むと展望しており、好材料を提示しながらも、いまだに国民政府の中央集権統一を信じていなかったのである。[32] ただし、国民政府の集権的統一に対する好材料が増えるに従い、太田の認識は変わっていく。

以上の通り、一九三二年から三四年までの太田は中国の統一進展についてその兆候を認めたものの、中央集権制の確立には否定的であり、聯省自治の可能性を考慮に残した。また、中国の自力更生に疑問を持ち、列国（特に日本）による援助の必要を説いた。いわば一九二〇年代の太田（聯省自治論）と一九三〇年代の太田（中国統一援助論）とのはざまの、まさに過渡期にあったのである。

3　中国統一援助論の展開――一九三五年から三七年六月までの太田の中国認識

①一九三五年における太田の中国統一援助論

一九三〇年代における太田の最大の転機は、一九三五年二月の評論「支那の統一を助けよ」によって訪れる。この評論は、太田の中国統一援助論の代表的著作である。そこで太田は、日中関係正常化の前提条件を中国政治の安定、つまりは中国の平和統一に求めており、日本が国民政府の統一に積極的に援助を与えるべきだと主張している(33)。基本的には、一九三三年一月の評論「日支満関係の調整を策せ」と同様の地平に立った主張である。だが、一九三三年の主張が、中国は崩壊状態にあるという現状認識に基づいて、将来的統一の必要を訴えるものだったのに対し、三五年の主張は、経済建設の実績と中共軍の江西省からの掃蕩などから国民政府の統一事業の進展を看取し、その自力更生の可能性に光明を見出しており、前提条件が異なる。そして、「日支満関係の調整を策せ」で書かれた中国統一援助論はしばらく途絶していたのに対し、本稿「支那の統一を助けよ」以降、太田の中国統一援助論は基本的に日中戦争直前まで連続している。また、国民政府を統一主体として強く支持し、国民政府による統一を嫌悪する人々や中国の分裂を画する人々を強く牽制した。

「支那の統一を助けよ」において、満洲事変により東三省を喪失したことが、むしろ中国統一を促進したと繰り返し述べている点は、注目すべきである。太田は以後も、同様の主張を繰り返している。第1章第四節において、太田の中国政治の閉塞感を打破する転機は満洲事変だったと述べたが、満洲事変の意義を太田が看取したのは、事変から三年以上経ってからであった。ただし太田は、西南政権（西南政務委員会。国民党の元老・胡漢民が率いる広東広西両省に割拠した反蔣派の半独立政権）の存在を国民政府の全国統一の障害と見なしている。

太田が一九三五年初頭に中国統一援助論への確信を強めたのは、同年一月頃、蔣介石の対日態度が軟化した

（対日転向）と日本国内で報じられたことも影響していると思われる。蒋介石の対日転向に関する報道は、一月二九・三〇日に、蒋が、鈴木美通（駐華公使館付陸軍武官）、有吉明（駐華公使）と相次いで会談し、対日関係改善に希望を表明したことに始まる。(34) 満洲事変と上海事変により悪化していた日中関係が改善される曙光が見えたとして、日本のジャーナリズム（特に、『東京朝日新聞』）によってこの動きは積極的に報道されていく。

そもそも、蒋がこのような発言を行った背景には、三五年一月二二日に広田弘毅外相が議会において、不脅威・不侵略の日中親善論を発表したことがあった。(35) 同年二月一四日には、蒋と単独会見した宮崎世龍（大阪朝日新聞南京特派員）は、蒋から日華提携の必要性と抱負、広田外相の演説に感銘を受けたことを聞き出している。(36)『東京朝日新聞』は蒋の対日転向を数度社説で取り上げた。楽観は時期尚早と留保付きであったものの、そのどれも、対日転向と日中経済提携に好意的な論調であった。(37)

日中親善ムードは、一九三五年一月末から三月中旬まで『東京朝日新聞』紙面に顕著に現れた。特に二月下旬から三月上旬にかけては、日華提携が実現寸前であるかのような報じ方をしていた。(38) なお、ライバル紙『東京日日新聞』は、蒋の対日転向に懐疑的であった。(39) 太田はこうした状況を背景として、対日転向問題と日華提携に関する記事を『東京朝日新聞』に書いている。(40)

以上の一九三五年上半期の日中親善ムードは、太田宇之助が中国統一援助論を積極的に展開した三つの「山」の最初の一つであり、同年五月に華北分離工作が始まるまで続いた。この間、太田は「排日の根絶の大乗的方法としても中国統一が必要」であり、日中は平等の関係で提携しなければならないと説き、(41) 国民政府による四川省、貴州省、雲南省の中央化の現状を紹介し、その実績と内容から国民政府による中央集権的統一を展望している。(42)

また、中国統一援助の具体的方法として、以下のように述べている。

　支那の統一に対し援助を与へる具体方法は種々あるであらうが、私は必ずしも南京政府乃至蒋介石氏を助けるために武器等を供給するやうな積極的方法によるを要しないと思ふ。蔣介石氏を初め国民政府首脳が最も関心を持つてゐる日本の対支方針をこの際改めて最も鮮明な方法を以て表明すること、換言すれば日本が支那の領土主権を尊重して侵さず、満洲国独立後の支那の統一を飽まで保証し、我国始め列国の現に承認する中央政府たる国民政府の国内統一事業に対し全幅の声援と好意を送つて、之を妨碍する惧れある一切の活動を支持しないといふ消極的方法によつても実際に於て支那の統一実現を促進する上に非常に効果があるであらう(43)。

このように、武器援助などの直接的援助ではなく、国民政府支持とその活動を妨げるような動きには与しないと声明を出すなど、間接的援助で十分であるとした。

　こうした太田の中国統一援助論は、日本陸軍による華北分離工作により、若干のトーンダウンを余儀なくされる。華北分離工作は、一九三五年五月以降、日本現地軍（関東軍と支那駐屯軍）により実施されたもので、華北の排日事件を口実に満洲国に接する華北地域を国民政府から分離する方策である。同年六月、排日運動を口実に日本現地軍は中国現地政権に対し最後通牒を発し、梅津・何応欽協定と土肥原・秦徳純協定を結んだ。梅・何協定により、国民党勢力を河北省から撤退させ、土・秦協定により、察哈爾《チャハル》省から国民党勢力・第二九軍（のちの冀察《きさつ》政権の中心）を追放した。両協定により、冀察地域から国民党勢力は追放されることになった。また、同年一一月には日本は冀東非武装地帯に対日協力政権である冀東防共自治政府（首班：殷汝耕）を樹立した。一方、国民政府は華北分離工作に対抗するため、同年一二月には河北省と察哈爾省に冀察政務委員会を設立した。冀察政権は、国民政府の出先機関であるが、国民党勢力ではなく、旧西北軍閥（第二九軍）の宋哲元が首班の中間的勢力であった(44)。こうして一九三五年上半期の日中親善ムードも、華北分離工作により霧消することになった。

　満洲国の治安維持と国防資源獲得を名目に、華北地域を国民政府の統治から分離しようとした華北分離工作は、太田の中国統一援助論と正反対の主張であり、同論実現の最大の障害となった。陸軍は、中国の国家統一は排日を激化させ、満洲国や諸権益の回収などの点で日本に禍害しかもたらさないと見ていた。その点で、太田と正反対の現状認識に立っていたといえる[45]。

太田は、当時進行中だった満洲国建国や華北分離工作に対し、積極的に支持礼賛することはなかったものの、いったん形成された既成事実に対しては強く批判しないというスタンスを取った。華北分離工作後の中国統一援助論のトーンダウンはそういう太田の態度の現れである。太田の評論のなかに、陸軍当局の実力行使に対する批判的言辞はあまり見出すことはできない。これは沈黙を守ったといえよう。言論弾圧が激化していた一九三〇年代の日本において、政策決定に携われない観察者に過ぎないジャーナリストが、陸軍の大陸政策を正面から批判することは難しく、婉曲に中国認識の転換を訴えるしか方法がなかった。中国に対する太田の姿勢は理想主義的側面が強かったが、国内の政治権力に対してはある程度現実的に対応した一面がある。太田の中国統一援助論の限界は、こうした陸軍の独断専行に抗う術がなく、彼らが改変した既成事実を基に立論しなければならない点にあった。

しかし、将来に関する事項はこの限りではなかった。太田は華北分離工作の進展のなか、三篇の評論を書いている。すべて、梅津・何応欽協定による華北における国民党党部の追放（一九三五年六月）から冀察政務委員会設置（同年一二月）までの間の、新たな華北政治機構が決定されていなかった空白期間に書かれたものであるが、そのなかで太田は来たるべき華北新政治機構を展望している。親日派（日本に媚びる政客。性質が悪く、太田に言わせれば「鼠輩」）と日華提携論者（排日的傾向がある者もいるが、能力・見識が高い者が多い）を区別し、親日派の擁立による反国民政府的政権樹立に反対した。そして、比較的強い自治権を有するものの、日華提携論者が率いる、国民政府の国内統一方針と一致する政権が作られるべきだと提言した[46]。また、華北を日本の特殊地域として扱うことにも苦言を呈している[47]。なお、華北新政治機構はあくまで南京政府が設置すべきとし、北平政務整理委員会（黄郛《こうふ》政権）撤去後華北に地方政治機構を求めない南京政府を批判している[48]。

もう一点、興味深いのは、華北分離工作に関する三篇の評論すべてにおいて、短いながらも中国統一援助論が主張されている点である。特に、評論「日支経済関係の進路」では、「若し支那が政治的に統一され、その結果として初めて安定を得て、現在の経済的危局から脱し、日本の平和政策に対して真に信頼して経済提携を支那の利益となることを衷心より信じ、進んで日本の各産業部門と結ばんことを欲するやうになれば、初めて両国の経済提携は実を結ぶのである」[49]と述べているようにその主張は徹底している。華北分離工作により若干トーンダウンした部分はあったが、中国統一援助論は継続されていたのである。

②一九三五年末の華中（上海・南京）視察

一九三五年一二月、朝日新聞社は中国が一大転換期にあると見て、中国情勢を正確に把握するため、「多年支那に在勤し支那事情に精通せる」社員（中国専門記者）四名を中国に派遣した。具体的には、華北方面（北平、天津、済南、青島）には大西斎、尾崎秀実、華中方面（上海、南京）には太田宇之助、華南方面（広東、広西、福州）には中村桃太郎（大阪本社東亜部次長）がそれぞれ派遣された[50]。この派遣は、「東亜問題調査会の最も緊要なる事業」とされた。各特派員のレポートは朝日新聞紙面に掲載され、その全レポートは一九三六年六月に書籍『現地に支那を視る』にまとめられた[51]。

この視察行において、太田は上海および南京の目覚ましい経済発展、そして新生活運動[52]の徹底による市街の清潔化を目にする一方、対日戦に備えるため南京の防備が厳重となり要塞地帯と化していることも目の当たりにしている[53]。上海支局長を離任してから三年ぶりに目にした上海・南京の繁栄が、太田に中国の統一の進展を確信させたことは想像に難くない。南京・上海では旧知の官僚や政治家に会い意見交換を行っているが、蔣介石、張群（外交部長）、孔祥熙（財政部長）との会見はニュースバリューがあり、レポートの連載を待たずに、会見録が特電として紙面に掲載された[54]。このレポートでも太田は中国統一援助論を述べている[55]。

なかでも、新聞記者が蔣介石に単独会見することは異例だったようだが、「以前から君は知つて居るから雑談をして日本の近況も承りたい[56]」という蔣の要望もあり会見が実現したという。ただし、蔣との会見で政治外交問題に触れることは禁止されており、実際に朝日新聞紙上に掲載された会見録や太田のレポート[57]を読むと太田が蔣介石から明確な発言を引き出せなかったことが分かる。インタビュー記事としては不十分であり、太田自身、この時の会見に手応えを感じていない。しかし、以下の記述は、中国専門記者としての太田を考える上で興味深い。

〔蔣介石は〕日支はどうすれば宜くなるか現在の関係をどう思ふか、一つ君〔太田〕の意見を聞かせて呉れないか、といふ話から、日支の関係を善くする為にはお互ひ譲り合ひ信じ合はなければならない、支那の方は大いにその決心を持つて居るから、日本の方も其の積りになつて貰つてお互に努力し合ふやうにしたい、君は新聞記者であるから、どうかさういふ気持で一層新聞の方でも尽して欲しいなどと言つてゐた[58]。

ここから分かるのは、蔣介石は自らの考えを披露することに極度に慎重であったが、日中関係に関する太田の意見を聞きたがっていた、ということである。先に述べた通り、一九三五年初頭以来、太田は中国統一援助論を本格的に主張するようになっており、その事実が蔣介石にまで届いていたという可能性は高い。本章第四節で分析する通り、太田は中国、とりわけ国民政府周辺から声望の高い中国専門家だったのである。この会見が実現したのは、そもそも蔣介石が太田から意見を聞くためだったという可能性もある。

太田はこの視察を通じて、「全力を尽くして日支関係の調整に最後の努力を払ひ而して後に已む」という日中国交調整に対する蔣介石の非常に大きな決心を感じたという[59]。同時に、この視察において、太田は蔣介石、張群、黄郛らから、今後の日中関係の改善において「互信互譲」がいかに大事かという話をたびたび聞いた。特に、黄郛からは、北平政務整理委員会の委員長時代、「互信互譲」の精神に基づき、日本と中国が小さな問題から互いに譲り合い信頼関係を醸成し、大きな問題の解決を図ろうとしたが、日本はついになんら譲歩することがなく現在の難しい両国関係に至ったという愚痴を聞いたと記録している[60]。満洲事変後の日本（特に現地当局）が中国側の譲歩を譲歩と受け取らず、さらに加重な要求を繰り返していたのは黄郛のこの言の通りである。

太田も「互信互譲」の重要性を認め、日本は中国に対し大幅な譲歩をする必要があると提起する必要を訴えた。具体的には、日中不侵略条約の締結であり、「支那をして対日恐怖心を去り、日本を信頼せしめる」ことがその目的とされた[61]。

③中国統一援助論の徹底——両広事変と西安事変

一九三六年六月両広事変（広東・広西省に割拠した反蔣勢力の蜂起事件）による西南政権解体と同地の中央化は、太田の中国統一論において懸案だった西南政権を解消させ、蔣介石による全国統一の実現性を確信させる大事件であった。太田にとって両広事変は、中国統一援助論を積極的に展開した第二の「山」であった。ただし、これは太田一人に限らない。本章第三節で分析する通り、両広事変に中国統一の趨勢を看取したのは、大西斎も吉岡文六も同様であったのである。

ところで、太田が、満洲事変を境に中国ナショナリズムへの評価を高めたのは、「満洲事変からは抗日思想が主調となつて、挙国一致の救国策が唱へられ、国民党並に国民政府の措置に対し不平があつても、多数は之に従つた[62]」という事実に目を向けたこともある。「今日の支那統一の新形勢を生んだ原因が抗日にあ」るとも述べており、要するに、満洲事変に対し中国民衆が抗日で一致したことに、太田は中国統一の契機を見出したのである。中国民衆の抗日意識を自発的な政治意識の目覚めと解釈しており、国民党指導部やコミンテルンの扇動によるものと見た陸軍とは一線を画した。満洲事変直前まで太田が抱いていた中国政治への閉塞感は、満洲事変により解消されたのである。ただし、終戦に至るまで、満洲国の存在が日中関係改善の努力を阻む要因となることは周知の通りである。しかし、太田がこのような矛盾にどう立ち向かったのか、当時の評論からは見えてこない。

太田は「満洲事変後まだ数年を経ない現在、親日を求める方が無理である」[63]とも述べているように、抗日意識に対し一定の理解と評価を与えていた。この点は、当時の他の論者と一線を画している。ただし、抗日意識が持続することは欲しておらず、日本が中国の統一を認め、これに対する好意と援助を与えることで抗日運動の緩和と消滅に努めるべきだとした。[64]中国共産党が一九三五年八月に行った八・一宣言のように、抗日を旗印に中国国内の諸勢力（具体的には国民党と共産党）が内戦を停止して抗日民族統一戦線を組織するということまでは、太田は許容できなかった。太田には、中国統一の主体はあくまで国民政府が担うべきものと見なされ、この見方は、満洲事変後に南京国民政府が着々と統制力を強めていくにつれて、確信へと変わっていった。ここに至って太田は、かつて持論としていた聯省自治論を完全に放棄して、国民政府の中央集権・統一政策を積極的に支持するようになったのである。

他方、両広事変後の太田の中国統一援助論の論旨は一九三五年までの中国統一援助論と変わらない。ただし、評論中に列挙された中国統一に関する論拠は量質ともに増している。中国共産党の討伐、西南（広東、広西）、四川、貴州、雲南の中央化、建設委員会と全国経済委員会による衛生、交通、水利、農村経済各分野の経済建設事業、幣制改革の実施による中央政府の信用強化といった実績が列挙され、太田も以前に増して確信をもって、中国の統一の趨勢を強調していることが分かる。[65]太田はこの時期の中国統一援助論について以下の通り述べている。

支那に就ては現存の一切の植民地的要素を除去して一の完全なる独立国家を再現せしむることを以て必須の条件と認め、之を日本の新しい使命として支那のために努力を致すべきである。〔中略〕そのためには治外法権の撤廃その他支那に於ける外国の特権の撤去に日本は断然率先しなければならない。〔中略〕支那を完全独立の国家とすることとその平和的統一を実現するために好意と援助とを与へ、まとまつた一国を全体的に相手とし、最善の隣邦とし、之と経済的に不可離の関係を結ぶやうにしなければならない[66]。

太田が目指したのは、日本の中国政策の転換であった。中国の統一は安定した市場の獲得や日中提携による安全保障の観点から日本の利益になると捉え、華北分離工作から中国統一援助政策への転換を主張した。

こうした主張は、特に中国側に大きな反響をもたらした。本章第四節で分析する、同時代の中国で太田を評価する人の多くが、一九三六年八月から三七年四月にかけての太田の評論を取り上げている点は注目する必要がある。

一九三六年八、九月に相次いで発生した成都事件と北海事件といった、日本人に犠牲者が出、日本輿論が沸騰した排日事件についても太田は冷静な観察をしており、強硬論を抑制した。評論「成都事件より北海事件へ」において排日問題については、対症療法（排日の取り締まりや再発防止を中国側に要求）ではなく、根本療法（中国の統一完成の援助と国交調整）によってしか解決できないとした[67]。ここでも中国統一援助論が貫かれている。また、同年一〇月に太田は中国統一援助論に基づいたパンフレット『新支那を説く』[68]を第百書房より刊行している。

しかし、第二の「山」は、日中間の国交調整が目的であった川越茂・張群会談の停頓と中国で高まる抗日風潮のなかでいったん谷に落ちることになる。一九三六年一一月の評論で、太田は、川越・張群会談の前途に悲観し、徐々に存在感を増す中国共産党と抗日民族統一戦線に警戒感を表明した。ここでは、中国統一援助論は主張していない。中国共産党については、抗日民族統一戦線によって国民党と共同戦線を張ろうとしたことに特に警戒を示し、国共合作はありえず、蔣介石はあくまで中共を排撃すると主張している[69]。

太田の中国認識に再び光明を投じたのは一九三六年一二月一二日に発生した西安事変であった。西安事変は、太田が中国統一援助論を積極的に展開した第三の、そして最後の「山」となった。西安事変とは、西安で剿共を命じられていた張学良が、中国共産党が提唱する抗日民族統一戦線に共鳴した結果、督戦に来た蔣介石を監禁した事件である。事変勃発直後、情報は錯綜しており、真相は謎であった。蔣介石が張学良によって監禁され、一時生死不明の状況に陥ったにもかかわらず、蔣介石の威信が少しも揺るがず、国民政府が盤石だったことにより、中国統一の傾向に対する太田の信頼はさらに高まった[70]。

ただし、太田は、西安事変勃発翌日（一二月一三日）が締切だった『中央公論』に寄稿した評論「風雲児・張学良」においては、張学良の事跡・来歴を述べるのに終始し、蔣の生死は予測できなかった[71]。これは、同じ『中央公論』一月号に併載された尾崎秀実の評論が、西安事変の推移と結果（蔣介石の生存、中国統一化の盤石、中国共産党の影響力増、国民党を含む抗日民族統一戦線の成立と日本との対峙）を事件勃発直後に予想していたことと好対照をなす[72]。このため、太田が西安事変の予測を誤ったと当時の論壇時評[73]に書かれているが、これは厳しすぎる評価である。というのも、張学良の事跡ばかりを述べたのは中央公論編集部の依頼だった可能性があるからである。

事変から三日後となるが、『東洋経済新報』主催の座談会「西安事変と支那の前途」（一二月一五日開催）における太田の発言を確認しておきたい。太田はこの座談会のなかで、事変の原因は、不遇をかこった張学良の周囲が中国共産党の方針（抗日救国への転換、抗日民族統一戦線の結成）に感化されたことにあるとした。現在の大勢は張学良に不利である点を指摘し、また、ソ連が張の背景にあるという観測を否定した。蔣介石が仮に死んでいたとしても、進展していた国民政府の統一事業が阻害されることはないと、太田は結論づけた[74]。これを読むと、尾崎との相違は、蔣介石の生死に対する判断と中国共産党・抗日民族統一戦線への評価の二点だけで、中国統一化の盤石に関しては、尾崎と太田は考えを同じくしている。しかし、この相違点（特に中国共産党、抗日民族統一戦線に関するもの）は、両者の中国観を大きく隔てるものといえる。

一九三七年二月、太田の評論集『新支那の誕生』[75]はこのような状況を背景に刊行された。同書には、一九三三年一月から三七年二月までに寄稿した太田の著作が収録されているが、ここまで見てきた中国統一援助論に関する評論はほぼ網羅されている。また、その構成は時系列ではなくトピックごとに並び替えられているが、中国統一援助論に特に関係が深い評論を集めたトピック「統一の大勢と日本」が、冒頭に掲げられた。同評論集は、中国で日本以上に大きな反響を呼んだが、その点については、本章第四節において後述する。

当該時期、西安事変を契機として、中国再認識論が流行した。再認識論については次節で述べるが、太田は日本国内の再認識論の広まりについて、これまで一般に中国に対する認識は遅れていたが、西安事変によって多数の日本国民が中国の統一を認めるようになったと歓迎し、このような機運が高まれば日中関係の改善に繋がるとして好意的に受け止めた[76]。また、一九三七年四月には、再認識論をテーマとする座談会に出席し、中国統一援助論に基づく持論を盛んに述べている[77]。

西安事変は一面では蔣介石による中国統一の盤石を示し、日本国内の中国認識を「再認識」に導いたが、他方で、第二次国共合作を醸成し、国民政府の対日政策が徐々に硬化していく契機となったという点を忘れてはならない。太田自身が危惧したのも、まさにこの点であった。

一九三七年四月の評論「支那は容共か防共か」では、中国共産党の一九三五年の八・一宣言と抗日民族統一戦線の状況を紹介し、中共側に国共合作の意図があると、太田は論じている。しかし、蔣介石が容共政策を許容するわけがないとして、西安事変によって国共間に妥協が成立したという見解を、太田は取らなかった[78]。一九三七年二月に開催された中国国民党第五期第三次中央執行委員全体会議（五期三中全会）に関する観測記事では、国民政府の対日政策の強硬化や国共合作の問題について、特に希望的観測に満ちている[79]。太田は、中国共産党やその抗日民族統一戦線を一切評価していなかったので、そうした考えがこの分析にも現れたのだと推察できる。

日中戦争前に書かれた最後の評論は、第一次近衛文磨内閣の成立と広田弘毅の外相再登板に関するものであった[80]。しかし、新内閣成立直後にもかかわらず、「近衛公にして、広田外相にして困難づくめのこの関係を切開するだけの勇気も力も持ち合わせていない[81]」とその前途を悲観しており、特に対中政策では近衛内閣に期待できないと言い切っている。広田に対する著しい低評価は、広田が初めて外相に就任した際に寄せた期待[82]と好対照をなす。これは、広田三原則が川越・張群会談の条件に織り込まれ、日中関係を悪化させた元凶だと、太田が捉えていたからである。太田は、広田には「日支関係の癌」とされた華北問題の解決能力はないと見た。「根本問題の解決をさしおいては日支の国交調整を説けば説く程不調になり、北支の明朗化を叫べば叫ぶ程不明朗となつて行く[83]」として、日中関係の根本問題の解決ができそうにない「現内閣に対して期待がかけ得られないので、さらに次に来るものへ淡い望みを寄せるに過ぎない」と太田はこの評論を結んだが、日中全面戦争は、この評論が発表された直後、太田が期待できないとした第一次近衛内閣の下に発生するのである。

第三節　一九三〇年代の中国論壇における太田の位相

1　太田の「中国通」観

太田が自分を含む「中国通」をどう捉えていたのか、そして、どのような中国認識を持とうと努めていたのかという点について考察してみたい。

一九二八年五月、北京通信員勤務を終え朝日新聞東京本社に帰ってきた太田は、現地滞在中に新聞や雑誌を通じて接した日本国内の中国認識に対して苦言を呈している。太田は、中国を分析する人々を「アカデミック派」と「支那通」の二つに大別している。

「アカデミック派」とは、学者である。具体的な個人名は挙げられていないが、吉野作造あたりが念頭に置かれていると推測することができる。「アカデミック派」の中国認識は、「近来の思潮から出発した議論である場合には、大体において正しい」もので、「結果におきましては、日支のために非常によい影響を与へている」と、太田は好意的に見ている。だが、その一方で、「私達支那にあつて実際仕事をしてゐるものから見ますと、如何にも机上の空論としか見えない議論が多い」面があり、「議論に過ぎ理想に走り過ぎて、実際の支那を判断する上においては、ともすれば間違ひを生じて一般の民衆の支那観といふものをミスリードしてをる」といった弊害もあると指摘している。(84)

「アカデミック派」の机上の空論が輿論をミスリードすることを懸念しつつも、太田はおおむね好意的に見ている。他方、「支那通」については非常に厳しい見方をしている。太田の中国認識、および中国通認識を理解する上で重要なため、多少長いが以下引用する。

支那通の意見と申しますのは、私の見る所では、日本の軍部を中心とした意見および見方でありまして、それには一つのとらはれた先入主がありまして、その先入主から判断する場合が多く、従つてその新しい今の支那における運動といふやうなものに対する理解が乏しいのであります。そしてまた彼等は消息通としていろいろの個々の事情に通じてをるやうでありますが、そのことが却て災を致しまして、たゞ半面の支那の欠点弱点といふものばかりを見て、そして支那における本当の流れ、主張といふものに対しての理解ある観測といふ上において、見誤る癖があるのであります。しかしながらこの日本の軍部即ち参謀本部を中心とした軍部のこの支那に対するインテレストといふものは、非常に強く熱心であります。さうして絶えず日本の民衆の間に宣伝し、多額の経費を使って研究し、情報機関等総ての機関をへてをるのでありますから、これ等の一部の日本の民衆を導く支那観といふのはかなり強いのであります。(85)

このように、太田は、中国での権益意識が強く、先入観に囚われ中国の欠点や弱点ばかりに注目し、中国の正しい動向を見誤る日本陸軍の「支那通」を激しく批判し、その日本民衆への影響力の強さを危惧した。

太田は「アカデミック派」と「支那通」のどちらにも否定的であったため、自らの中国認識は両者と違うところにあったと自認していたと見て間違いがない。ただし、具体的な言及はされていない。太田自身の位置付けに関しては、一九二六年北京通信員時代に、北京で発行された日本人経営日本語雑誌『北京週報』に掲載された、太田についての紹介記事が参考になる。このなかで、太田の中国観は、「支那に対する考方が極めて同情的で公平」であるとの評価が与えられている。また、中国に対する心構えについて太田に取材したところ、「自分は支那に対して努めて楽観的に観やうとする。裏面のアラ探しよりも表面から素直に観やうとする。そうして日本の対支策に就いてはいつも弱気の心持である」と語ったことが紹介されている。[86] そして、太田の人間性について、同時代の中国通と比較して、以下のような評価がされている。

〔在学中に第三革命に参加した〕といふと、氏も例の支那通的の気分の持主のやうに聞えるがそうではない。氏は極めて真面目な寧ろ石部金吉的な性格の人で、何時もハンケチをキチンと折つてポケットに入れぬと気の済まぬと云つたやうな生真面目一方の人である。氏の如き生真面目党が支那に興味を持つて来たといふ事は日本人の対支観念の一大変化を語るもので、昔は支那問題と云へば、兎角水滸伝式に扱はれたものであるが、今日に至つては支那問題は日本の最も真面目な問題となつたのである。氏はそう云ふ新傾向の代表的人物である。[87]

太田の日記、記事、評論、回顧録を読むと、確かに生真面目で誠実な人物という印象を持つ。また、太田が、中国に対し楽観的であろうとし、中国の良い側面を極力見つけようとしていたのは、その生涯を通じて見られる特徴である。

「アカデミック派」と「支那通」を対比して、その両者をともに批判するという太田の「中国通」観は、日中戦争期（一九三八年一一月）にも確認できる。そこでは、南京陥落前後までの日中戦争の動向分析において、本来対敵専門家であるはずの「中国通」が、中国軍、国民政府、民衆の動向に関する判断を見誤ったことについて、その中国認識に欠陥があったと指摘している。太田が問題にしたのは、第一に、個人に重点を置き、中国の政治を軍閥・政客の陰謀として見る傾向の強い旧派（「支那通」軍人ないし「支那浪人」）であり、第二に、マルクス主義的理論をもって中国を解剖しようとする新派（マルキスト学生、左翼評論家）であった。前者旧派は「支那の政治的動きを人物中心に考へることは、支那の皮相を知って真の大勢の動きを、支那の核心を、把握せぬ」点に問題があり、後者新派は、「マルキストの対支観の一部分に真理が認められてゐるにしても之を仔細に検討を加へる時は種々の矛盾が発見され、彼等が主義目的のために著しく誇張した支那の実情とは、甚だ距離がある」点に問題があった(88)。

日中戦争中に太田が発表した、旧派（支那通）と新派（マルキスト）を対置する「中国通」観は、一九三七年九月に発表された尾崎秀実の「支那論の貧困と事変の認識」と比較すると非常に興味深い。尾崎は「日本に於いて今日憂ふべきは、支那研究の不足ではない、寧ろ支那に関する個々の知識については、多過ぎる位存在しているのである。真に問題にすべき点は、支那研究における方法論の欠如である」と述べ、「東洋的支那論」と「中国統一援助論(89)」を俎上に上げ、両者に科学的方法が欠如していることを批判した。尾崎が用いる「東洋的支那論」は太田の言う「支那通」に該当する。「東洋的支那論」すなわち「支那通」に対する批判という点で、太田と尾崎は共通している。ただし、尾崎が批判する「中国統一援助論」は中国国民党による全国統一と国家建設を看取し従来の中国政策への修正を図るもののことであり、これはまさしく太田の立場であった。尾崎は、「中国統一援助論」による中国政策修正の方向は日中経済提携論(90)となるが、経済提携論は中国を原料供給地、日本を工業国として非対称の関係に置くものであり、本質的には侵略的であると批判している(91)。尾崎の主張する科学的方法の確立とは、マルキシズム的方法によると見てよいだろう。

尾崎と太田の「中国通」観は矛盾していない。要するに、戦前期（特に、一九三〇年代以降）には、「中国通」

の大まかな分類として、①軍部に近く中国に対する侮蔑観の強い「支那通」、②理論が先にあって中国を判断する「マルキスト」、③中国に対する深い同情を有するが知らず知らずのうちに中国侵略の片棒を担ぐ結果となる「中国統一援助論」者の三者がいたのである。そして、太田は「中国統一援助論」者の代表であった。

2 大西斎の中国認識との比較

前章で分析した通り、一九二〇年代中葉には太田と同レベル、あるいはそれ以上に中国ナショナリズムを評価していた大西斎は、満洲事変を境に強硬論に転じてしまった。では、大西は一九三〇年代にはどのような中国認識を持つようになっていたのであろうか。大西は、太田と同じく東京朝日新聞東亜問題調査会に所属し、太田の上長にあたる同会幹事となっていた（論説委員も兼任）。

一九三二年には大西は、満洲事変は日本の中国に対する好意と満洲における地位が蹂躙された結果であるとしてその責任を中国に転嫁し、ワシントン体制打破と満洲新国家の擁護を訴えた[92]。また、三三年には、内乱が絶えず国家統一も国家改造もおぼつかないという退嬰的な中国像（中国混迷論）を表明するようになり、中国の対日政策を「以夷制夷」外交として批判するようになった[93]。二〇年代には「国民政府の代弁者」と自負していた大西の中国認識は満洲事変を境に明らかに後退してしまったのである。軍への追従は若干緩和されたものの、二〇年代の大西に見られた政策批判・意見表明はあまり見られなくなり、現状追認的傾向が強くなる。

一九三四年に大西は福建人民政府について論じている。福建人民政府とは、一九三三年一一月に成立した反蔣抗日と民主政治を旗印とした福建省の政権であり、国民政府からの独立を宣言した。同政府は、中国国民党とも中国共産党とも異なる第三勢力を標榜していた。この福建人民政府の成立から三四年一月のその崩壊までの経過を福建事変と呼ぶ[94]。大西は福建人民政府の永続に懐疑的であったが、それ以上に国民政府の行く末に懐疑的であるとの見解を発表していた。これは福建人民政府の独立自体を批判するのではなく、この独立騒動の惹起こそが国民政府の統一事業失敗の証左であるという論法であった。[95]福建事変の解決に中国統一の曙光を見出した太田とは相反する論法といえる。

一九三五年には大西は、当時喧伝されていた蔣介石の対日転向を否定し、中国が満洲国を承認しない限り、日中関係の改善はありえないと述べている。[96]また、華北分離工作については、同工作に関する日本当局（支那駐屯軍）の論法を全面的に受け入れ、これに則った説明をしている。そして、「日満支」の共存共栄の基盤ができたとして、華北の脱国民党化を賞賛した。[97]満洲事変の時と同様、軍部の中国侵略に追随したのである。蔣の対日転向問題と華北分離工作のどちらに関しても、先に分析した一九三五年時点の太田の主張とは真っ向から対立する主張である。

このように満洲事変後の大西は中国混迷論に立ち、中国統一に懐疑的であった。しかし、太田や後述する吉岡文六同様、一九三六年九月の両広事変の解決により、中国統一の大勢を是認するようになった。[98]ただし、大西は中国統一が大勢だという見通しこそ持ったものの、日中関係の改善については悲観的であった。一九三六年一一月には、「今日の支那から抗日を根絶することは、殆ど不可能である」、「日本側として下手に出れば、今日の抗日を転じて更に始末の悪い侮日情勢を激成せしむる」として抗日ナショナリズムの根強さを強調している。[99]先に述べた通り、太田はこの時期の中国統一の進展を日中経済提携と結びつけて論じていたが、大西はそれを抗日に対する警戒論と結びつけて論じたのである。

一九三六年一二月の西安事変については、事変直後（一二月一三日）脱稿の評論において、蔣介石は死んだのではないかと予測し、かつ、国民政府が事変で動揺し、その統一は破れるのではないか、中国共産党と結びついた人民戦線派と反共派の内戦に突入するのではないか、と展望した。[100]両広事変で得たはずの中国統一の展望は、大西の場合は西安事変の初報で簡単に撤回されるほど脆弱なものだったのである。これは、太田、吉岡、尾崎らとはまったく異なる点であった。

以上の通り、太田と同じ題材を扱った場合でも、中国情勢に楽観的な太田と異なり、大西は中国混迷論と日中関係の不和を強調する傾向があったのである。

3　中国専門記者・吉岡文六との比較

吉岡文六（一八九八年九月一八日〜一九四六年三月一日）は、東京日日新聞社において、北京通信部勤務（一九二三年）、南京通信部主任（一九二八〜三一年）、上海支局長（一九三三〜三四年）、東亜課長（一九三四〜三八）、政治部長（一九三八年）、東亜通信部長（一九三九〜四二年）、編集局長（一九四二〜四四年）などを歴任した、同社を代表する中国専門記者である。[101] 太田宇之助と吉岡文六は、一九三〇年代当時、朝日と毎日という二大紙を代表する中国専門記者であったが、その中国分析は対照的であった。塘沽停戦協定から日中全面戦争までの時期（一九三三〜三七年）は、日中間の紛争や事件が絶えなかった一方、たびたび「日中経済提携論」が登場する。太田は、この間、日中提携を論じ続けた代表的人物であるが、他方、吉岡は日中提携論に対し一貫して冷笑的態度で迎えた。[102] 吉岡は、日中親善論を徹底して批判的に論評していた。

一九三六年前半までの時期、吉岡と太田は、特に中国認識の不一致が著しい。吉岡に代表される、中国の対日外交を「以夷制夷」や「偽装親日」と見なす立場に対し、太田は非常に強い不快感を示している。[103] 対して吉岡も、太田に代表される日中提携論を「空虚な義侠心」と厳しく批判している。[104] 満洲事変後から一九三六年頃までに発表した著作をまとめた両者の論集[105]を読み比べると、中国理解が対照的であることがよく分かる。ただし、中国が次第に統一に向かいつつあるという観測に関しては、両者は一致している。両者の意見の相違は、太田が中国の統一は安定した市場の獲得や日中提携による安全保障の観点から日本の利益になると捉えたのに対し、吉岡は、不利益にしかならないと捉えた点にある。一九三五年前後の吉岡は、中国の統一は排日を激化させ、満洲国や諸権益の回収など日本に禍害しかもたらさないと見ていた(106)。当時の吉岡の認識は陸軍の中国認識と強い親和性がある。

ただし、吉岡は一九三六年九月以降、両広事変の解決を契機として、浙江財閥の財力とナショナリズムを背景とした国民政府の国家統一、中央集権事業の蓋然性を認めるべきという論調に方向転換した(107)。すでに述べた通り、太田も両広事変に対し吉岡と同様の反応を残している。吉岡の論調の傾向は、西安事変(一九三六年一二月一二日)で蔣介石の地位が揺るがなかったことにより確信に変わる(108)。吉岡は、西安事変に関して、事件翌日(同月一三日)(109)に評論を執筆し、事件六日後(同月一八日)(110)に執筆・講演された原稿を残している。そこでは蔣介石の生死に関しては不明としているが、仮に蔣が死亡していたとしても、蔣が作り上げた統治機構は崩壊することなくそのまま機能し、国民政府の統一に支障はないだろう、と観察している。これは、先に挙げた太田の予測とおおむね一致するものである。一九三六年九月以降、吉岡の見解は、太田のそれに接近し、親軍的な主張も、中国統一が日本にとって不利益であるという主張も影を潜めた。また、一九三七年二月以降活発化していた「中国再認識論」と共通の土壌に立ったものといえるかもしれない。しかし、吉岡は、太田ら「再認識論」者が主張していた日中経済提携と対中国援助論に同調することはなかった。むしろ、安易な提携論を戒めている(111)。

太田と吉岡の違いをあえて一言で言うならば、太田は理想主義的であり、吉岡は現実主義的であった。吉岡は、中国に対する実力行使を是認する強硬論を唱えることもあったが、日中戦争直前に国民政府の中国統一を評価し、戦争勃発後も蔣介石の統治能力を高く評価し続けたように(112)、陸軍をはじめとした強硬派に阿諛追従《あゆついしょう》した結果の強硬論で

図4　吉岡文六(『講演』第398号,1938年,1頁)

はなく、独自の中国分析による現実主義と見なしうるものである。日中戦争期、中国に対する宥和や提携を唱えることはなかったが、逆に侮蔑もしなかった。むしろ、中国を蔑みの対象というより、日本に対抗しうる経済力と軍事力を備えつつある現実的な脅威として見ていた節がある。そして、日中戦争に突入して以後ですら、蔣介石の業績を公正に評価できる度量も持ち合わせていた。その後吉岡と太田は、一九四〇年七月に支那派遣軍総司令部嘱託として、同格・同時に招聘されることになるのである。

4　中国統一化論争における太田の役割

中国統一化論争とは、一九三七年二月に発表された矢内原忠雄「支那問題の所在」（『中央公論』一九三七年二月号）を契機とした、中国再認識と対華政策見直しに関する議論である。この評論で矢内原は、国民政府が浙江財閥の財力と幣制改革によって幣制統一を成功させたことで中国が「半植民地状態」を脱し、近代国家へと脱皮し、中国統一の主体として国民政府の役割を認めた。また、満洲国の成立による東北地域の分離が中国本土の統一を「単純化」したとも述べた上で、中国に対する「統一援助」「平等互恵」「経済提携」を謳い、日中間の緊張緩和を図るべきとした(113)。こうした中国再認識論は、直接的には、一九三六年末の綏遠《すいえん》事件（日本の関東軍の支援を受けた徳王麾下の内蒙古軍が国民党軍に撃退された事件）や西安事変を契機としており、佐藤尚武外相（一九三七年三月就任）の外交の基礎をなしていた。

矢内原の「支那問題の所在」に対しては、国民政府よりも抗日民族統一戦線の力量を評価していた尾崎秀実や中西功らによる批判が行われ、中国統一化論争に発展した。尾崎と中西は、矢内原には旧来の「支那通」と異なる穏健性を認めていた。だが、満洲国独立が中国統一を促進したという矢内原の見解は誤りであり、中国は外国資本（日本・英国）の「帝国主義的侵略」により逆に存亡の危機にあること、また、統一の主体として中国共産党の指導する労農大衆層による抗日民族統一戦線に対する注意を欠いているとの批判が行われた[114]。

太田は、この論争では矢内原に近い立場に分類できる。以上要約した尾崎と中西の中国認識は太田のそれとはかなりの懸隔がある。太田は抗日民族統一戦線を統一主体と認めず、中国共産党への警戒感を有していた[115]。実際、尾崎の「日支経済提携批判」[116]では、太田は矢内原などとともに日中経済提携論者の代表として槍玉に挙げられている[117]。誤解を恐れずに言えば、太田は中国再認識論の先駆者であり、矢内原はその大成者である。太田は経済学的分析を不得意にしていたため、中国が封建的段階にあるのか資本主義段階にあるのかといった分析を加えておらず、尾崎、中西、矢内原のような科学的、論理的な整理は行っていない。そのため、経済論的色彩を帯びた中国統一化論争に参加することはできなかった。しかし、矢内原が主張した中国統一主体としての国民政府の重視（および抗日民族統一戦線の黙殺）と日中経済提携の必要は、太田が一九三三年頃から絶えず主張していたことである。また、中西による矢内原批判の焦点の一つとなった、満洲国の独立によって中国統一が容易になったという論調は、太田が一九三三年一月にすでに表明していたことであった[118]。この前後の時期の矢内原の日記、および中国問題に関する評論[119]には太田への言及はなく、矢内原が太田を参照した形跡は認められない。「支那問題の所在」執筆にあたり、矢内原が参考にしたと明記したのは、一九三六年一一月刊行の藤枝丈夫『現代支那の根本問題』（泰山房）である[120]。だが、藤枝の主張は中国混迷論であり、矢内原と一致しないことはこれまでも指摘されている[121]。一方、矢内原の日記では太田への直接の言及がないにもかかわらず、太田と矢内原の主張は一致を見せている。次節で述べる通り、太田が中国再認識論の先駆者であったという見方は、この時期の中国ではすでに指摘されていた。

第四節　同時代中国における太田評価

1　『大公報』における評価

では、太田の中国論は、同時代の中国からどのように見られていたのだろうか。中国に対する宥和的姿勢は中国で高い評価を受けており、太田自身、評論集『新支那の誕生』は日本よりも中国で多く読まれたと回想しているように、[122]日本人中国研究家のなかでも太田は特に中国で高く評価された人物であった。

太田を大きく取り上げた中国メディアとして『大公報』がある。同紙は、一九〇二年六月天津において満洲人の英華により創刊されたものだが、一九二五年一一月に停刊し、一九二六年九月に呉鼎昌、胡政之、張季鸞らによって復刊した。[123]蔣介石は、国民党の中央機関紙『中央日報』よりも民間紙『大公報』に信を置き、[124]特に、主筆の張季鸞は蔣介石の外交顧問のごとき立場にあった。[125]以下、『大公報』の記事を紹介していくが、少なくとも社説に関しては張季鸞の執筆と見てよい。

太田自身も自らに関する社説の筆者が張季鸞であることを知っており、「多年親交あった当代一の言論界の雄」と述べている。[126]太田と張は一九一九～二〇年頃に上海で出会った。当時、張は上海『中華新報』総編集、太田は『大阪朝日新聞』上海通信員であった。張が天津『大公報』に転じ、太田が北京通信員に転じても交友は続いた。[127]

新生『大公報』は東京・大阪両朝日新聞に掲載された太田の取材記事（一九二六年一二月の武漢国民政府取材、[128]

二八年六月の蔣介石単独会見、[129]三二年六月の汪兆銘との会見[130]）を訳載することもあった。ただし、この訳載からは同紙の太田に対する評価までは読み取れない。太田に対する厚遇が明らかな一九三六年とは異なり、この時点ではあくまで情報源として取材記事を訳したに過ぎないと見るべきである。

『大公報』の太田に対する評価は、一九二八年四月に太田が北京通信員を辞して東京に帰任する際の離任を伝える記事に現れる。離任と帰国の事実を伝えたのち、同紙は、太田を以下のように評している。

太田氏は北京・上海に駐在すること多年、誠実な人柄であり、中国研究の見識は高く、観察は鋭く、しかも、中国の前途に対する眼差しは同情に満ちている。文章も素晴らしく、まごうことない名記者である。今回の帰国に対し友人たちは別れを惜しんでおり、昨日の見送り客は多数に上った。[131]

外交官、駐在武官、新聞特派員などの離着任に関する記事は同時期にいくつも見られる。しかし、そのほとんどが離着任の事実のみを伝えたものであり、人物評価にまで踏み込むのは異例である。それだけでなくここからは太田の中国研究に対する高評価も読み取れる。この文章は、第1章第四節で引用した張季鸞から太田宇之助宛書簡[132]と同時期のものであり、内容も合致する。右の記事を執筆したのが張季鸞であることを示唆する。

『大公報』が太田を最も大きく取り上げたのは、一九三六年八月から翌三七年四月までの時期である。この間、『大公報』は、太田の中国評論を頻繁に訳載し、好意的コメントを付した。たとえば、太田の評論「成都事件より北海事件へ」に関しては、同稿掲載直後の一九三六年九月、その結論を妙訳掲載し太田の中国分析の公正さを賞賛している。[133]評論「成都事件より北海事件へ」は本章第二節で分析した通り、排日問題については対症療法（排日の取り締まりや再発防止を中国側に要求）ではなく、根本療法（中国の統一完成の援助と国交調整）によってしか解決できないとした、穏健な主張であった。[134]

それだけでなく、太田の論説は二度同紙の社説（社評）で取り上げられている。

一九三六年八月一四日、『大公報』は、日本の雑誌『東洋』に掲載された太田の評論「対支政策に関する主張」を全文訳載した[135]。同稿は、当時太田が主張していた中国統一援助論である。『大公報』の訳の序文で中国統一援助論の内容を丁寧に要約した上で、「太田氏は日本における人格高潔の名記者である。この種の主張は彼の長年の持論である。現在の日本においてこの種の議論を発表することが可能ということは、注目に値する傾向である」と締め括っている。

また、この日の社説「日本之対華観念」では「支那通」の中国認識に対し厳しい批判が展開されていた[136]。「日本の過去の中国研究は、『中国が今度どうなるのか（中国将如何）』ということに無関心であり、『（日本が）中国をどうしたいのか（将中国如何）』という点に力点が置かれた」と総括し、日本の中国への関心には平等観念が欠如し、収奪対象としての中国の土地・資源ばかりに囚われていると批判している。そうした批判すべき日本の中国認識の例外的、模範的事例として、「本日訳載した太田宇之助の文章」があると、この社説は指摘している。訳載された太田の評論と「支那通」批判の社説を併載することで、太田宇之助の中国統一援助論をもって、侵略的思考を持つ「支那通」が跋扈するなかにも、太田のように穏健かつ公正な中国分析が日本にはあると喧伝することに、この日の紙面構成の目的はあったものと思われる。

「支那通」と太田を対照させる視点は、一九三七年一月八日の社説「日本対華新認識之呼声[137]」において、より顕著となる。この社説は、「支那通」を、有力政治家（軍閥）の動向に目を奪われ、中国全体の趨勢や中国民衆心理の推移に無頓着であるとして批判しており、その対比として、日本国内で当時流行していた中国再認識論を取り上げている。ただし、中国再認識論そのものを手放しで賞賛したわけではなく、中国の国家建設や国民運動の現状を正確に把握しなければ、新認識論は成立しえないと釘を刺してもいる。

この社説で、唯一手放しで賞賛されたのが太田であった。太田に対する言及は随所にあるが、最も端的な記述を引用する。

> 吾人は〔満洲事変からの〕過去五年来の日本の最大の後退として、輿論の消沈、民力の弱体化に過ぎるものはないと見ている。中日関係が悪化するなか、日本言論界において東亜の大局を善導するに足る公平順正の主張は極めて少なかった。このような状況下で中国国民運動への同情、中国統一の宣揚といった所信を果敢に披露し、始終変わることなかった、朝日記者太田宇之助の存在は我々にとってまさに空谷足音〔孤独を感じているなかで同情者を得た喜び〕であった。[138]

『大公報』においては、日中関係が悪化するなかで唯一の希望として太田は受け止められていたのである。太田も回顧録『生涯』において同社説を引用し、「大きな救いのようなものを感じ、感激を覚えた」と当時の感想を記している。[139]同社説では、太田の中国研究が全般的に取り上げられ、中国に対する偏見にとらわれ独断と希望的観測から中国の現実を直視しない「支那通」一般と一線を画すものとして、太田の中国評論に絶対的な評価を与えている。中国再認識論を論じるなかでも、太田が「数年来〔数載以還〕」にわたりその考えを主張していたのに対し、それ以外の再認識論者は「一九三六年末〔去年底〕」ににわかにそれを論じるようになったと書かれており、太田を「中国新認識論之急先鋒」と評価し、特別な評価を与えている。

ところで、同社説では前に挙げた『東洋経済新報』掲載の座談会「西安事変と支那の前途」における太田の以下の発言が大きく取り上げられている。前後関係を理解するため、直前の発言も引用した上で、『大公報』が引用した箇所には傍線を引いておく。

> 最近の対支認識を再検討して新しく認識をし直すといふことが先決である。所が今の所日本人一般は支那の抗日問題

に捉はれて居る。さうして外交問題だと言へば、直ぐ支那が夷を以て夷を制する政策だとか、英米派がどうとか、親ソ派がどうといふことばかりで上澄の泡見たいなものを追つて議論して居るばかりです。日本が今どういふ地位に立つて居る、支那と日本と根本のフリクシヨンが何処にあるかといふことを日本で考へ直す余裕が出来て居ない。これを考へることが先決問題である。今まで皆さんの言はれたやうに、支那の新しいナシヨナリズムから総てが出発して居ると云ふことを能く認識されて、それが益々支那に強化されつ丶あるといふことを考へれば自ら対支外交の国策が出て来るのぢやないかと思ふ。それには今は言論機関も弱いし、政党も弱い。又識者も弱い。この弱い者が団結して強くなり、支那に対する新しい認識を日本の大衆に持たせることから出発して行くのが一番徹底的な解決策だらうと思ふ。(140)

太田は、中国ナショナリズムの趨勢を正しく把握し、それを基礎として中国との関係を構築すべきだと訴えた。そのための「一番徹底的な解決策」として無力な立場に陥った言論機関、政党、有識者が団結して、日本の民衆に中国に対する認識を改めさせせなくてはならないと主張したのである。

これに対し、『大公報』の社説は引用文(傍線部)の後で、以下の通り続ける。

太田氏のこの言葉はきわめて誠実にして真摯である。しかし、吾人は中国国民運動の経歴から判断すると、〔中国と比較して〕日本の言論界、政党、識者が無力だとは思えない。むしろ、従来の努力不足、勇気と誠意の欠乏を遺憾とする。もし、少数有志が対華新認識の旗を掲げ、誠意と勇気をもって国民に対する公開宣伝を実施したならば、中日関係改造の一大動力は必ず成立するとあえて断言したい。友邦の少数の識者の健闘を望まざるをえない。(141)

これは太田に対する批判ではなくエールと解するべきだろう。努力不足、勇気、誠意の欠乏を詰《なじ》られているのは、太田ではなく、その周囲の言論界と識者であろう。ここからは、『大公報』が一九三七年一月時点で日中関係の改善は、中国再認識論に基づく言論界、識者、政党の協力と宣伝による日本輿論の転換によって実現されると期待していたことが判明する。そしてそのキーパーソンとして捉えていたのが太田だったのである。この記述の後には、中国の国家建設や国民運動の現状を正確に把握してほしいという中国再認識論者一般に対する苦言が続くが、この箇所を含めて、太田に対するエールと解することができる。

先に述べた通り、同社説は中国再認識論を手放しで称賛したものではないが、太田については例外であった。両広事変と西安事変によってにわかに中国に対する認識を改めた日本人は多数いた。そのため、「国民政府の中国統一の趨勢を認める」という総論部分ではある程度共通する再認識論者の間でも中国に対する観察（各論）はさまざまであった。『大公報』は、日本の数ある中国専門家や中国再認識論者のなかで太田のみを高く評価し、太田を引照基準として、日本のその他の中国認識を評価した。『大公報』において、太田は同時代日本の中国認識の理想像であり規範として扱われたのである。

同時期、中国再認識論の代表格である矢内原忠雄もまた『大公報』社説において激賞されているが[142]、太田のように、矢内原を基準として日本批判を行うほどではなかった。

なぜ、太田一人だけがこのような特別の扱いを受けたのか。この点を深く理解するために、一九三七年四月の『大公報』（上海版）に掲載された、太田の評論集『新支那の誕生』（同年二月刊行）の推薦記事を確認したい。その全文は下記の通りである。

日本朝日新聞の名記者太田宇之助氏はかつて中国に長年駐在し、中国革新運動に対し一貫して多大の同情を寄せてきた。近年、中日間の感情が悪化するなか、日本の各言論機関が大勢に順応し、中国を讃美することがなかった。ひとり太田氏のみが、俗論を排し、中国国民革命の進展を積極的に紹介してきた。その認識は正確であり、論調は一貫している。最近、いわゆる対華再認識論が日本で流行しているが、太田氏こそがその先知先覚者であった。氏は最近九・一八事変以来の中国新傾向を紹介した著作を集めた評論集『新支那の誕生』を出版した。該書は早くも我が国においても大好評を博している。虹口の内山書店に入荷しているので、上海でも入手可能である。購入希望者はお早めに同書店に赴かれることをお勧めする。[143]

これまで紹介してきた『大公報』における評論訳載、社説において、なぜ太田一人が高く評価されてきたのか、その理由は右の推薦記事に尽くされているといって過言ではないだろう。

本章第二節において分析した通り、太田の中国統一援助論は、その萌芽を一九三三年一月時点に見出すことができる。中国政治に対する同情は、中国が崩壊段階にあると太田が観察していた時期ですら堅持していたのである。太田は、中国政治の安定と統一強化の進展とともに積極的に統一援助論を唱えるようになり、その初発は他の中国専門家より先行しており、一貫性をも有していた。一方、にわかに再認識論者に転換した大西斎や吉岡文六は、従来対華強硬論者（中国統一懐疑論者）であり、折に触れて中国を侮蔑し、日本の大陸侵略を正当化する言論を発表していた。このような太田の一貫性を『大公報』はよく理解していたのである。

ところで、一九四一年九月に張季鸞は重慶で死去した。同年一二月、太田は、張を悼む評論を『日本評論』誌上に発表している。太田は、張について「久しきに亘って日支両国の将来に就て憂ひを共にして来た謂はば同志」と位置づけ、「支那を完全なる独立国家として完成し、日本と堅く提携して東亜の開放と和平を確保しよう」というのが張の主張であり、「この私も共鳴してゐた」と述べた。以上の内容は、戦争前夜の『大公報』と一致しており、『大公報』からの一方的呼びかけだけではなく、提携が存在したことを示唆している。そして、太田は、重慶陣営において、日本と和平の端緒を作りうるのが張だったと考えていたにもかかわらず、その張が死んでしまったと、その喪失を惜しんでいる。[144] 太田が日中戦争中に張に接触し和平工作を行っていたことについては、第3章第三節で後述する。

2　日中戦争前夜の賞賛と批判

①陳博生と太田

日中戦争前夜の一九三六年に太田を高く評価したのは、『大公報』だけではない。たとえば、早稲田大学在学中以来の友人である陳博生（中央通訊社東京特派員）[145]は、太田を高く評価した人物の一人である。陳は、一九三六年五月より中央通訊社の東京特派員として勤務し、日本の政界、言論界の動向を現地で注視していた。

陳博生は、東京特派員時代に日本語と中国語で日中関係に関する評論を発表していた[146]。その内容は、日本の大陸侵略への批判や日本の政治状況の分析（中国語のものに顕著）などである。陳は、中国の対日政策は、一九三五年以来「相互に主権並に領土を尊重して、平等の立場に於て、国交を調整する方針」であるとして、「一方が他方に犠牲を強いる」ことに反対した[147]。この時期の陳は、日本の穏健な中国通に期待を寄せている点で興味深い。

その活動の成果の一つが、『文藝春秋』一九三六年一二月号に掲載された「日本の支那評論家」という評論である。陳は日本における中国通の問題点と彼らのバイアス（具体的には、①科学的、分析的ではない、②一面的な分析で常に中国の悪いところしか見ない、③視野が狭く長期的視野に欠ける）を指摘した上で、中国通のなかで信用に値する人物を以下の通り列挙している。

> 誤謬の多い支那研究家の間に在って、最もよく支那を理解して居らるゝ人々として、私はまづ元駐支大使有吉明、東洋経済新報の石橋湛山、東京朝日の太田宇之助、中日実業公司の高木陸郎、日本紡績聯合会の船津辰一郎の諸氏を挙げるに躊躇しない[148]。

ここに引用した以外にも、たとえば、大西斎（東京朝日新聞）、半澤玉城（外交時報社長）、吉岡文六（東京日日新聞）、中野正剛（代議士）らも名前が挙がっている。だが、引用文中の五名のように手放しの賞賛ではなく、その対華意見の問題点を指摘したものであった。

この陳の論考は、一九三六年九月三日に『大公報』に掲載された無署名記事「日本的対華国策：従軍事的転向到外交的　従政治的転向到経済的[149]」の論旨と重複する部分が多い。「日本的対華国策」は、当該時期の日本の対華政策を分析したものであるが、両広事変により広東・広西に地盤を持つ西南派が潰滅したことで日本国内に国民政府の統一実現に期待を持つ論者（高木陸郎、十河信次、太田宇之助、石丸藤太）が出現していることを好意的に紹介したものである。「日本的対華国策」は「中央社東京通訊」とされており、かつ、記述と構成が「日本の支那評論家」と重複していることから、中央通迅社東京特派員の陳が執筆したものと推測できる。「日本の支那評論家」と「日本的対華国策」はどちらも、当時の中国評論家の名前が列挙されているが、両稿で重複して好意的に言及されているのは、太田と高木陸郎の二名のみである。

「日本的対華国策」と「日本の支那評論家」の太田に対する言及は同じである。どちらも太田の「支那統一の大業成らんとする」（『日本評論』一九三六年九月号）における「支那の統一なくしては得られないのが東亜の平和である。国内統一が達成しなければ断じて得られないのが支那の和平である。さうして完全な支那の独立なくしては得ることのできないのが真の日支提携である」という文章が引用され、陳により、「感激した」、「頗る公平な達見」、「実に名言である」、「この種の論調は、最近五年間では、全くもって見られなかったもの」といった評価が与えられている。

一九三六年一二月に書かれた「東京六個月[150]」でも、陳は、日中間の国交調整が停頓していることを認めつつも、日本の言論界に中国の民族意識の高まり、国家統一進展に関して認識を新たにする傾向が見られることに期待を寄せている。これは明らかに、一九三七年二月以降の中国統一化論争における中国再認識論を念頭に置いているが、陳の再認識論への注目は三六年九月と早い。一九三七年四月にも、佐藤尚武外相と王《おう》寵《ちょう》恵《けい》外交部長の和協方針に期待を寄せる評論を記している[151]。

このように、陳は日本の穏健な中国通に期待を寄せていた。そして以上の史料から、陳が提携相手として期待したのは太田宇之助だったのであろう。おそらく同時期に東京にいた太田も、陳と交流し、日中関係改善のためにともに奔走していた可能性が高い[152]。

陳博生に関しては、戦中期と戦後の活動を含めてその生涯を詳述する必要がある。そこでここでは論じず、後で補章としてまとめた。この補章により、太田が中国側に一人の「同志」を持っていたことが明らかになろう。

②著作物の訳載とその評価

一九三〇年代において、太田の主要な評論は中国語に翻訳され中国でも読まれていた[153]。太田の言論の訳載は日中戦争中も続くが、主に日本占領下の上海（「孤島」時期の上海租界を含む）、南京、武漢などで刊行された雑誌に掲載された[154]。こうした翻訳活動は民間の雑誌のみならず、国民政府でも行われていた。太田の執筆した、「支那統一と我が対支政策」（『外交時報』第七六二号、一九三六年九月）が、国民政府外交部において抄訳・紹介されており、外交部檔案（公文書）のなかに保存されている[155]。訳者によるコメントでは、「中国統一事業に関する公平な筆致で読むべき価値のある文章」という非常に高い評価を得ている。また、欄外には、「外交部部長・次長の一閲に供すべき」との添え書きがある。当時、外交部において、日本の評論の翻訳は頻繁に行われているが、好意的に紹介されているものは少ない。

ところで、一九三七年二月に刊行された太田の評論集『新支那の誕生』も、中国において反響を呼んだ。先に紹介した『大公報』の推薦記事もその一つである。『新支那の誕生』は、日本での発売から三か月後の五月に中国語版『請看今日之中国』[156]が刊行されている。訳者は、「中国文化教育館」であり、校訂者は「黄杰」なる人物

図５　『請看今日之中国』表紙

であった。いわゆる海賊版である。同書の翻訳のきっかけは、訳者が前述した『大公報』の推薦記事を読んだことだったと、その訳序に掲載されている。この訳序・訳注の詳しい分析はあとで行う。

『復興月刊』（上海：新中国建設学会）に掲載された王行「読『新支那の誕生』後有感」[157]は、『新支那の誕生』の書評である。脱稿日は、一九三七年三月二九日と、『大公報』掲載の推薦記事（同年四月三日）より日付が早い。掲載自体は『大公報』より後になったが、中国人による『新支那の誕生』へのレスポンスとしては、管見の限り最速である。

新中国建設学会は、政学系（中国国民党の政治派閥の一つ）の領袖である黄郛が組織した団体（政学系の結社）であり、『復興月刊』はその機関誌であった[158]。太田は黄郛の死を悼む文章を『復興月刊』に寄せており[159]、外国人で唯一同誌に寄稿した人物でもあった[160]。『復興月刊』の研究者である蔣江艶は、王行を許徳珩（私立北京法商学院教授）の筆名だと判断しているが[161]、その根拠は示されていない。しかし、許徳珩の経歴と専門から、許が日本語を解していたとは考えにくく、太田を取り上げる動機についても疑問がある。筆者は、上記の『復興月刊』寄稿評論に付された太田に対する短評の内容、および署名「如珩」と王行の評論の内容から判断するに、許と同じく『復興月刊』の常連投稿者であった趙如珩《ちょうじょこう》（当時は京都帝国大学経済学部在学[162]）の可能性が最も高いと判断している[163]。

さて、趙如珩（王行）の『新支那の誕生』評の要旨は、日本論壇一般の中国認識への批判である。日本は利己的な観念を捨てなければ、和平・親善を唱えても空虚であり、旧態依然とした中国認識を改め、中国の国家建設の現状を正しく認識しなければならないと、趙は指摘している。日本論壇における例外的「良識派」として太田と水野広徳（反戦・平和を訴えた海軍出身の軍事評論家）を取り上げ、特に太田の言論を高く評価している。脱稿当時（一九三七年三月二九日）に日本国内で流行していた中国再認識論に関して好意的な言及がなされているが、太田宇之助こそがその先駆者であると言及している。これは先に分析した通り、事実である。

趙如珩は王行の筆名で『復興月刊』に太田を評価する評論をこれ以外にも発表している。「成都等事件突発後的日本輿論」[164]において、趙は一九三六年八～九月に発生した排日事件（成都事件、北海事件）の原因と解決方法に関する日本の言論界の動向を分析している。趙は排日事件の原因を国民政府の策動や排日教育に帰し、武力行使も辞さない強硬論（中国膺懲論）を批判した上で、太田の評論「成都事件より北海事件へ」を公平な提言として激賞している。そして、趙は同稿の結論において、「支那の統一なくしては得られないのが東亜の平和である。国内統一が達成しなければ断じて得られないのが支那の和平である。さうして完全な支那の独立なくしては得ることのできないのが真の日支提携である」という太田の文章を引用して結語としている。この文章は、陳博生も引用したものである。『大公報』に見られた、太田を日本の「良識的中国通」として理想化し、太田をもって日本を批判する言論が同時代中国では横行していたのである。誤解を恐れずに言えば、戦争の極力回避を望み、平等の立場での日中関係改善を念願する中国の知識人の一群にとって、太田の中国評論は一縷の希望だったのである。

ただし、太田に対する手放しの賞賛のみが横行していたわけではない。『新支那の誕生』の中国語版『請看今日之中国』では、訳序や訳注において翻訳者による太田評価が行われているが、好意的評価を与える一方で、その限界にも触れている。

訳序は、「日本の有名記者太田宇之助氏は志ある人である。彼は中国政情に対し常に注意と批判を行っているが、中国が光明ある途を歩んでいると認めている」[165]と太田を紹介し、「太田氏は中国に長年住み、かつて二度革命に参加したことがある。当然ながら中国の国情に相当明るい。彼は袁世凱時代から現在までの中国情勢を非常に明快に分析し、純客観的に中国の将来は明るいと判定した[166]」というように太田を賞賛している。だが一方、「太田氏は結局のところ日本人であり、日本の野心家に対する弁護から免れることができない[167]」といった批判も加えている。

この批判は本文中に付された訳注においてより具体的に述べられている。たとえば、「日本は今こそ東亜否世界の大局を見直さねばならぬ。国防上でも経済上でも固く結び合ふために北支に於ける小異などは捨て、日支両国が大同に就くべきことを実践によつて世界に宣言しなければならぬ[168]」との記述に対し、訳注では、「日本人の華北認識には利己心理が横行しており、太田のごとき卓識ですら不明瞭な主張を免れない[169]」との批判がなされている。

また、「支那を完全独立の国家とすることとその平和統一を実現するために好意と援助とを与へ、まとまった一国を全体的に相手とし、最善の隣邦とし、之と経済的に不可離の関係を結ぶやうにしなければならない。支那こそは我国の原料の供給地であると同時に四億半の人民を有して我が無二の市場でなくてはならぬ[170]」との記述に対しては、訳注で「日本人で最も善意あるものの中国観ですらかくのごときものである[171]」と低い評価が与えられている。

訳者によるこうした批判は、日本側の華北共同開発の主張は結局のところ華北侵略の一手段に過ぎず、また、中国を日本にとっての原料供給地かつ市場と見なす経済提携論も結局のところ経済侵略に過ぎないという、抗日民族統一戦線に近い考えに基づいている[172]。そして、「太田のごとき卓識」や「日本人で最も善意あるものの中国観」と最上級の賛辞を与えながら、その太田ですら日本の侵略的国策から自由ではないと訳者は主張している。太田は理想主義的ではあるが既成事実に対し批判せず追認する姿勢を持ち、特に軍部に対する批判を行わなかったことは先に分析した通りであるが、『請看今日之中国』の訳者は、この点を厳しく指摘したのである。

このような賞賛と批判をあわせて分析してみると、日中戦争前夜の中国における太田への評価の特徴が見えてくる。太田を手放しで称賛するのは、国民政府に近い勢力（ないしは、国民政府の中国支配を正当と見なす勢力）であるという事実である。『大公報』は、民間紙であり時に政府を批判することもあったが、国民政府を中国の正統政府と見なし、重慶に首都を移した際にもともに社を移転している。特に、一九三〇年代後半は国民政府を強く擁護するようになった。国営通信社の東京特派員である陳博生もまた国民政府の体制内の人物である。国民党内の政治派閥である政学系（新中国建設学会）に属しのちに維新政府、汪政権に参加する趙如珩もまた、この時期は体制内野党勢力であった。そして、太田に対する批判は中国共産党が推進した抗日民族統一戦線路線に近い勢力によって展開された。太田が国民政府関係者から高く評価されていたという事実は、日中戦争が長期化するなか、一九四〇年七月に支那派遣軍が太田を総司令部嘱託に招聘する一つの背景となっていく。また、太田が戦後、中華民国駐日代表団から汪政権に関与した前歴を不問とされ、代表団の資金援助を受けて衆議院選挙に出馬し、さらには、国府系メディア『中華日報』に関与していく背景とも、なっていくのである。

注

（1）朝日新聞百年史編集委員会編『朝日新聞社史〔大正・昭和戦前編〕』朝日新聞社、一九九五年、三四五頁。
（2）『生涯』一三九頁。
（3）『生涯』一四一～一四六頁。太田宇之助「尾崎秀実の場合」（上～下）『中華日報』一九四九年二月一四～一六日。同「上海時代の尾崎君」『尾崎秀実著作集』第三巻月報、一九七七年。
（4）田中悦子「大阪朝日新聞『上海特電』タイトル（昭和三年十一月末～昭和七年二月初）」『ゾルゲ事件研究』第六号、二〇〇〇年。
（5）たとえば、以下の通り。太田生「新上海時代A　るつぼ怪奇の都／素晴らしいダンスの流行」『大阪朝日新聞』一九二九年一一月五日。同「新上海時代B　盛んな競犬熱／電飾美々しい夜の遊び場／ピストルを放ってやっと命拾ひ／活動写真を地でゆく物騒さ」『大阪朝日新聞』一九二九年一一月六日。同「新上海時代C　無際限に伸びゆくコスモポリタンの首都／人口二百八十万、太平洋岸で第一位、驚くべき未来の発展性」『大阪朝日新聞』一九二九年一一月七日。太田宇之助「世界の夏　上海（上）　暑熱　猟奇　港の人種展覧会　アカシアの陰に、露国女の眼」『東京朝日新聞』一九三一年八月四日。同「世界の夏　上海（下）　夜を領する毒の花　浮浪群　北四川路方面の歓楽区」『東京朝日新聞』一九三一年八月五日。
(6)「新国民政府診断／九日広東にて太田特派員／天下を取れば政府は南京へ／武力を排し宣伝戦で／首領株の汪氏と語る」『大阪朝日新聞』一九三一年六月一一日（夕刊）。「『蔣の打倒が第一の仕事』『漢口時代とは違ふ』といふ陳友仁氏の外交辯」『大阪朝日新聞』一九三一年六月一二日。
(7) 第一次上海事変については、髙綱博文「上海事変と日本人居留民」（同『「国際都市」上海のなかの日本人』研文出版、二〇〇九年）、影山好一郎『第一次上海事変の研究――軍事的勝利から外交破綻の序曲へ』錦正社、二〇一九年を参照。
(8) 太田宇之助「《日支交戦の思ひ出》上海事変」『ラヂオ講演講座』第一四輯（一九三七年九月）。
(9)『生涯』においても第一次上海事変の思い出を語っている（『生涯』一四九～一五三頁）。
(10) 前掲、『朝日新聞社史〔大正・昭和戦前編〕』、三八八頁。
(11) 同右。
(12)『生涯』一五二頁。
(13)『生涯』一五五頁。
(14)「汪兆銘と語る／円卓会議は反対　解決は直接交渉／事変後初めての会見談／一五日南京にて　太田特派員発」『大阪朝日新聞』一九三二年六月一六日。
(15) 緒方については、栗田直樹『緒方竹虎――情報組織の主宰者』吉川弘文館、一九九六年を参照。
(16)『生涯』一一〇頁。
(17) 以上、前掲、栗田『緒方竹虎』、九四～九五頁。および、土屋礼子「毎日・朝日の二大新聞社における『東亜』の組織と記者たち」『Intelligence』第一五号、二〇一五年、一一九～一二〇頁を参照。
(18) 緒方竹虎述『明治末期から太平洋戦争まで』朝日新聞社史編修室、一九五一年、四六～四七頁。
(19)『生涯』一五八～一五九頁。
(20)『生涯』一六一頁。
(21)『生涯』一六五頁。

(22) 西村成雄「『中国統一化』論争の一側面」『歴史学研究』第三九一号、一九七二年。小林文男「戦前日本知識人の中国認識――日中戦争をめぐる矢内原忠雄の対応を中心に」阿部洋編『日中関係と文化摩擦アジア研究』巌南堂書店、一九八二年。米谷匡史「戦時期日本の社会思想――現代化と戦時変革」『思想』第八八二号、一九九七年。
(23) 太田宇之助「支那の時局と日支関係」『大阪朝日新聞』一九三二年一月一七～一九日。
(24) 太田宇之助「国民政府は苦悶する」『東京朝日新聞』一九三二年九月一四～一五日。
(25) 太田宇之助「日支満関係の調整を策せ」『外交時報』第六七四号(一九三三年一月一日)。
(26) この主張は、太田宇之助「支那の改造に国際協力の急務」『東洋』一九三三年四月号でも繰り返される。
(27) 太田宇之助「抗日は続く」『外交時報』六七九号、一九三三年三月一五日。
(28) 太田宇之助「蔣介石の独裁果たして成るか」『世界知識』一九三四年九月号。
(29) 太田宇之助「支那の政治的趨向」『支那』一九三三年五月号。同「廬山会議と北支政権の将来」『大亜細亜主義』一九三四年九月号。
(30) 太田宇之助「内省に向へる支那」『外交時報』第七〇三号、一九三四年三月一五日。
(31) 太田宇之助「廬山会議以後」『大亜細亜主義』一九三三年一〇月号においても、廬山会議が経済財政問題に集中したことを歓迎している。
(32) 前掲、太田「内省に向へる支那」。
(33) 太田宇之助「支那の統一を助けよ」『外交時報』第七二五号、一九三五年二月一五日。
(34) 「日支関係の調整に果然、第一石を投ず／蔣汪両巨頭時を同じうして鈴木・有吉と画期的会談」『東京朝日新聞』一九三五年一月三〇日。
(35) 「不脅威不侵略の原則隣接各国にも適用／広田外相の外交演説」『東京朝日新聞』一九三五年一月二三日(夕刊)。
(36) 「日支提携の根本策／蔣介石氏抱負を語る／本社特派員廬山で会見」『東京朝日新聞』一九三五年二月一七日。
(37) 社説「蔣氏の対内警告」『東京朝日新聞』一九三五年二月三日。社説「日支の経済的提携」『東京朝日新聞』一九三五年二月一六日。社説「日支関係の漸進的好転」『東京朝日新聞』一九三五年二月二三日。
(38) たとえば、下記の通り。「蔣氏の態度に毫も疑ひを持たず／広田外相所信を披露」『東京朝日新聞』一九三五年二月二一日。「大使館昇格も促進／支那側一般の期待」同上同日。「日支の提携は着々具体化せん／有吉公使語る」同上同日。「日支実質的提携へ／国民政府決意す／我が態度好評嘖々」『東京朝日新聞』一九三五年二月二五日。「蔣介石氏近く全国に通電／汪兆銘氏の声明を支持して親日策を大胆に表明」『東京朝日新聞』一九三五年二月二七日。「日支提携具体化／国民政府の第一歩／排日運動を厳禁す／約法に基き取締り訓令」『東京朝日新聞』一九三五年二月二八日。「日支提携成らずば後世物笑ひの種／西南派にも近く呼びかける／広田外相決意を披瀝」『東京朝日新聞』一九三五年三月二日。「日支提携具現に不断の努力要望／有吉公使汪氏を激励す」『東京朝日新聞』一九三五年三月八日。「党部内の異動断行／排日教科書禁止／日支提携の具体化へ」『東京朝日新聞』一九三五年三月八日。

(39)『〝親日〟支那を暴く――日支提携はどうなる?』大阪毎日新聞社・東京日日新聞社、一九三五年。

(40) 太田宇之助「日支提携の進展／英米に衝撃を与ふ／親日転向の真相」『東京朝日新聞』一九三五年三月一〇日（夕刊）。

(41) 太田宇之助「日支調整より提携へ」『支那』一九三五年三月号。

(42) 太田宇之助「支那統一工作の進展」『東洋』一九三五年六月号。

(43) 太田宇之助「日支提携と対支経済援助」『大亜細亜主義』一九三五年四月号、三〇頁。

(44) 以上、華北分離工作については、内田尚孝『華北事変の研究――塘沽停戦協定と華北危機下の日中関係 一九三二～一九三五年』汲古書院、二〇〇六年を参照。

(45) 鹿錫俊「満洲事変と日中紛争」川島真・服部龍二編『東アジア国際政治史』名古屋大学出版会、二〇〇七年、一四七頁。

(46) 太田宇之助「北支政権の行衛」『改造』一九三五年九月号。

(47) 太田宇之助「日支経済関係の進路」『外交時報』第七四〇号、一九三五年一〇月一五日。

(48) 太田宇之助「北支那よ、何処へ行く」『日本評論』一九三五年一二月号。

(49) 前掲、太田「日支経済関係の進路」、八八頁。

(50)「全支時局の視察調査／四社員を特派　北支、中支、南支へ」『東京朝日新聞』一九三五年一二月一五日。

(51) 朝日新聞社編『現地に支那を視る』朝日新聞社、一九三六年。

(52) 新生活運動については、段瑞聡『蔣介石と新生活運動』慶應義塾大学出版会、二〇〇六年を参照。

(53) 太田のレポートは「中支新情勢打診」全四回として、一九三六年一月一五、一七～一九日の『東京朝日新聞』に掲載された。その後『現地に支那を視る』に収録。

(54)「本社中支特派員第一報／蔣介石氏と語る／日支親善達成には、相互の努力を要す　蔣氏、具体的明答を避く」『東京朝日新聞』一九三五年一二月二四日。「本社中支特派員第二報／対日外交根本策、張氏真意を吐く／懸案解決の基礎は、互信互譲に出発す！　不平等条約の率先撤廃など、日支親善に最も有効」『東京朝日新聞』一九三五年一二月二五日。「支那新幣制の柱石　孔財政部長と語る　日支の信義協力を力説　上海にて太田、今井両特派員」『東京朝日新聞』一九三五年一二月二九日。

(55)「中支新情勢打診（四）／皇道外交実践こそ、対支政策の根幹　新な光を求むる支那／本社視察員太田宇之助」『東京朝日新聞』一九三六年一月一九日。

(56) 太田宇之助「最近の中部支那に就て」『支那』一九三六年三月号、三二頁。

(57)「中支新情勢打診（三）／親日の旗蔭に『焦土外交』の決意　外交二立役者と語る／本社視察員太田宇之助」『東京朝日新聞』一九三六年一月一八日。

(58) 前掲、太田「最近の中部支那に就て」、三二頁。

(59) 太田宇之助「日支不侵略協定の再検討」『外交時報』第七五〇号、一九三五年三月一日、一〇四頁。

(60) 前掲、太田「最近の中部支那に就て」、三六頁。

(61) 前掲、太田「日支不侵略協定の再検討」。

(62) 太田宇之助「支那統一と我が対支政策」『外交時報』第七六二号、一九三六年九月一日。

(63) 同右。

(64) 同右。

(65) 太田宇之助「支那統一の大業成らんとす」『日本評論』一九三六年九月号。前掲、太田「支那統一と我が対支政策」。

(66) 太田宇之助「対支政策に関する主張」『東洋』一九三六年八月号。

(67) 太田宇之助「成都事件より北海事件へ」『日本評論』一九三六年一〇月号

(68) 太田宇之助『新支那を説く』第百書房、一九三六年。

(69) 太田宇之助「日支交渉の前途」『支那』一九三六年一一月号。

(70) 太田宇之助「西安事変以後」『日本評論』一九三七年二月号。

(71) 太田宇之助「風雲児・張学良」『中央公論』一九三七年一月号。

(72) 尾崎秀実「張学良クーデターの意義――支那社会の内部矛盾の爆発」『中央公論』一九三七年一月号。

(73) 尾瀬介人「支那通メンタル・テスト――学良事件をめぐつて」『日本評論』一九三七年二月号。

(74) 座談会「西安事変と支那の前途――我対支政策の転換を語る」（一九三六年一二月一五日開催）『東洋経済新報』第一七四〇号、一九三七年一月。
(75) 太田宇之助『新支那の誕生』日本評論社、一九三七年。
(76) 太田宇之助「日支関係調整の新段階」『支那』一九三七年二月号。
(77) 「支那の新認識を語る座談会」『日本評論』一九三七年四月号。
(78) 太田宇之助「支那は容共か防共か」『国際知識及評論』一九三七年四月号。
(79) 太田宇之助「新発足点に立てる支那」『東洋』一九三七年四月号。
(80) 太田宇之助「広田の登場と挙国一致外交」『中央公論』一九三七年七月号
(81) 同右、一一四頁。
(82) 太田宇之助「広田新外相と対支政策」『外交時報』第六九四号、一九三三年一一月一日。
(83) 前掲、太田「広田の登場と挙国一致外交」、一一三頁。
(84) 太田宇之助「支那より帰りて」『朝日民衆講座第七輯　済南事変の真相』東京・大阪朝日新聞社、一九二八年、一三～一四頁。
(85) 同右、一四～一五頁。
(86) 無関心「極東人物　太田宇之助氏」『北京週報』第一九八号、一九二六年二月二八日。
(87) 同右。
(88) 太田宇之助「新支那認識への道」『中央公論』一九三八年一一月号。
(89) 尾崎が名指ししていたのが矢内原だったため、「中国再認識論」とするのが妥当かとも考えたが、本書は太田宇之助に関する研究であるため、太田の用語である「中国統一援助論」を採用した。従来、「中国統一援助論」は、「中国再認識論」の呼称により、矢内原忠雄や佐藤尚武をもって説明されてきた。だが、両名は中国専門家ではなく、かつ、西安事変を契機とした短期間の主張に過ぎず、代表者として適任とは言えない。そもそも、太田の「中国統一援助論」は矢内原・佐藤より早く、かつ一貫していた。再認識論は一九三六年一二月の西安事変により、中国統一の可能性を「にわかに再認識」したというニュアンスがある。それより数年前より一貫して同等の主張を行っていた太田を再認識論の語で呼称するのは適当ではない。
(90) 当該時期の日中経済提携に関しては、矢野真太郎「華北分離工作以後の日中『経済提携』――日本側アクターの構想を中心に」『東アジア近代史』第二四号、二〇二〇年を参照。
(91) 尾崎秀実「支那論の貧困と事変の認識」(『尾崎秀実著作集』第二巻、勁草書房、一九七七年)。もとは『セルパン』一九三七年一〇月号に掲載。
(92) 大西斎「絶望的支那」『外交時報』第六五六号、一九三二年四月一日。同「満洲国を繞って」『外交時報』第六六六号、一九三二年七月一日。
(93) 大西斎「対日支那政情」『外交時報』第六八一号、一九三三年四月一五日。同「動乱支那の暴露」『国際知識』一九三三年五月号。
(94) 橋本浩一『福建人民革命政府の研究』汲古書院、二〇二二年。
(95) 大西斎「支那の内乱行進」『経済往来』一九三四年一月号。同「福建独立と西南の情勢」『東亜』一九三四年一月号。同「国民政府の落勢」『外交時報』第六九八号、一九三四年一月。
(96) 大西斎「対日転向の検討」『外交時報』第七三三号、一九三五年六月一五日。
(97) 大西斎「北支事件と南京政府」『改造』一九三五年七月号。同「北支問題の新展開」『大亜細亜主義』一九三五年一一月号。同「北支問題を繞る日支関係」『ダイヤモンド』一九三五年一二月一日号。
(98) 大西斎「日支国交の今明日――成都北海両事件を繞りて」『中央公論』一九三六年一〇月号など。
(99) 大西斎「調整か破綻か――押詰つた日支関係」『外交時報』第七六六号、一九三六年一一月一日。
(100) 大西斎「西安事件と支那の前途」『改造』一九三七年一月号(一九三六年一二月一三日脱稿)。
(101) 渋谷敦『無冠の帝王――ある新聞人の生涯』清風書房、一九六八年は吉岡についての唯一の評伝である。また、東京日日新聞社における中国専門記者の後輩である田中香苗の回顧録には吉岡に関する記述が豊富で参考になる(田中香苗回顧録刊行会『回顧　田中香苗』田中香苗回顧録刊行会、一九八七年)。さらに、島田大輔「日中戦争期における吉岡文六(東京日日新聞)の中国認識――蔣介石観を中心に」『東洋学報』第一〇六巻第二号、二〇二四年は、吉岡の中国論を分析したほぼ唯一の研究である。
(102) 吉岡文六「蔣介石の対日転向批判」『世界知識』一九三五年三月号、同「日支関係論」『東洋』一九三七年六月号など。
(103) 前掲、太田「支那統一と我が対支政策」などが代表的である。
(104) 「端的に言へば日本では蔣介石の転向を非常に善意に解釈して居る。鼻の下の長い亭主が浮気して逃げた女房が、金はなくなる、情夫には捨てられる、行きどころもなくなつて、亭主の甘さにつけ込んで帰つて来たのを、宛も過去を清算し婦道の本来に帰つたが如く考へて人道的に悦ぶが如きものであつた。本人はそれでよろしい、だが傍で見て居たら見られた態ではないのである。この亭主に似たところが当時の日本の対南京政府態度にはあつた。頼まれもしないのに、『支那統一を援助せよ』『経済援助』『借款』曰く何、曰く何、自分の実力も顧みずして、空疎な義侠心に力み立つてゐたといふ始末である」(吉岡文六「蔣介石と南京政府の転向問題」『経済知識』一九三五年四月号)。

(105) 吉岡文六『蔣介石と現代支那』東白堂書房、一九三六年と太田宇之助『新支那の誕生』日本評論社、一九三七年は、出版年は違うが、収録された著作は、ともに満洲事変後から一九三六年頃までの時期に雑誌に発表されたものである。

(106) この点で吉岡の考え方は、鹿錫俊の指摘する、当時の対中認識主流のロジックに完全に当てはまる(前掲、鹿「満洲事変と日中紛争」、一四七頁)。

(107) たとえば、吉岡文六「蔣介石政権の強化」『国際知識』第一六巻第九号、一九三六年九月、同「蔣介石政権の再検討」『支那』一九三六年九月など。

(108) 吉岡文六「西安事件と蔣政権」『外交時報』第七七一号、一九三七年一月一五日、同「蔣政権の確立と浙江財閥」『支那』一九三七年三月など。

(109) 吉岡文六「蔣介石政権の回顧と西安事件」(一九三六年一二月一三日脱稿)『支那』一九三七年一月号。

(110) 吉岡文六「西安事変と支那の将来に就て」(一九三六年一二月一八日講演)『東亜パンフレット』第二号、東亜会、一九三六年。

(111) 吉岡文六「日支関係論」『東洋』一九三七年六月号。

(112) 吉岡文六「蔣介石政権はどうなる」『支那』一九三七年一一月号、同「漢口陥落後の日本はどう出るか」『東日時局情報』第二巻第九号、一九三八年九月、同「抗日新体制と広東攻略」『改造』一九三八年一一月号など。

(113) 西村成雄「『中国統一化』論争の一側面」『歴史学研究』第三九一号、一九七二年。前掲、小林「戦前日本知識人の中国認識」、前掲、米谷「戦時期日本の社会思想」。

(114) 同右。

(115) 前掲、太田「支那は防共か容共か」では、西安事変の解決の過程で国民党が容共に転じたというニュースを事実無根として否定し、防共の点で日中が提携すべきだと訴えた。

(116) 尾崎秀実「日支経済提携批判」『改造』一九三七年五月号。
(117) 同評論における尾崎の批判の眼目は、抗日民族運動および列強（特に英国）の反発に無頓着という点にある。
(118) 太田ら中国専門記者が一九三六年九月時点で中国統一を主張していた点で、西安事変を契機として中国再認識論を唱えるようになった評論家に先行していたという事実自体は、西村成雄が指摘している（西村成雄「日中戦争前夜の中国分析――『再認識論』と『統一化論争』」『岩波講座「帝国」日本の学知　第三巻　東洋学の磁場』岩波書店、二〇〇六年、三〇三頁）。ただし、一九三六年九月の太田の評論一本のみが分析されているだけで、前後の時期の論調までは精査していない。
(119) 矢内原の一九三七年の日記は『矢内原忠雄全集』（第二八巻、岩波書店、一九六五年）に、矢内原の中国関係論文は、『矢内原忠雄全集』第五巻、および、第一八巻にそれぞれ収録されている。一九三七年前後の時期の中国関係論文の一覧は、前掲、小林「戦前日本知識人の中国認識」、二二〇頁にある。
(120) 「矢内原忠雄日記」一九三七年一月五日条（前掲、『矢内原忠雄全集』第二八巻）。
(121) 前掲、小林「戦前日本知識人の中国認識」の注32を参照。
(122) 『生涯』一六五～一六六頁。
(123) 王潤沢『張季鸞与「大公報」』北京：中華書局、二〇〇八年。張継木『張季鸞抗戦言論研究』武漢：華中師範大学出版社、二〇一四年、兪凡『新記《大公報》再研究』北京：中国社会科学出版社、二〇一六年、呉廷俊『《大公報》全史　一九〇二―一九四九』全五冊、上海：復旦大学出版社、二〇二三年など。
(124) 中村元哉「国民党政権と南京・重慶『中央日報』――戦時から戦後にかけての自立化傾向」（波多野澄雄・久保亨・中村元哉編『日中終戦と戦後アジアへの展望』慶応義塾大学出版会、二〇一七年）、一五九～一六〇頁。
(125) 前掲、王『張季鸞与「大公報」』、一二三～一二九頁。
(126) 『生涯』一六四頁。
(127) 太田宇之助「張季鸞の死」『日本評論』一九四〇年一一月号。
(128) 「日記者目中之 武漢現象」『大公報』（天津）一九二六年一二月二八年。「党政府与日喪」『大公報』（天津）一九二七年一月三日。「東報所伝 党軍之対日政策」『大公報』（天津）一九二七年一月二七日。
(129) 「蒋介石談時局与馮閻関係良好馮刻無入北京事」『大公報』（天津）一九二八年六月一九日。
(130) 「汪精衛之対日意見 解決中日間懸案為多年之願望 両国問応確立共同遵守之原則 直接交渉不妨与国際会議並行」『大公報』

（天津）一九三一年六月二二日。
(131)「日本名記者帰国／太田宇之助君昨晨自京啓行」『大公報』（天津）一九二八年四月三日。
(132)張熾章から太田宇之助宛書簡、一九二八年三月二八日、「太田宇之助関係文書」020401-00660（日本新聞博物館蔵）。
(133)「日本名記者対中日現局発表討論／中国能完成統一則中日紛争消滅」『大公報』（天津）一九三六年九月二九日。
(134)前掲、太田「成都事件より北海事件へ」。
(135)「日本名記者発表／調整中日国交論／主張援助中国之統一／大可注目的一種趨向」『大公報』（上海）一九三六年八月一四日。
(136)社評「日本之対華観念」『大公報』（上海）一九三六年八月一四日。
(137)社評「日本対華新認識之呼声」『大公報』（上海）一九三七年一月八日。
(138)同右。
(139)『生涯』一六四頁。
(140)前掲、座談会「西安事変と支那の前途」一二六頁。
(141)前掲、社評「日本対華新認識之呼声」。
(142)社評「日本人士対華新認識」『大公報』（上海）一九三七年二月九日。
(143)「日本名記者太田宇之助新著『新支那之誕生』一貫的対華同情論」『大公報』（上海）一九三七年四月三日。
(144)前掲、太田「張季鸞の死」。
(145)陳博生の事跡は、葉明勲・黄雪邨「追憶陳博生先生」『伝記文学』第三九巻第一期（一九八一年七月）、林徴祁「陳博生」『中華民国名人伝』第七冊、近代中国出版社（一九八八年六月）、葉明勲『記陳博生先生』財団法人大同文化基金会（一九九一年一一月）、軍事委員会侍従室檔案「陳博生」（国史館蔵）などが参考になる。
(146)中国語のものとして、陳博生「東京六個月」『国聞周報』（天津）第一四巻第三期（一九三六年一二月一一日）、陳博生「日本近事」『憲兵雑誌』（南京）第四巻第一二期（一九三七年五月）。
(147)陳博生「汪兆銘と今後の中日関係」『日本評論』一九三七年二月号。
(148)陳博生「日本の支那評論家」『文藝春秋』一九三六年一二月号、一八三頁。
(149)「日本的対華国策：従軍事的転向到外交的　従政治的転向到経済的」『大公報』（天津）一九三六年九月三日。

(150) 前掲、陳「東京六個月」。
(151) 陳博生「王寵恵氏と日華両国の前途」『日本評論』一九三七年四月号。
(152) 太田と陳の協働は、史料的には十分跡づけられていない。しかし、現在、横浜開港資料館において整理中の一九三七年以前の「太田宇之助日記」が利用可能になれば、おそらく実証が可能になると展望している。
(153) 中国語訳にあたって訳者のコメントがついているものは本節で分析するが、コメントのついていないものもあった。たとえば、以下の通り。太田宇之助（東帆訳）「日本対中国応有之外交政策」『外交月報』（北京）第三巻第六期、一九三三年一二月。同（紫暾訳）「外論介紹：近衛外交的検討」『国聞周報』（上海）第一四巻第二七期、一九三七年七月。
(154) たとえば、以下の通り。太田宇之助（胡敬恒訳）「汪兆銘論」『時代文選』（上海）第二期、一九三九年四月。同（魯霊光訳）「処理事変之最高目標」『新世紀』（上海）第一〇期、一九三九年一一月。同（仲韜摘訳）「中日合作諸問題：（四）新政府和日本」『中報周刊』（南京）創刊号、一九四〇年五月。同（孫振訳）「新中央政府之推進力」『貫通雑誌』（南京）第一巻第二期（一九四〇年一月）。同（陳藹士訳）「解決中日事変与強化国民政府」『国際両周報』（上海）第三巻第九期、一九四二年七月。同（克林訳）「張季鸞之死」『両儀』（武漢）第二巻第二期、一九四二年二月。
(155) 国民政府外交部檔案「日本対華政策」中央研究院近代史研究所檔案館蔵。
(156) 太田宇之助・中国文化教育館訳『請看今日之中国』上海：中庸書店、一九三七年。
(157) 王行「読『新支那の誕生』後有感」『復興月刊』上海：新中国建設学会、第五巻第八期、一九三七年四月。
(158) 蔣江艶「『復興月刊』民族復興思想研究——以政治活語為中心」長沙：湖南師範大学博士学位論文、二〇一四年の第一章を参照。
(159) 太田宇之助「追懐黄先生」『復興月刊』上海：新中国建設学会、第五巻第九期、一九三七年五月。
(160) 前掲、蔣「『復興月刊』民族復興思想研究」の「《附表》一九三二—一九三七年『復興月刊』作者情況列表」を参照。
(161) 同右。
(162) 趙如珩は一九〇八年生まれ（没年不詳）。江蘇省宝山県出身。趙正平（『復興月刊』主編。汪政権の教育部部長）の甥。一九二九年頃より汪の改組派の一員として活動し、上海中央日報社編輯助手、青島特別市教育局編審室主任、江蘇省地方自治委員会専門委員などを歴任後、一九三五年から三八年の間、京都帝国大学経済学部に留学した。卒業後帰国し、維新政府と汪政権に参加し教育部高等教育司科長（維新政府）、教育部社会教育司司長（汪政権）などを務めた。以上は、牧沢伊平「趙如珩氏と語る」（『青年教師』一九四一年三月号、六～一三頁）、および牧沢伊平「著者略歴」（趙如珩『中国教育十年』大紘書院、一九四三年、二四三～二四五頁）を参照した。
(163) 筆者が王行を趙如珩と判断した根拠は以下の四点である。第一に、王行は名前末尾の「珩」を分解したものである。第二に、『復興月刊』に掲載された太田宇之助の評論（前掲、「追懐黄先生」）に付された訳序に「如珩」の署名がありその訳序の内容は王行の評論（前掲、「読『新支那の誕生』後有感」）と内容が一致している。第三に、『復興月刊』掲載の「王行」の評論の一つに、「一九三六六三於京都北白川畔」との所在情報（王行「日本現行租税制度的研究」『復興月刊』第四巻 第一二期、一九三六年八月）がある。趙如珩は当時京都大学経済学部に留学していたので、この住所は王行が趙である有力な論拠である。第四に、王行の評論は日本の国内動向（政治・論壇）の紹介（日本の新聞などからの翻訳）が多く、これは著者が日本在住であれば合点がいく（許徳珩にはこうした内容を書くのは困難だったであろう）。太田の評論集に対するレスポンスの早さもこれで説明できる。なお、太田は戦後趙との関係を回想している（太田宇之助「中国人留学生交情記　喜泣の旅」『野性時代』一九八〇年九月号）。
(164) 王行「成都等事件突発後的日本輿論」『復興月刊』上海：新中国建設学会、第五巻第三期、一九三六年一一月。
(165) 前掲、太田・中国文化教育館訳『請看今日之中国』、譯校導言一頁。
(166) 同右、一～二頁。
(167) 同右、二頁。
(168) 前掲、太田『新支那の誕生』、六七～六八頁。
(169) 前掲、太田・中国文化教育館訳『請看今日之中国』、四八頁。
(170) 前掲、太田『新支那の誕生』、五二頁。
(171) 前掲、太田・中国文化教育館訳『請看今日之中国』、二一～七頁。
(172) これは、中国抗日団体の再認識論批判と同様のロジックである。前掲、西村「『中国統一化』論争の一側面」、二八～三一頁。

第3章　日中戦争期における陸軍・汪兆銘政権への協力の実相

第一節　日中戦争期の中国認識の変遷

1　日中戦争への初期の反応

満洲事変以降、太田は、中国統一の主体として国民政府に期待し、これに対する統一援助を持論とする言論活動を行ってきた。しかし、一九三七年七月七日の盧溝橋事件は、太田の言論活動を根底から揺るがす大事件であった。

七月七日未明に北平（北京）郊外で発生した盧溝橋事件は、日中双方が事態の収拾を模索するも実を結ばず、日中全面戦争へと拡大した。同年一二月に首都南京が陥落し、翌三八年一月に第一次近衛声明が発せられた後に、日本軍は三八年一〇月に武漢を占領した。だが、重慶に政府を移転した国民政府（重慶政権）の抗戦は続き、戦争は持久戦へ移行した[1]。

回想によれば、盧溝橋事件の報を聞いた時の太田の第一印象は、「自分の一生は終わった」、「中国問題を生涯の仕事とする彼〔太田〕の仕事は終わったのだ」といった絶望であった。一九三〇年代の国家建設事業を通じて培われた国民党軍の抗戦力は強固であり、たとえ敗れても屈伏しないだろうと太田は推測し、泥沼の戦争のなかで「自分のようなものは存在し得ない」と考えていた[2]。これは、日中間の提携を模索してきた太田だからこその感慨だといえよう。これは回顧録の記述であるが、終戦時の日記にも同様の言辞を残している[3]。

一九三七年八月の評論を紐解いても、以下の表現が出てくる。

北平郊外の盧溝橋に事件勃発の最初のニュースに接した時、筆者の頭にピイーンと来たのは奉天郊外の柳条溝の名だ。〔中略〕柳条溝に於ける支那軍の満鉄鉄路破壊事件が満洲事変の導火線を為したやうに、盧溝橋に於て支那兵から発せられた銃声が北支一帯に引いては全支的に、ことによってはもっと大きな国際時局にまで発展するかも知れないところの導火線となりはしないかといふ直感が走ったからであろう[4]。

このように太田は、盧溝橋事件の報を聞き、日中全面戦争、そしてそれ以上の世界戦争への拡大を予感したのである。直前まで戦争抑止のための中国統一援助論を展開していた太田にとって、日中全面戦争の勃発はそれまでの努力を水泡に帰す大事件であった。

盧溝橋事件発生直後の太田は、中国国民政府の中央集権の強固さや指導者蔣介石の政治力を解説し、その抗戦力の高さと戦争の長期化を予測した。事変後最初に書かれたと思われる評論「北支事変の背景」では、事変の背景となる日中関係悪化を説明した上で、平和的収拾の必要性を述べて締め括っている[5]。続いて発表した評論「支那中央集権の現段階」では確固たる中央集権化を達成するまでの南京国民政府の歩みを回顧し、「我等は仮令現実の支那を買ひ被ることがあつても決して過少に評価してはならない」と中国を侮ることを戒めた(6)。「財政上から観た支那の実力」においても、国民政府の財政力を総覧した上で、中央財政は不健全なものの、長期の内乱と財政紊乱《ぶんらん》のなかで独特のやり繰り方法を確立しているため長期抗戦が可能であり、見くびるのは禁物であると述べている(7)。このように、当時の評論を見ていくと、好戦的な傾向が高まる当時の言論界に比して、消極的ないしは冷静な筆致が見て取れる。

一九三七年一〇月には、「支那は永遠の敵か」という評論を書いている(8)。同稿は「支那は本当に日本の敵であるか、日支両国は永久の仇同志であるのか」という主題を扱ったものである。タイトルは雑誌編集者の指定であったものの(9)、日中戦争初期の太田を知る上で重要な評論であるため、その論旨を詳しく説明したい。第一に、日中関係は「共存共栄」ではなく「共存共亡」であり、中国が衰えれば日本も衰亡するし、中国が統一強固な政権を築くことこそが日本にとっても利益となると説いた。第二に、中国分割論に反対し、「支那が一国にまとまって強くなり栄えることが自然であり支那国民の幸福であると同時に日本の利益となり東洋の平和の基礎となるものです」と説いた。第三に、真の敵は中国共産党であるとして、国民政府が「反省」した上で日中の提携のもと中国共産党を討伐すべきだと説いた。要するに、中国共産党こそが真の敵であり、国民政府は永遠の敵ではなく、その「反省」を求めた後、国民政府の統一された国土を承認し、日中提携を求めていくべきとしたのである。国民政府の「反省」という言葉を使いながらも、日本の譲歩による終戦を強く求めた主張であることに注意したい。これは、戦前期の中国統一援助論が日中戦争という状況で翻案されたものと見ることができる。なお、中国共産党をあくまで敵視する姿勢は、この後の太田の日中戦争観に引き継がれていく。

こうした立場に立つ太田にとって、一九三八年一月一六日の第一次近衛声明は、日中戦争の早期収拾を断念させるものであった。この声明は、ドイツの駐華大使オスカー・トラウトマンを仲介として行われていた和平交渉（トラウトマン工作）を断念した結果出された公的声明であり、「帝国政府ハ爾後国民政府ヲ対手トセズ、帝国ト真ニ提携スルニ足ル新興支那政権ノ成立発展ヲ期待シ、是ト両国国交ヲ調整シ更生新支那ノ建設ニ協力セントス」との文言で知られる通り、国民政府との絶交を宣言したものであった。太田はこの声明について、評論「覚悟はよいか！」において、「この声明で彼とは再び仲直りはしない、永劫に敵としてこれが絶滅をはかることになったことを意味する」と解説している。前年まで中国国民政府は永遠の敵ではないと説いていた太田が、「永劫に敵としてこれが絶滅をはかることになった」と説かざるをえなくなった苦衷は察するに余りある。当該時期の日記公開のあかつきにはより解像度の高い分析ができるであろう。ともあれこの「覚悟はよいか！」で太田は、第一次近衛声明を既成事実として受け入れており、直接的批判は行っていない。ただし、声明が生起する影響（数十年にわたる長期戦とその国民的負担）について滔々と解説し、事実上の批判を行っている。第一次近衛声明が出た以上、戦争の終結は、日本軍が国民政府を完全占領するか、同政府の内部崩壊によるかのいずれかしかないが、前者はありえず、かといって、国民政府の内部崩壊もありえない。かつ、北京に成立した中華民国臨時政府（一九三七年一二月に日本陸軍が作った対日協力政権）にも期待は寄せられないと太田は見ていた。南京政府崩壊論を否定し、対日協力政権にも期待を寄せていない。仮に国民政府が屈服し、新政権が中国を掌握しても、ゲリラとなった中国共産党との戦いは延々と続くだろうとして、ここでも中国共産党脅威論を述べている。そして、先行きがまったく見えなくなった果てしない長期戦（太田は「恐らく我々の時代には平和を見ることなしに終るかもしれない」と戦争が数十年にわたる可能性を匂わせている）に対して、国民一般の認識が甘いことを指摘し、国民に犠牲の覚悟はどこまであるのかと問いかけたのである。[10]

しかし、これ以降、一九三八年末まで太田は事態の解説に留め、盧溝橋事件以前に盛んに行っていた意見表明をしなくなっていく。とはいえ、国共関係に関しては、国共合作のもとでの共産党勢力の伸張、国共関係の不和の兆し、将来赤化した中国と終わりなき戦争を戦うことへの危惧を述べている。[11] このように中国共産党が国共合作下で勢力を拡大し、最終的に中国の政権を掌握する危険性にたびたび警鐘を鳴らした点は注目すべきであろう。

この点、中国共産党に期待を寄せた尾崎秀実らマルキストとはまったく異なる論点であった。

その一方で、時局的な文言（「暴支膺懲」など）やロジック（「対支一撃論」など）に与することはなかった。座談会に出席してもほとんど発言せず、また、南京陥落に前後して樹立された対日協力政権（中華民国臨時および維新政府）についても積極的に論じることはしなかった。これは先に引用した回想の通り、日中全面戦争の勃発に強い衝撃を受けたためであると考えられる。ただし、一九三八年一二月の汪兆銘の重慶脱出後、および第二次近衛声明の発出以降は、汪兆銘の和平運動と政権樹立運動に対し積極的に意見を表明するようになる。

2　汪兆銘の重慶脱出以後の太田の言論

一九三八年一二月に国民政府ナンバー2の汪兆銘が重慶を脱出し、和平運動を公然と行うに至ると日中戦争の状況は大きく変化した。汪兆銘は、対日抗戦の継続が国民に与える苦難を問題視し、当初は中国国内で平和運動を開始した。もともとは重慶にとどまり、対日和平へと政策を転換させた上で、国民政府の改組を行うつもりであったが、蔣介石の説得に失敗した。汪は、一九三八年一二月の第三次近衛声明に呼応する形で重慶を脱出し、ハノイへ向かった。当初日本占領地外（具体的には雲南省など）に政権を樹立するつもりであったが、のちに日本占領下での政権樹立へと転換した[12]。この結果、一九四〇年三月三〇日に南京国民政府（汪兆銘政権）が成立した。臨時・維新両政府はこれに合流し、汪政権は「新中央政権」としての体裁を持った[13]。

今日よく知られるように、この汪兆銘の重慶脱出は、日本側の謀略（汪兆銘工作）によるものであった。日中戦争の開始以来、幾多の対華工作が展開されていたが、一九三八年五月頃から、影佐禎昭（参謀本部謀略課長）、今井武夫（参謀本部支那班長）、松本重治（同盟通信上海支局長）らが主導して、高宗武工作が進められ、それは汪兆銘工作に発展した。同年一一月上海の重光堂における汪兆銘側代表と日本側の間の協議の結果、「日華協議記録」などの合意書が交わされた。この合意を背景として、汪兆銘は重慶を脱出したのである[14]。太田も、ほとんど知らずにいたものと推測される。

汪工作の真相と密約の存在は、戦中期にあっては一般に知られていなかった。太田も、ほとんど知らずにいたものと推測される。後述する第二次、第三次近衛声明は、汪工作の一環で発出されたことが今日では知られているが、太田は当時その事情を知らなかった可能性が高い。当然、汪と日本の密約である「日華協議記録」についてもまったく知らなかったであろう。というのも、汪と日本の密約の存在を「あり得ない」と、評論のなかで否定しているからである[15]。太田が知りえた情報は、当時報道されていたものとほぼ同一と思われる。

なお、汪政権樹立のために活動した影佐禎昭が指導した特務機関（梅機関）に太田が参加したという記述が『戦史叢書』にあるが[16]、影佐の回顧録「曾走路我記[17]」（『戦史叢書』が出典としているもの）や一九四〇年の「太田日記」では確認できない[18]。太田がもし梅機関に参加し汪工作の一翼を担っていたならば、その評論の内容は汪工作を踏まえたものとなるか、あるいは少なくともまったく見当違いの発言（密約の否定）などしないはずである。あるいは、日記になんらかの記述があってしかるべきである。梅機関の構成員であった神尾茂（大阪朝日新聞社）の日記『香港日記[19]』の梅機関在籍当時の部分にも、太田に関する記述はない。したがって、『戦史叢書』の記述は誤りではないか（のちの支那派遣軍総司令部嘱託と梅機関を混同したのではないか）と筆者は考える。

日中戦争勃発以降、言論を消極化させていた太田は、汪の重慶脱出あたりから、汪の動向について積極的に述べるように転換した。具体的には、第二次・第三次近衛声明（一九三八年一一月二日、および一二月二二日）の内容に触発されたものであった。一九三八年一〇月、太田は、抗日に立脚しない新しい中国ナショナリズムを「新支那の推進要素」として育成し、これを強固な単位とする真の共存共栄の精神に立った「新しき東亜」を建設する必要を訴えている[20]。これは、掲載号から類推される執筆日と内容から第二次近衛声明の発出直前に書かれたと思われ、いわば東亜新秩序の内容を先取りしたものであった。第二次声明が出たのちの一九三八年一二月には、第二次近衛声明が謳う「東亜新秩序の建設」を踏まえ、中国ナショナリズムの要求を認め、中国の完全な独立自主を実現し抗日の根拠を一掃すべく日本が努力すべきと訴えた[21]。また、一九三九年一〇月には、日中戦争解決のためには、第三次近衛声明のなかの近衛三原則（善隣友好、共同防共、経済提携）、そして租界の返還を含む治外法権の撤廃を言行一致の姿勢で推進するほかない、と述べている[22]。一九四〇年三月にも近衛声明を空文にせず実践することこそが戦争目的だと主張している[23]。太田は、第二次・第三次近衛声明によって公的に宣言された理想論に触発されたのである。ただし、同時期の論壇に流行した東亜協同体論にはまったく関わっていない。同じように第二次・第三次近衛声明に触発されながらも、太田の関心は、東亜新秩序のあり方ではなく、日中関係のあり方に限定されている。

先に述べた通り、太田は、日中戦争下において抗日に立脚しない新しい中国ナショナリズムを模索していた。より具体的に言えば、中国ナショナリズムと日中提携の結びつきが可能か否かという点に太田の関心の所在があった。その新しい中国ナショナリズムに関する論考が「支那の民族主義」であり、太田は以下の通り述べている。

> 民族主義が抗日を意味するやうになり、日本国民にとつては何よりも嫌味の言葉となつてゐるが、それが国民主義である限りに於て、その内容に対して反対すべきでないばかりでなく、寧ろ支那を独立国家として完成させて真正の日支提携をはかる上に、この運動を援助すべきものではあるまいか。〔中略〕民族主義は抗日と結びつく代りに聯日と結びつくことは不可能であるのか、換言すれば支那のナショナリズムと日支提携の両立は不可能であるか。過去数年間の両国関係にあつては、国民党の指導が誤つた以外に日支の親善乃至提携は実際に困難であつたのであるが、支那事変があつたとは云へ、雨降つて地堅まるの比喩の如くに、来るべき新時代にあつてはその国民主義と日支提携とは立派に両立して行けるものと私は信ずる[24]。

中国の排日・抗日運動の背景には民族主義があると日本では見られていたため、中国の民族主義を活用するという考えは一般的でなかった。そのような状況下で太田は中国の民族主義を認め、それを日中提携に結びつけることを提言した。その施策は、来たるべき汪兆銘政権育成策で具体的に展開されていくことになる。

一九三九年七月一〇日、汪兆銘は「我が中日関係に関する根本観念と前進目標」と題する声明を機関紙『中華日報』に発表した。この声明において、汪は蔣介石との絶縁と和平への尽力を表明した。事実上の新政権樹立宣言であり、太田は評論「汪の新出路と新中央政権」において、同声明を分析している[25]。この評論以降、太田の汪政権論は過熱していく。

将来樹立される汪政権を独立自主の政権と捉えその自立の強化が、当該時期の太田の主たる主張であった。政権樹立直前の一九四〇年二月に、汪政権樹立の条件として、「日本の傀儡とならないこと」、「独立自主が確保されること」、「軍事力の確保が未知数の段階では民心の獲得が最重要となる」ことを挙げている[26]。ただし、汪政権の脆弱性を認め、これに対する日本国民の過度の期待を戒め、長期戦の覚悟も述べている[27]。

また、新中央政権の推進力として「三民主義」を採用し、政権の基礎として、汪率いる国民党を重要視するべきことも訴えた[28]。当時日本側では、三民主義は抗日主義と結びつくと見られ、忌避感が強かったが、太田はあえてそれを主張した。この国民党および三民主義への好意的評価には、日中戦争前との連続性が指摘できる。

一九四〇年五月に発表された「汪精衛と蔣介石」のなかで、太田は、汪と蔣の生い立ちや政治的変遷、抗日戦における両者の立場をできる限り公平に比較した。二人の性格を対照的に描きつつ、両者はともに国民党の領袖であり、「汪精衛氏も蔣介石も真実のところ反共産主義では一致」すると見なした。そして、重慶政権が共産党と袂を分かつならば、妥協（全面和平）が可能だという展望を示した[29]。同様の主張は同年四月の評論「新日支関係と共産党」でも繰り返されている[30]。日中戦争勃発以降、太田が中国共産党を敵視してきたことは、これまで述べてきた通りであるが、国共分離こそが太田の対華和平論の要諦だったのである。

また、支那派遣軍（一九三九年九月編成。南京に総司令部を持つ在華日本陸軍の最高単位であり、「総軍」とも称される）が四〇年四月二九日に発布した「派遣軍将兵に告ぐ」（辻政信起草）に対し、事変前からの自らの持論である中国は統一されるべきという方針との一致を発見し、これを高く評価している。[31]「派遣軍将兵に告ぐ」に関するこの現地報告の執筆・送稿は、四〇年五月一八日であり、[32]総軍からの招聘の一か月前である。

以上の通り、一九三九年から四〇年にかけて、太田は再び活発な言論活動を行うに至った。盧溝橋事件以降の一時の沈静は、言論弾圧の結果というより、眼前の事態に対する無力感の反映と見なした方がよいであろう。当該時期の太田の中国論は、汪政権の強化を通じ重慶との全面和平を訴えた点に特徴がある。このような所思は、太田が総軍嘱託への就任を受諾する大きな背景となっていった。

第二節　日中戦争下の中国認識と「事変解決策」の諸相

1　新しい聯省自治論

ところで、一九三五年以降、華北分離を契機として、日本国内では聯省自治論が「復権」しつつあった。だが、日本において新たに現れた聯省自治論は、かつて中国で喧伝されたものと同一ではない。たとえば、一九三五年九月二五日に多田駿（支那駐屯軍司令官）が発した「多田声明」には「北支五省聯合自治体結成への指導を要す」と記されていた。[33]以後の華北分離でもたびたび「聯省自治」が唱えられるが、現地軍は、華北を中国中央から分離する方便として「華北五省の聯省自治」を旗印に掲げたのである。[34]

また、松本鎗吉（東京日日新聞）は一九三五年以降に突如として聯省自治を強硬に唱えた論者の代表格である。[35]

松本による聯省自治論の要点は、蔣介石政権（すなわち「以党治国」による中央集権独裁体制）の否認にあり、それに代わる新秩序として聯省自治体制が想定されている。その前提には、「国民党が土崩瓦解に直面して」おり、「支那は国民党の建国方略に持つ、中央政権政治に適合してゐない」という情勢認識があった[36]。松本の論考は一九三六年一月に書かれているが、これはちょうど太田が国民政府による集権統一に期待を寄せ、日中経済提携を主張していた時期である。両者の情勢判断は正反対といえる。現地軍や松本による聯省自治論は、一九二〇年代のそれとは意味内容が異なっていた。南北分断・軍閥混戦の中国をどうにか統一するための便法として主張された聯省自治論は、一九三〇年代の日本において中国分割論と同義となっていたのである。

聯省自治論の「復権」の傾向は日中戦争により決定的になった。たとえば、一九三七年一二月に拓務省が作成した「対支政策[37]」には、北京に南京国民政府に代わる中央政府として聯省自治政府を成立させ、内面指導を通じてこれを統御する、という構想が示されている。一九三八年一月第一次近衛声明により蔣政権が否認されると、同年夏から秋にかけ日本では、「ポスト蔣介石政権」の枠組みとして聯省自治を唱えるものが相次いだ[38]。

太田自身もこの状況について「往年の聯省自治から糸を引いて各省を単位として一種の聯邦支那となる方が最も支那の国境に適し国内平和を齎《もたら》す最捷径であるとする論者が、最近に於て、その数は極めて一部分の専門家の内にではあるが、相当有力に存在している」、「我国には各省自治を中心としての新制体《マヽ》に対してはなほ相当の支持者があるばかりではなく、新たにこの論を立てる者も出てきたやうである[39]」と述べている。こうした新たな聯省自治論に対し太田は、すでに臨時・維新政府が存在しているため一時的方便として連邦制を暫時施行する必要性はあるとは認めたものの、「新しき支那は単一国家として統一されるべく且つその実現性を有してゐて、敢て連邦形式となすを要しないのであつて、若し斯る実質を帯びることとなれば更に新たなる内争の禍根となるであろう」と、中央集権的統一を主張した[40]。太田は日中戦争に乗じた中国の分割統治（分治合作）にはあくまで反対したのである。

2 大西斎の日中戦争認識

一九二〇年代には、一時は太田以上に国民革命を擁護していたものの、満洲事変を契機に対華強硬論に転じた大西斎は、日中戦争に対してはどのような考えを持っていただろうか。

大西は、当初戦争の長期化を予想していなかった。経済先進地区たる上海および華中諸省の喪失により南京政府は経済的に行き詰まり早期に屈服すると見ていた(41)。第二次国共合作の分裂や南京陥落による終戦を展望し(42)、すでに問題は勝利後にあるとして戦後の善後策まで検討していた(43)。しかし、一九三七年一一月頃になると、英ソといった外国勢の援助により蔣政権が長期戦に堪えうるのではないか、と当初の見通しを修正することになった(44)。

当初の見通しが誤ったことに関して、大西は「南京が陥落すれば、蔣政権は大概参るだらう。屈服しないとしても、国共分裂の契機となるだらう等々の、日本にとつて望ましい有利期待の観測が少なからず行はれた。筆者なども、その然らんことを希望した一人であつた(45)」と反省している。一九三八年以降は、大西は希望的観測を戒め、重慶政権が広大な国土と英ソ両国の援助により長期抗戦の体制を整えていることを認め(46)、第二次国共合作の分裂にも否定的となっていった(47)（むしろ関係は緊密化したと見解を修正）。そして、長期抗戦を見据えて、中華民国臨時・維新両政府と提携し、占領地の治安維持と政治、経済、文化の各種建設に努め、現地自活主義体制の構築を訴えるようになった(48)。

大西の事変処理構想に影響を与えたのは、太田と同じく一九三八年一〇月と一一月の第二次・第三次近衛声明であったようである。一九三九年には、日本の使命は、日本を盟主とする東亜の復興、すなわち東亜新秩序の建設にあり、日中戦争とは、新秩序建設を阻害する蔣政権と、それを支援する英ソ両勢力との戦争であるとの見解を発表し、大西は英ソとの対立も辞さない姿勢を示した(49)。この論考が発表された当時、ノモンハン事件と天津租界封鎖事件により英ソとの関係は悪化していた。

第二次・第三次近衛声明の趣旨への賛同がより顕著に現れているのが、汪政権への反応である。一九三九年末、汪兆銘政権が新中央政権として樹立されることが具体化すると、大西は新たに樹立される汪政権への積極援助を訴えるようになった。第二次・第三次近衛声明の精神に従い、「汪政権をして飽くまで傀儡政権たる臭味から脱却せしめ、したがって支那の新中央政府として、自由に手腕を発揮せしめることが、何より必要である。これが為め、日本として大綱を把握する以外、互助平等、共存共栄の根本精神をもつて汪新政権の裁量に一任すべきである」と述べるなど、汪政権に傀儡政権と見なされないだけの実質を備えさせるべきだと訴えた[50]。

第二次・第三次近衛声明の無賠償・不割譲といった理念を高く評価していた大西は、汪を漢奸たらしめないために、近衛声明の精神に立って、汪政権との関係を規定することを至当とした。そして、「近衛声明を活かすことは、汪新中央政府を活かすことであり、汪新中央政府を活かすことは、事変処理の前途を順調ならしめるためのもの」とし、「講和条件が、将来の禍根を一掃するに足るものであれば、支那国民は行々競って蔣政権を離れ、汪新政権の傘下に入ること、なるであらう」との展望を示した[51]。

このように大西は第二次・第三次近衛声明に従って汪政権の援助を行うことを、日中戦争の解決策とするようになっていた。一九四〇年七月には、「蔣政権を断じて相手とせず、これを速やかに潰滅する為め、汪新政府を一意専心守立つべき」として、汪政権の即時承認と積極育成、対重慶和平工作の禁絶、重慶に対する積極的軍事作戦を主張するようになっていた[52]。興味深いことに、支那派遣軍が実施していた対重慶和平工作（桐工作）の風説を大西は聞きつけており、「出来た計りの汪精衛氏等の新政府の前途に早急なる見透しを付け、我方自ら裏切る如き言動に出でんとする者ありとすれば、それこそ沙汰の限り」としてこの和平工作に激烈な批判を展開している[53]。桐工作は、汪兆銘工作に携わっていた今井武夫（支那派遣軍参謀部第二課長）が中心になって立案・実施した対重慶和平工作である[54]。一九三九年秋以降、香港で重慶政府の代表者と和平交渉を行っていたが、蒙疆《もうきょう》・華北における防共駐兵、満洲国の扱い（承認か黙認か）で折り合いがつかず、四〇年九月に中止になった。これがため、汪政権の承認は四〇年一一月に順延となった。大西が、重慶との絶対断交と汪政権の即時承認を訴えたのは、こうした桐工作の情報を得ていたためであろう。

3　吉岡文六の日中戦争認識

一九三七年七月、盧溝橋事件に端を発した日中全面戦争の勃発は、中国専門記者にとっても、従前の中国分析を転換させる契機となった。当初、華北に限定されていた戦争（北支事変）は、八月一三日に上海に飛び火し、文字通り全面戦争（支那事変）となった。

日中戦争に対し、吉岡の予測はことごとく外れることになる。吉岡は、日中戦争勃発後、一九三七年末に至るまで、一貫して早期決着を予測していた。というのも、蔣介石は現実主義者であり、政権保持を図るため、自己の地位、権力、地盤（上海・南京などの華中地域）が失われる前に屈伏すると観察していた[55]（要するに「対支一撃論」的な考えを持っていた）。吉岡には、戦前同様、蔣の統治機構は変わらず頑丈強固のものと見ていた。蔣の独裁力が保持されている限り、抗日ナショナリズムは操縦可能なものと見ており、蔣の一存で戦争は終わるものと観察していた。蔣の独裁力に関しては、「僕はまだ蔣介石の独裁力が破綻して居たとはどうしても考へられない。将来はいざ知らず、西安事変後、今回の事変に至る期間中において蔣介石の独裁力が緩んで居たとは信ぜられない[56]」と見ていた。この時期の吉岡は、一九三六年九～一二月に形成した中国認識をかなり濃厚に引きずっている。吉岡は、自分の予測にかなりの自信を持っていたようだが、その予測は外れることになる。一方で、一九三七年一一月に刊行した評論集『蔣政権はどうなる――支那は赤化するか』巻末の評論「蔣政権を倒せ」では、米英ソと結んで、あくまで抗日を訴える蔣政権との妥協は不可能だとして、徹底的撃滅を訴えている[57]。ただし、この評論だけが例外であり、一九三七年中の吉岡の戦時分析は、戦前から引き続いた蔣政権の独裁力に対する「信頼感」がベースとなっており、総じて、蔣介石の妥協に期待を寄せ、長期戦に及ぶ展望を持っていない。

その後、蔣が一九三七年一二月、南京を放棄し、武漢・重慶に退き持久戦の態勢を固めると、浙江財閥の財力と従来の税収を失った蔣政権は破綻するだろうと、吉岡は予想するようになったが、これも外れる。抗戦下の蔣政権の本質とは、南京国民政府期に形成された強靱な官僚組織であり、これがソ連のウラジーミル・レーニンの「戦時共産主義」（一九一八年にレーニンが採った統制経済政策）と同様に、物資を搾取することで生きながらえているのだと、吉岡は見ていた[58]。その上で、徐々に重慶政権の抗戦力を再認識し、楽観を戒めた[59]。

吉岡は重慶政権（蔣政権）の強固な統制力に対抗するため、対日協力政権の育成を訴えた。中華民国臨時政府（一九三七年一二月、北京に成立）・維新政府（一九三八年三月、南京に成立）に関しては、国民政府と異なる中国ナショナリズムの育成を訴え、臨時政府・維新政府を統合して新中央政権を作るべきだと主張したが、その実力に対し疑問符を付した[60]。また、臨時政府では中央集権は不可能で、分治合作しかない、と観察している[61]。これに対し、のちに支那派遣軍総司令部嘱託として吉岡とともに招聘される太田は、あくまで中央集権を訴えており、ここでも背馳している[62]。

吉岡の対日協力政権論において興味深いのは、西安事変前後に蔣介石政権が統一政権として存立する条件として提示した、①経済金融力、②ナショナリズム、③独自の軍事力を、対日協力政権存立の条件として提示している点である。吉岡はこれを一九三八年[63]と三九年[64]の二回にわたって繰り返し述べているのだが、かつての南京国民政府（蔣介石政権）の強固な中央集権を高く評価し、対日協力政権もそれに倣うよう提言している。対日協力政権が独自の軍事力を育成した暁には、日本軍の将来的撤兵も視野に入れていた。

一九三八年一二月、汪兆銘が重慶を脱出し和平運動を開始すると、吉岡はこれに期待を抱いた。汪が軍事力を背景としないことからその脆弱性を指摘しつつも[65]、日本軍の軍事力を背景に、成立が確実視されていた汪兆銘政権の育成を通じた事変解決を訴えた。また、「純正国民党」（いわゆる汪国民党）を、統合の中軸とするよう主張した[66]。この主張に関しては、太田と合致する部分が少なくない。吉岡の汪政権育成論については、太田のそれと比較する形で、次節で詳しく分析する。

第三節　支那派遣軍総司令部嘱託への就任

太田は、一九四〇年七月以降、陸軍および汪兆銘政権に協力し、南京（のちに蘇州）に駐在して、意見具申などの活動を通じて政策立案に積極的に関与するに至った。この決断は、これまで分析した言動からすると「変節」と捉えかねないが、太田自身の同時代の言論と活動をつぶさに検証していくと、中国の主権を尊重する形に日本の対華政策を転換させ、戦争を終結させるという目的があったと見ることができる。

「太田日記」によると、その発端は、一九四〇年六月二七日に支那派遣軍総司令部（使者となったのは馬淵逸雄報道部長）から招聘を受けたことであった。

> 陸軍報道部松村〔秀逸〕中佐より電話あり。陸軍省に至り、初めて馬淵大佐と会見。支那派遣軍総司令部嘱託として、東日の吉岡、中山優君と共に聘したしとの突然の申込み。しかし応ずるの決心を以て、兎も角保留して引上げ。緒方氏に報告す[67]。

この記述の通り当初から受諾する意向であり、翌二八日に内諾の意思を馬淵に伝えた。しかし、太田の南京転出に対し緒方竹虎（朝日新聞主筆）が異を唱えたため、七月九日に辻政信少佐が緒方に正式交渉を行い、その結果総軍出向が決まった。[68] 朝日新聞論説委員との兼務であったため、以後、南京と東京を一か月ごとに行き来するようになる。

このように太田は総軍嘱託に招かれたのであるが、この招聘は吉岡文六（東京日日新聞東亜部長）や中山優（満洲国建国大学教授）と同時に行われたものであった。戦後の太田の回顧談[69]によると、中山の招聘は彼が石原莞爾の信奉者だったので、「東亜聯盟」構想の普及者として選任されたという。一方、太田と吉岡の招聘は、朝日と毎日という二大紙を代表する中国専門記者として、有識者の立場で総軍の対華政策に助言することが期待されての選任であったとのことである。また、太田は、自身と吉岡は根本的な中国認識は必ずしも一致していなかったと述べているが、「対戦争態度」「思想戦の方略」「行き詰まった〝軍〟の打開の道」に関しては同意見であったと述べている。その一致した意見とは国民党育成を思想戦の根本に据えることであった。

実際、この時期の吉岡の論説を紐解くと、日中戦争前夜の国民党の組織運用を、中央集権と党細胞の地方浸透、および行政機構との一体運用を実現したものとして高く評価した上で、中国統一を実現する唯一の道として理想視し、蔣介石の手法に倣った党組織の整備を汪政権育成策として提示していた。[70] 吉岡のこの認識は第2章第三節で述べた日中戦争前の認識と連続している。第二次・第三次近衛声明の実現という太田の理想論と異なり、吉岡の以上の考えは、予断を排して蔣介石を評価し、汪政権育成を実現する方法を模索した結果得られた現実論である。吉岡はあくまで重慶政権の撃滅を唱えており（対重慶直接和平工作も否定）、その汪政権育成策は太田と異なり全面和平論に接続していない。蔣政権に倣うという発想も、蔣の手法が中国統一の手法として優れているからという現実的判断に過ぎない。蔣政権の手法で、国民党組織・三民主義を基軸として汪政権を育成し、蔣政権を滅ぼす。これが吉岡の汪政権育成策であった。太田の回顧の通り根本では一致しない点は残ったものの、ともに総軍嘱託となった段階において、汪政権育成策に関していえば、太田と吉岡は意見の一致を見ることになったのである。

南京での太田の職務は以下の通り変遷している。一九四一年七月に総軍嘱託は任期満了で解任となり、太田と同じく招聘されていた吉岡と中山は帰任した。しかし太田は汪兆銘政権の強い要望で、東亜聯盟中国総会顧問として南京に残留した。一九四三年四月には新たに汪兆銘政権江蘇省経済顧問に就任し、同時に朝日新聞を退社した。経済顧問就任後、蘇州に駐在し、終戦直前まで奉職した。

なぜ太田は総軍嘱託を引き受けたのだろうか。日記には理由が記されていないが、一九四一年三月二五日付の「重光葵宛太田宇之助書簡」（憲政記念館寄託）では、「小生は総軍の嘱託を受諾するに当つて大いに考慮したのですが、支那事変のために身を献ぐるは正に支那問題を終生の仕事とする者にとりては当然の義務と存じて断然受諾した次第[71]」と書かれている。要するに中国専門家としての義務感によるものということであるが、具体的にどのような意図を持っていたのかは、戦後の回想のなかで幾度か述べている。

汪兆銘の指導する中国国民党を強化し、重慶側の主体と接近を図り、これを媒体として、重慶、南京両政府との間に融和の空気を醸成し、やがて日華事変の解決へ導く途が見出せぬかと夢に近いような望みをかけて、この新しい職場に就くことにした[72]。

汪兆銘氏は重慶から脱出して後〝新中国国民党〟をもってたったのですし、中国国民党の元来からの支持者である私が、これに同調して汪政権を助け、両者の和解を望み、南京に出かける決意も、それによって出来たものです[73]。

「満州国」を傀儡政権として、その存在中一度も足を入れなかった私が、その潔癖性をもってして、同じような傀儡政権とされていた「国民政府」と深い関係を持つに至ったのは矛盾も甚だしいという批判があったに違いない。しかしことさら釈明しなかったが、私なりの理由があった。先の「派遣軍総司令部」の嘱託となった場合も、これと似たような批判が聞かれたかも知れないが、その時は新聞社の出向者として本社の命令でもあり、社務の兼職であった。

「軍の手伝い」を敢えてしたのも右と同じ理由からで、一日も早く戦争を終わらせる工夫に参与したい一念からであった。汪政権が出現した初め、汪兆銘があくまで「国民政府」と「中国国民党」を看板にして、重慶政府と中国大衆を引き寄せようと試みているのに、私は共鳴を感じた。この行き方は、満洲事変以来出現し、没落して行ったもろもろの傀儡政権とは趣を異にしているのと、汪兆銘の人物、経歴からして、この新政権にわずかながら望みを託した結果に外ならない。(74)

つまり、中国国民党を主体とする汪政権の強化を通じて、全面和平を実現することが太田の目的であった。これは先に引用した、同時代の太田の評論の内容と一致し、かつ後述する通り、太田が嘱託・顧問時代に行った施策とも一致する。当時太田が唱えていた汪兆銘政権強化策を実践し、日中全面和平を招来するために、あえて虎穴に入るというのが、太田自身の内在的な動機であったのである。従来の対日協力政権に対しては積極的支持をしなかった太田であるが、汪兆銘が国民党という重慶と共通の基盤を背景にしていたことが、太田を動かすことになった。

では、総軍はなぜ太田を指名したのであろうか。それは、第2章第四節で取り上げたように、太田が中国において評価の高いジャーナリストであり、国民政府と太いパイプを持っていたことに起因する。前に挙げた重光宛太田書簡には「総軍でも小生〔太田〕を重慶方面に対する役者と見て今後も利用する意がある」と記されている。また、総軍のなかで太田と最も関係が深かった辻政信が持ちかけた言葉を太田は記録している。

辻参謀によると、〔太田が総軍嘱託に招かれたのは〕私が重慶側に最も信用されているジャーナリストの一人だそうで、私が重慶と接触をはかれば、相当な好結果を得られるに違いないと信じたことに因るらしい。彼は私に「太田さん、私と一緒に重慶に飛んで下さいませんか。重慶付近に着陸し、自ら進んで捕虜になりましょう。そうして蔣介石と直談判し、日本の真意を伝え、速かに事変を解決するよう説きたいのです。あなたと同行なら信じてくれると思いますよ」と笑いながら話したことが一度ならずあった。彼のことだから満更冗談とばかりは思わなかった。[75]

このように太田が中国統一援助論を展開することで築いてきた国民政府関係者からの信頼は、総軍が太田を招く強力な動機となったのであり、辻のように太田を利用した対重慶和平工作を構想する者も現れるようになっていたのである。

実際、太田は総軍嘱託就任後の一九四〇年一〇～一一月、辻の依嘱により香港に出張し、重慶側要人との接触を図っている。それについては望月雅士が詳しく論じているので[76]詳述は避けるが、出張の目的は重慶との和平の模索であった。注目すべき点は、この時太田が接触を図ったのは、張季鸞（大公報主筆）、胡政之（大公報社長）、陳博生（中央通訊社総編集）、陶希聖（一月に汪派を離脱。のち中央日報総編集）といった重慶側の有力新聞記者だったことである[77]。全員当時の中国における日本通の代表であり、陶以外は日本留学経験者であった。これは太田の記者としての人脈を利用した和平工作であった。このなかでは胡との面会に成功しており、胡を介して張との連絡（書簡のやりとり）に成功した。

この和平工作のなかで太田が入手した、蔣介石の信頼が厚い張季鸞が書いた書簡（「太田日記」によると一一月一一日受領）は、重慶政権に対日妥協の意思がないことの確認となった。その書簡は現存しないものの、『生涯』のなかで内容の概略が紹介されている。以下、『生涯』から概略（太田による翻訳・要約を経たもの）の全文を掲載する。この書簡は、原本は張から胡政之宛のもので、そのなかで太田（書簡中では「彼」）について言及されているという形式であった。

私〔張〕は彼〔太田〕の手紙を受け取った。彼が香港に来たことを知って非常に会いたく思う。しかし現在の状態で、当地〔重慶〕に着いたばかりの自分が、香港に引返すと周囲の注意を引くし、彼に会えば疑惑の目で見られるので、どうしても彼の要求に従うわけには、残念ながら出来ないので、その旨貴兄〔胡〕から伝えて戴きたい。当地にある友人たちは彼が中国問題で、日本軍部の圧迫を受けながら真剣な友誼を以て多年闘って来たことをよく記憶している。私たちは最近まで日本と少しでも接触して問題の解決をはかろうと努力を続けて来た。併しながら日本政府に誠意なく、世界の変化がここまで来ているに拘らず、なほ汪政権などによって融和をはかろうとしているのは認識不足も甚だしく、悲観せざるを得ない。今彼に会っても無益に感じられる。私たちの根本思想は今も少しも変ることなく、多年の主張通り、黄色人種の合作をはかろうとするものである。現在では、英、米が確実に中国を援助してくれるようになって来たが、私達はそのためにいい気になっている訳では決してない。よって今日でも最後の機会が日本政府にあると思うが、日本がなお反省しないで、このまま一年も過ぎれば国際大局は変化して中日両国の関係は遂に救われぬ日を迎えることとなるべく、私達はどうすることも出来ないのである。これについて彼はどのような意見を持っているか貴兄から問うて欲しい。その次第は厳重に秘して蒋委員長に伝えたいと思う。(78)

このように張は、日中戦争勃発以前からの日中関係改善のための太田の努力を改めて認めながらも、日本が汪政権を樹立し、同政権を通じて融和を図ろうとしていることへの失望と、国際情勢の変化の予兆（日本が対米英戦争に突入することを予見していたのかもしれない）などから、太田と会っても無益と断じている。

太田は南京での報告後ただちに東京に出張し、松岡洋右外相（一一月二四日）と東條英機陸相（一一月二五日）に張の書簡の情報を直接報告した。同時期、日本政府は松岡外相主導の対重慶和平工作（銭永銘工作）を実施しており、重慶との和平成立に期待して汪政権の政府承認を先延ばしにしていた。(79) 太田は自らもたらした重慶の非妥協姿勢に関する情報が、日本の汪政権承認（一一月三〇日）を後押しすることになったと自己評価している。(80)

なお、張季鸞は一九四一年九月に肺病により死亡しているが、太田は弔文として「張季鸞の死」を発表している。太田はこのなかで、張を二〇年来の同業の友人であり、日中関係の将来の憂いを同じくした同志であった、と述べ、往時の交遊を偲んだ。(81)

太田の理解では「重慶側の厚い信頼」が、自分が総軍に招聘された理由の一つであったのは先に述べた通りである。確かに、「重慶側の厚い信頼」のおかげで張季鸞との連絡にも成功したのである。しかし、太田の招聘理由として、より重要なのは、当時の総軍が模索していた対華政策と太田の対華意見が一致していたことである。これは、同時期の太田宛辻政信書簡からも見て取れる。本章第一節第2項で紹介した太田の汪兆銘政権強化論を、太田招聘に動いた総軍首脳部も目を通していた可能性は高い。総軍の対華政策との一致は、中山や吉岡の招聘理由としても挙げることが可能だが、「重慶側の厚い信頼」はこの両氏には該当しない。この点太田は特異であった。汪政権強化と全面和平の両方を実現する人材として太田は嘱望されていたということができよう。

第四節　汪政権強化策の策定

1　思想戦指導要綱——汪国民党と東亜聯盟に対する期待

太田が関与した政策は、「太田日記」、執筆記事、その他周辺史料から確認が可能である。太田の献策はすべて汪政権強化策として立案されている。日本の利益のみを追求するのではなく、中国の利益擁護に努め、時に日本側に犠牲を強いることも厭わなかった。本節では、太田が関与した汪政権強化策として「思想戦指導要綱」（一九四〇年八月）と「新国民運動」（一九四二年一月）の二つを主に取り上げる。

①「思想戦指導要綱」の策定とその白紙撤回

一九四〇年三月に南京国民政府（汪兆銘政権）が成立した後、南京に司令部を置く支那派遣軍では、「思想戦指導要綱」という文書が作成された。この要綱の作成には、総軍参謀の辻政信中佐のほかに、太田宇之助、吉岡文六、中山優といった総軍嘱託が関わっており、その内容は「汪国民党助成」を謳っていたようである。「太田日記」をはじめ、さまざまな史料でその存在が確認できるものの、この「思想戦指導要綱」（総軍案）の原本の確認はできていない。

汪兆銘政権は、国民党の党統を受け継いだ純正国民政府を自認していたため、国民党組織を基礎とし、三民主義を国是として掲げていた。一九三九年八月の「六全大会」（汪派だけで構成）で成立した、汪兆銘を首班としたこの国民党は汪国民党と呼ばれる。汪国民党に関しては、堀井弘一郎の研究[82]が詳しい。堀井によると、日本側は、旧来の経緯（抗日と三民主義の関係）から三民主義を目の敵にしており、汪政権が三民主義を指導方針にすることに消極的であった[83]。そこでこの方針を転換させようとしたのが「思想戦指導要綱」であった。

「思想戦指導要綱」策定の経緯は、「太田日記」ならびに「今井武夫日記[84]」が詳しい。それによると、一九四〇年八月一四日と一六日に辻政信参謀と総軍嘱託がまとめた「思想戦指導要綱」は、「国民党支援ノ態度強キ」ことを危惧した原案修正要求が南京の日本人軍事顧問部から寄せられたもの[85]、一七日にいったん総軍案として可決された[86]。太田は前日の日記に「軍方針を一転せしめることとなり、愉快を覚ゆ[87]」とその感慨を記している。

しかし、同月二四日、大本営から派遣された武田功中佐（大本営陸軍部第八課課員）によって、「総軍ノ思想戦対策ハ総長・大臣ノ命令違反ナリトシテ、修正方示唆シタル東京ノ空気[88]」が伝えられると、事態は一変した。今井武夫大佐（支那派遣軍総司令部第二課長）、堀場一雄（支那派遣軍参謀）・辻・武田中佐らの協議の結果、「思想戦対策要綱ハ、熟考ノ結果、東京中央部ノ意図ヲ容レテ、一応之ヲ白紙トシテ更ニ東京ト連絡[89]」することが決定され、二五日に白紙撤回を余儀なくされた。国民党助成の項目が陸軍中央部の反対に遭ったのである。同日付の中央部への白紙撤回の連絡に関しては、防衛研究所に該当史料が残っている[90]。その連絡文書によれば、総軍は陸軍中央部の意向を承諾し、提出済の「思想戦指導要綱」は撤回し、以後、総軍私案として扱うと弁明している。

総軍案と前後して、北京の北支那方面軍（形式上は総軍隷下）でも「華北に於ける思想戦指導要綱」（一九四〇年四月と四一年六月）が作成されている[91]。こちらは原本が残っているが、半独立的傾向のあった華北の利害が大きく反映されたもので、新民会を主要な指導団体にしていた。新民会とは、中華民国臨時政府の成立直後（一九三七年一二月）に結成された王道思想に基づいた民衆動員組織であり、対日協力と国民党・三民主義への対抗が運動の主眼となっていた[92]。新民会を指導団体とする北支那方面軍案は、国民党を指導団体として想定した総軍案とは相容れない内容である。

太田にとって、「思想戦指導要綱」の白紙撤回は大きな挫折であったはずである。ただ、太田は一九四〇年八月二〇日以降一〇月まで東京出張中であり、前後の日記にも白紙撤回に関する述懐はない。九月の辻政信からの書簡において「御来寧早々寧日なき御活躍にて思想戦指導の根本に支撐《しとう》を与へられたるは正に感謝に不堪候[93]」と記されており、同要綱への太田の貢献に対し辻が高い評価を与えていたことが分かるが、他方やはり白紙撤回の件には触れていない。太田は、後年の回顧録『生涯』においても、「思想戦指導要綱」を「在任中での最も愉快な産物[94]」と記しており、この白紙撤回の事実を、後になっても知らされていなかった可能性がある。

②白紙撤回以降の動向――東亜聯盟への傾斜

ただし、白紙撤回されたとはいえ、総軍司令部は「思想戦指導要綱」の再策定に意欲的であり、一九四〇年一〇月には辻参謀を上京させ、同要綱について報告させている[95]。また、同年一二月には、辻から太田に、要綱改修の指示がなされ、太田は今井武夫らとともに協議している[96]。「思想戦指導要綱」は先に述べたように原本が確認できないため、周辺情報からの推測に過ぎないが、辻・太田は一二月時点の修正案として、中央に否認された国民党に代わり東亜聯盟を前面に打ち出していた可能性が高い。一二月一〇日に総軍で策定された「大持久戦第一期現地政略指導方策」の「第三　思想指導」には、中国に対する指導精神として東亜聯盟が第一に掲げられているが、国民党に関して言及はない(97)。

東亜聯盟論（運動）とは、日中戦争期に石原莞爾が首唱した日中提携論、および同論をもとにした運動である(98)。東亜聯盟は日本・中国・満洲国の三か国で構成され、「国防の共同、経済の一体化、政治の独立」が謳われた。石原の目論んだ「政治の独立」とは、内面指導の撤廃を意図したものであり、東亜聯盟が実現すれば、中国および満洲国には政治的自主・平等が約束されるという構想であった。そのため、汪兆銘政権は、東亜聯盟に賛同し、積極的にこの運動に参加していくことになる(99)。また、支那派遣軍も東亜聯盟の有力な推進者であった。総参謀長の板垣征四郎が石原の盟友であり、参謀のなかにも辻政信や堀場一雄ら東亜聯盟の推進者が多くいた。

ところで、東亜聯盟推進論者の辻政信においては、東亜聯盟と国民党助成の方針は一体のものとして認識されていたようである。それゆえ、一九四〇年一二月八日の太田宛辻政信書簡には以下の通り、「東亜聯盟による国民党中心の新体制」との記述がある。

> 愈々東亜聯盟による国民党中心の新体制も全面的拡充の目鼻が立ち申候間、何卒御休心被下度候。汪先生の喜色著しきもの有之候。近頃始めて日本側の真の好意を感得したるが如き様子に御座候。是れ偏に太田様や中山、吉岡さん等之御指導御努力によるものと深く感謝仕り居候(100)。

上記引用文の後段記述の通り、辻は、「東亜聯盟による国民党中心の新体制」樹立における太田、中山、吉岡らの総軍嘱託の尽力を認めている。それ以前の太田は東亜聯盟をさほど重視していなかったが、一九四〇年一二月以降、太田が汪政権において東亜聯盟実現に奔走するようになる。その様子は、「太田日記」や『朝日新聞』掲載の通信（太田執筆[101]）などに現れている。太田はこの通信において、東亜聯盟運動の推進は汪政権の強化となり、それはすなわち対重慶全面和平への筋道なので、日本は汪政権に対し誠意ある支援をする必要があるという見解を示している。しかし、太田のこの通信の掲載日はタイミングが最悪であった。東亜聯盟の通信が『朝日新聞』に掲載された四一年一月一四日は、まさしく、東亜聯盟禁止の閣議決定[102]がなされた日であった。「太田日記」によると、この通信を書いたきっかけとして、「東條陸相渡支の結果、東亜聯盟運動に諒解成れる由につき、早速通信の執筆に着手[103]」と書かれている。太田はこの報を信じて書いたのだが、当の東條陸相の強い意向により東亜聯盟は禁止されるに至る[104]。

こうして、総軍顧問就任直後、汪政権強化のため、太田が奔走した「思想戦指導要綱」と「東亜聯盟」はともに中央部の妨害に遭い頓挫した[105]。ただし中国における東亜聯盟は、日本での禁止以降も活動を行っており、東亜聯盟中国総会発会（一九四一年二月一日）に際し、太田は「東亜聯盟中国総会の発会式の記事を新聞に見て愉快に感ず。総軍に関係以来始めて具体的の効果を挙げた心地せり[106]」と日記に書き残している。

この約半年後、太田は任期満了に伴い、総軍嘱託の解任通知を受ける[107]。太田と同職であった吉岡と中山はそれぞれ元の役職に復帰し南京を離れていったが、太田は、七月一九日、汪兆銘から直々に東亜聯盟中国総会顧問を委嘱された[108]。八月一八日、村山長挙（朝日新聞社長）と緒方竹虎らの承諾、そして周仏海（汪政権行政院副院長兼財政部長）からの強い懇請を受けて、太田は顧問就任を決めることになる。以後、汪政権から俸給が支給される形となり[109]、汪政権の顧問格として南京において意見具申を行う立場となった。回想によると、太田の残留は、汪自身の強い意向であったという[110]。

2 新国民運動――大衆動員運動の策定

総軍嘱託末期から東亜聯盟中国総会顧問に就任するまでの時期にかけて、太田が尽力していたのは、新国民運動に関する献策であった。

新国民運動とは、汪兆銘政権が政権強化を目的として国民の組織化と動員を策した大衆運動である。この運動については、堀井弘一郎の研究が詳しいが、蔣介石が一九三四年頃から推進していた新生活運動をモデルとし、滅私奉公、善行と節約、儒家道徳といった一般的な社会道徳による規律化と、青年層や官僚層の組織化を目指したものである。[111] 太田が、この新国民運動の原案者の一人であることは、日記その他から確認可能である。

「太田日記」の一九四二年一月一七日条には、「汪主席は予の意見書が真実にして大ひに参考となり『新国民運動』もその結果たりし旨を述べられ」たという記述が出てくる。新国民運動の発動は、同年の元日であるが、この記述は、新国民運動の展開にあたり、太田の強い関与があったことを示唆している。事実、太田の日記をさらに紐解くと、四一年四月末に「新生運動」なる運動の必要性を訴えた意見書を書いている様子が現れる。[112] 五月九日条には「政府部内の腐敗振り等につき語る。新生活運動の必要を益々痛感す」との記述がある。

この問題に関しては太田が執筆した[113]社説「国民政府の自強策」(『朝日新聞』一九四一年六月二日)が手がかりとなるため、必要箇所を抜粋して考察を加えたい。

国民政府〔汪政権〕は先に東亜聯盟中国総会を建立して、組織的に運動を開始したが、これは主として対外的のものであつて、新中国建設の名に相応しき右のやうな運動が、国内的の国民運動として、改めて取り上げられるべきであると思ふ。現在国民政府の官民は実生活上の困難に悩んでゐるためかゝる時期に積極的な国民運動を起すのは不適当だとの観方もあるが、しかしながら支那の旧弊打破は、新国民政府の当然為さねばならぬ重要任務であると共に、事実今日の時期こそがかゝる新運動が切実に要求されるのである。新国民運動は、例の新生活運動の内容と一部を同じくして阿片禁絶、賭博禁止、冠婚葬祭の簡易化、衛生思想の普及等を主たる対象とすべきもので、これらの支那の病弊を衝く新運動によつて、清新なる空気が国民政府治下に生ぜんか、潑剌たる気分が湧き上り、自ら青年層にも活気が加はり来るべく、従つて人材は益々国府へと蝟集し来ることとなるであらう。国民政府に欠くべからざる革新的雰囲気は、この種の国民的運動によつて盛り上り、政府を強化するの基礎となるべきを信じて疑はないのである。(114)

要するに、この社説は新国民運動を先取りしたものである。おそらく、先に引用した四二年一月の太田への汪の言葉を加味すると、四一年四月末に書いていた「新生運動」の意見書を翻案して社説にしたものと想像される。同社説では、後の新国民運動の内容を「自強策」として完全に先取りして述べており、かつ「新国民運動」という言葉がすでに用いられている。また、文中で述べられている運動の内容・目的は、後の新国民運動と合致しており、青年運動への着目や新生活運動との関連も言及されている。従来の研究は新国民運動の起源を四一年秋頃(115)としているが、この社説から実際はもっと早かったこと、かつその構想の発案者が太田であったことが明らかとなった。

同社説が、新聞社説として特異なのは、前後の時期の新聞紙面に関連記事がないことである。同論説の導入言として、本多熊太郎駐華大使の帰朝と同大使による汪政権強化の主張があることは留意すべきである。実際、汪政権育成策に関する本多の談話記事(116)は五月に掲載されていた。ただし、注意すべきなのは、太田の社説で述べられた、汪政権強化策の具体的な提言は、本多の述べる汪政権育成策の内容よりも踏み込んだ形でなされている点である。五～六月の紙面を見ても、太田執筆の社説内容を担保する情報は管見の限り見られない。これはかなり異色である。太田が執筆したことを念頭に置くと、総軍嘱託として南京に駐在する太田でなければ知りえない情報が書かれた社説だといえる。

一九四一年一二月に、太田は汪政権要人（汪兆銘、梅思平実業部長、林柏生宣伝部長など）に新国民運動に関する意見具申を行っている[117]。特に、一九四一年一二月九日には、汪兆銘に招かれ、「汪公館を訪ひ、周〔隆庠《りゅうしょう》・外交〕次長通訳にて外交問題当面の問題につき意見を述ぶ。最後に、新国民運動につき主席に意見を聞」いている。真珠湾攻撃の翌日にあたるこの日に、汪が新国民運動ならびに外交問題に関して太田と意見交換している事実は注目に値する。

新国民運動の実際の施行において太田がなんらかの役割を果たしたのかは日記からは窺えないが、運動の策定・発動に太田が主導的役割を果たしたことは、間違いのないことである。

第五節　太田の朝日退社――戦時下言論統制への失望

ところで、太田は一九四二年春以降、緒方竹虎（朝日新聞主筆）から度重なる帰国勧告を受け[118]、自らの進退（朝日を退社し南京に残留するか、東京に帰任するか）を考え始めていた。緒方は、対重慶直接和平を模索する関係上[119]、社員である太田が汪政権に深く関係することを好ましく思っておらず、また、緒方なりに太田を重用していることもあり、東京帰任をたびたび勧告していた[120]。

しかし、当時の太田は、「当局の言論統制」を見越して「自主規制」を行うようになった『朝日新聞』に辟易としており、署名付きで雑誌に発表できる内容ですら、匿名の社説や解説記事では書けなくなっている現状に不満を持っていた。

たとえば、一九四二年四～八月に太田が執筆した朝日新聞社説（日記から判明[121]）と、同時期の太田の署名付きの評論[122]を比較すると、社説では「重慶政権の壊滅は近い」、「蔣介石は取るに足らない」といった論調なのに対し、評論では重慶政権の抗戦力を侮る姿勢に注意喚起し、汪政権の強化を地道に行うことが全面和平に繋がるという論調である。社説では筆を曲げているのに対し、雑誌評論の方が自由に書けていることが分かる。前節で引用した東亜聯盟関係の通信や新国民運動に関する社説を見る限り、太平洋戦争開戦前はまだ比較的自由に発言する余地があったことが窺える。

この時期、太田が書いた社説が掲載されないこともしばしばあった[123]。せっかく書いたものが禁止事項に抵触し没にされたり[124]、事前検閲を受けて削られたり[125]、また、所思と異なる社説を書かざるをえなくなったりといった状況に陥っていた[126]。太田は回顧録『生涯』において、当時の不満を以下のように記している。

朝日新聞は戦時に入って以来、軍部、政府に媚び過ぎる程の奉仕ぶりで、同時に官僚的になり、保守的になって、伝統であった進歩的な社風は薄れるばかりなので、赤松〔太田〕は論説委員の一人でありながら筆を執る機会が甚だ少くなり、機会が与えられてもあまりに筆を曲げねばならなかったので、常に不満であった[127]。

この回想は、日記の記述や、社説と署名付き評論の比較分析と符合する。栗田直樹によると、「朝日社説の枠組み設定という職務を担うようになった緒方は、朝日の新聞社としての存立を確保するために、軍部との摩擦を極力回避するという方針の下で社内の内面指導を行った[128]」とのことである。緒方からすれば、事前検閲や軍部・政府への接近は、社の存続のためのやむをえない措置だったかもしれないが、太田はどうしても納得できなかったのである。

一九四二年九月二一日に太田は緒方から本社への帰任勧告を受け、南京残留が認められない場合は退社に踏み切る覚悟を固めた[129]。太田の朝日退社に当たり、緒方との交渉役を買って出たのが、重光葵〔前駐華大使。当時帰朝中）であった。第4章で述べる通り、重光は、対華新政策遂行上、太田は南京に欠かすことのできない人物と認識しており[130]、太田の進退は、緒方・重光の直接会談に委ねられた。しかし、太田の帰任を求める緒方の意思は堅く、太田は反発して退社を決断することになる[131]。

重光は、太田の依頼により、太田の再就職先を模索していたようであるが、石渡荘太郎（汪政権最高顧問）の鶴の一声により、一九四三年四月から江蘇省経済顧問への就任が急遽決まってしまった[132]。太田自身、「あまりの環境の相違と志とに違ふにより、最初心進まず」といったポストであったが、相談した周仏海は大賛成であり、和平の機運に向かえば、太田をまた南京に戻すと約束した[133]。太田は、「一時事務に就きて支那を学びつつ時を待つを賢明」と思い、受諾することになった。重光はこの人事を喜んでいなかった、と太田は日記に記している[134]。重光にはなんらかの独自の太田処遇案があった可能性が高いが、それが固まる前に太田は江蘇省経済顧問への就任を受諾してしまったのである。

注

（1）秦郁彦「日中戦争の軍事的展開」（日本国際政治学会太平洋戦争原因研究部編『太平洋戦争への道――開戦外交史』第四巻（日中戦争　下）、朝日新聞社、一九六三年）、五四頁。岩谷將『盧溝橋事件から日中戦争へ』東京大学出版会、二〇二三年。

（2）『生涯』一六六～一六七頁。

（3）一九四五年九月のミズーリ号甲板上における降伏文書調印式の報に接した際の日記にも、「支那事変以来八年二ヶ月となったが、その勃発の日にわが一生も終ったと感じたのは事実となったのは確かである」（「太田日記」一九四五年九月二日条）と書かれており、『生涯』に書かれた盧溝橋事件の際の太田の「人生が終わった」との記述は、あながち誇張でもないと思われる。実際どのような所感を記していたのかは、一九三七年の「太田日記」が公開されれば明らかになると思われる。

（4）太田宇之助「日支事変に対して英米はどう出るか」『文藝春秋』臨時増刊「日支の全面激突」一九三七年八月。

（5）太田宇之助「北支事変の背景」『東方公論』一九三七年八月号。

（6）太田宇之助「支那中央集権の現段階」『日本評論』臨時増刊「抗日支那の解剖」一九三七年八月。
（7）太田宇之助「財政上から観た支那の実力」『実業之日本』一九三七年九月一日号。
（8）太田宇之助「支那は永遠の敵か」『新女苑』第一巻第一〇号、一九三七年一〇月。
（9）「支那は永遠の敵か」は実業之日本社の『新女苑』編集局員の神山裕一から、一九三七年八月一〇日付書簡（太田宇之助宛、筆者所蔵）で執筆依頼を受けたもので、タイトルも神山の指定であった。
（10）太田宇之助「覚悟はよいか！」『自由』一九三八年三月号。
（11）太田宇之助「国共合作の将来」『国際知識及論評』一九三八年五月号。
（12）劉傑『日中戦争下の外交』吉川弘文館、一九九五年、第五章を参照。
（13）汪政権樹立の経緯は劉傑「汪兆銘政権論」（『岩波講座　アジア・太平洋戦争七　支配と暴力』岩波書店、二〇〇六年）、二四九～二八四頁。劉傑「汪兆銘と『南京国民政府』――協力と抵抗の間」（劉傑・三谷博・楊大慶編『国境を越える歴史認識――日中対話の試み』東京大学出版会、二〇〇六年）、一七一～二〇一頁、余子道・曹振威・石源華『汪偽政権全史』上下巻、上海人民出版社、二〇〇六年などを参照。
（14）前掲、劉『日中戦争下の外交』第五章。戸部良一『日中和平工作　一九三七―一九四一』吉川弘文館、二〇二四年。
（15）太田宇之助「汪兆銘の影響」『外交時報』第八二六号、一九三九年五月一日。
（16）『戦史叢書　支那事変陸軍作戦〈三〉』朝雲新聞社、一九七五年、二六頁。
（17）影佐禎昭「曾走路我記」（『現代史資料一三　日中戦争五』みすず書房、一九六六年）。
（18）戦史編纂官　赤木幸春「汪兆銘政権資料（第二案）」（支那／支那事変全般／一三九）（防衛省防衛研究所戦史研究センター史料室所蔵）にも、梅機関に太田が参加したと記述されている。同史料は『戦史叢書』編纂時の資料と思われる。
（19）神尾茂『香港日記』私家版、一九六二年。
（20）太田宇之助「新支那認識への道」『中央公論』一九三八年一一月号。
（21）太田宇之助「支那をどうする」『日本評論』一九三八年一二月号。
（22）太田宇之助「事変処理の最高目標」『日本評論』一九三九年一〇月号。
（23）太田宇之助「戦争目的の再登場」『支那』一九四〇年三月号。
（24）太田宇之助「支那の民族主義」『支那』一九三八年一二月号。

(25) 太田宇之助「汪の新出路と新中央政権」『日本評論』一九三九年九月号。

(26) 太田宇之助「新中央政権成立へ」『東洋』一九四〇年二月号。同年四月にも同様のことを述べている（太田宇之助「新中央政府の成立と使命」『雄弁』一九四〇年四月号）。

(27) 太田宇之助「新政府の性格の和平方針」『現地報告』第三〇号、一九四〇年三月。

(28) 太田宇之助「新中央政権の推進力」『外交時報』第八四一号、一九三九年一二月一五日。

(29) 太田宇之助「汪精衛と蔣介石」『大陸』一九四〇年五月号。

(30) 太田宇之助「新日支関係と共産党」『外交時報』第八四八号、一九四〇年四月一日。

(31) 太田宇之助「現地報告　派遣軍将兵に告ぐ（大陸新聞界）」『現地報告』第三三号、一九四〇年六月一〇日、五九頁。

(32) 「太田日記」一九四〇年五月一八日条。

(33) 「『北支自治体の結成、指導の必要あり』　多田軍司令官声明」『東京朝日新聞』一九三五年九月二五日朝刊。

(34) 内田尚孝『華北事変の研究――塘沽停戦協定と華北危機下の日中関係　一九三二～一九三五年』汲古書院、二〇〇六年、二三一～二三六頁が詳しい。

(35) 松本鎗吉は一五年間聯省自治論を持論としていたというが、一九二〇年代の松本の著作のなかには聯省自治論は現時点で確認できていない。松本の評論の八割ほどは『外交時報』に書かれているが、二〇年代当時、聯省自治に触れたものは「段執政を中心に」『外交時報』第四八三号（一九二五年一月一五日）のみであり、それすら「中央集権か聯省自治か、どちらが今後の中国の政治体制となるか予断を許さない」という情勢を述べたものに過ぎない。第1章第二節で取り上げた、小幡酉吉、神尾茂、太田の主張と比べると、一九二〇年代当時の松本を「聯省自治論者」として認めるのは無理である。

(36) 松本鎗吉「支那の土崩瓦解を救ふは聯省自治」『外交時報』第七四六号、一九三六年一月一日。

(37) 拓務省「対支方策」（一九三七年一二月）「JACAR（アジア歴史資料センター）：Ref.B02030518400、支那事変関係一件第三巻（B-A-1-1-344）（外務省外交史料館）」。

(38) 太田も参加した「支那経営大座談会」（『日本評論』一九三八年一一月号）のなかで大西斎（東京朝日新聞）と村田孜郎（読売新聞）の両者が聯省自治を主張している。対して、太田は過渡期的にブロック（華北・華中・華南といったもの）で分治することも仕方ないが、最終的に単一国家に統一することが望ましいと主張している。

(39) 太田宇之助「支那再組の方向」『日本評論』一九三八年一〇月号。

(40) 同右。
(41) 大西斎「南京政府の行方」『中央公論』一九三七年一〇月(臨時増刊大衆版)。
(42) 大西斎「日支事変と抗日戦の破綻」『国際知識及評論』一九三七年一一月号。
(43) 大西斎「日支戦争と善後策」『外交時報』第七九一号、一九三七年一一月一五日。
(44) 大西斎「九国会議の運命」『支那』一九三七年一二月号。
(45) 大西斎「漢口陥落の価値」『外交時報』第八〇八号、一九三八年八月一日。
(46) 大西斎「対手にしない対手」『支那』一九三八年三月号。同「蔣政権への死圧」『外交時報』第八〇一号、一九三八年四月一五日。
(47) 大西斎「長期抗戦と日本の態度」『大亜細亜主義』一九三八年四月号。
(48) 同右。大西斎「事変と新支那再建」『外交時報』第八一四号、一九三八年一一月一日。同「聖戦二周年を迎へて」『支那』一九三九年七月号。
(49) 大西斎「事変と本格的段階」『外交時報』第八三二号、一九三九年八月一日。
(50) 大西斎「事変処理と汪政権問題」『外交時報』第八四一号、一九三九年一二月一五日。
(51) 大西斎「汪兆銘の新中央政権」『支那』一九四〇年一月号。
(52) 大西斎「事変処理の好機」『外交時報』第八五五号、一九四〇年七月一五日。
(53) 桐工作であるとは書かれていないが、以下の大西の記述からそう判断することは容易である。「汪精衛の新中央政府が出来ても、急場の間に合ひさうになく、これを強化し発展させるにも容易でない為めに、新政府成立匆々極めて悲観的な蔭口をきくものがあり、その結果、蔣政権に未練的関心を持ち、これと直接の接触を夢みて蠢動する分子ありとの説は、説としても不快極まるものであり、我方自らその信用を汚損して憚らないものといはざるを得ない。〔中略〕出来た計りの汪精衛氏等の新政府の前途に早急なる見透しを付け、我方自ら裏切る如き言動に出でんとする者ありとすれば、それこそ沙汰の限りであり、風説としても政府当局は宜敷断然これを取締るべきである」(同右、九～一〇頁)。
(54) 今井武夫『日中和平工作――回想と証言 一九三七―一九四七』みすず書房、二〇〇九年。戸部良一「桐工作をめぐって」(同『戦争のなかの日本』千倉書房、二〇二〇年)。
(55) 吉岡文六「国民政府は崩壊するか」『文藝春秋』臨時増刊二(一九三七年九月)、同「蔣介石は戦へるか」『中央公論』一九三七年九月号。同「蔣政権の本体と戦争の影響」（松本忠雄編『次に支那を支配するもの』高山書院、一九三七年）など。
(56) 吉岡文六「蔣介石政権はどうなる」『支那』一九三七年一一月号。
(57) 吉岡文六「蔣政権を倒せ」（同『蔣政権はどうなる――支那は赤化するか』第二国民会出版部、一九三七年）。
(58) 吉岡文六「漢口戦の見透し」『時局月報』一九三八年七月号。
(59) 吉岡文六「支那の抗戦力打診」『エコノミスト』第一六巻第一三号、一九三八年五月、同「漢口陥落後の日本はどう出るか」『東日時局情報』第二巻第九号、一九三八年九月、同「抗日新体制と広東攻略」『改造』一九三八年一一月号など。
(60) 吉岡文六「唯だ新政権の助長に邁進せよ」『支那』一九三八年二月号。
(61) 吉岡文六「新支那聯邦論」『改造』一九三八年一〇月号。
(62) 太田宇之助「支那再組の方向」『日本評論』一九三八年一〇月号。
(63) 吉岡文六「新支那聯邦論」『改造』一九三八年一〇月号。
(64) 吉岡文六「東亜の新秩序と支那の政治組織」『経済情報《政経篇》』一九三九年六月号。
(65) 同右。
(66) 吉岡文六「汪政権の基礎を衝く」『外交時報』第八四五号、一九四〇年二月一五日。
(67) 「太田日記」一九四〇年六月二七日条。
(68) 「太田日記」一九四〇年七月九日条。
(69) 「渋谷敦宛太田書簡」（年代不明）（渋谷敦『無冠の帝王――ある新聞人の生涯』清風書房、一九六八年、一二〇頁）。渋谷が自著に引用した太田の書簡であり、所在が不明のため、やむをえず孫引きした。特に注記がない限り、本段落の内容はこの史料の記述に基づく。
(70) たとえば、前掲、吉岡「汪政権の基礎を衝く」、同「新政権と国民党の関係」『外交時報』第八五二号、一九四〇年六月一日。
(71) 「重光葵宛太田宇之助書状」（一九四一年三月二五日）憲政記念館寄託「重光葵関係文書」3A-66（憲政記念館編『重光葵関係文書目録』憲政記念館、一九八七年、六八〜七一頁）。
(72) 『生涯』一七三頁。
(73) 前掲、「渋谷敦宛太田書簡」。

(74) 太田宇之助「回顧して」(同『中国と共に五十年』世界情勢研究会出版局、一九七七年)。
(75) 太田宇之助「日華事変解決のための重慶側との接触始末記」(一九七二年筆)(同右、二二二頁)。
(76) 望月雅士「〔解題〕支那派遣軍嘱託としての太田宇之助」『横浜開港資料館紀要』第二一号、二〇〇三年。
(77) 「太田日記」一九四〇年一〇月二四日~一一月一五日条。
(78) 『生涯』一七五~一七六頁。
(79) 服部聡『松岡外交――日米開戦をめぐる国内要因と国際関係』千倉書房、二〇一二年、第四章第一節。
(80) 『生涯』一七七頁。
(81) 太田宇之助「張季鸞の死」『日本評論』一九四一年一二月号。
(82) 堀井弘一郎『汪兆銘政権と新国民運動――動員される民衆』創土社、二〇一一年、第三章「汪兆銘国民党の成立と展開」。
(83) 同右、八二頁。
(84) 「今井武夫日記」(「今井武夫関係文書」国立国会図書館憲政資料室寄託)一九四〇年八月一七、二四、二五日条。以下、同日記からの引用は、「今井日記」〇〇〇〇年〇月〇日条とする。
(85) 「今井日記」一九四〇年八月一七日条。
(86) 「太田日記」一九四〇年八月一七日条。
(87) 「太田日記」一九四〇年八月一六日条。
(88) 「今井日記」一九四〇年八月二四日条。
(89) 「今井日記」一九四〇年八月二五日条。
(90) 総軍参謀長(次官・次長宛)総参四電第五九八号「思想戦指導要綱に関する件」(一九四〇年八月二五日)、昭和一五年「陸支密大日記」第三一号 三/三、JACAR(アジア歴史資料センター):Ref. C04122338900、防衛省防衛研究所戦史研究センター史料室。
(91) 「華北に於ける思想戦指導要綱」(一九四〇年四月二〇日)、JACAR(アジア歴史資料センター):Ref. C04121954000 および C04121958400、防衛省防衛研究所戦史研究センター史料室。「昭和一六年度思想戦指導要領」(一九四一年六月一四日)、JACAR(アジア歴史資料センター):Ref. C11110956500、防衛省防衛研究所戦史研究センター史料室。
(92) 劉傑『日中戦争下の外交』吉川弘文館、一九九五年、二五五~二六四頁。

(93)「太田宇之助宛辻政信書簡」(一九四〇年九月九日)「憲政資料室収集文書」二九六―一(国立国会図書館憲政資料室蔵)。
(94)『生涯』一七二頁。
(95)板垣征四郎支那派遣軍総参謀長から阿南惟幾陸軍次官宛「思想戦指導に関する件」(一九四〇年一〇月五日)、昭和一五年「陸支密大日記」第三七号二/二、JACAR(アジア歴史資料センター):Ref. C04122470500、防衛省防衛研究所戦史研究センター史料室。
(96)「太田日記」一九四〇年一二月一七・二二日条。
(97)堀場一雄『支那事変戦争指導史』時事通信社、一九六二年、五二六~五二七頁。
(98)桂川光正「東亜聯盟小史」(古屋哲夫編『日中関係史研究』吉川弘文館、一九八四年)。
(99)汪政権における東亜聯盟の推進に関しては、柴田哲雄『協力・抵抗・沈黙――汪精衛南京政府のイデオロギーに対する比較史的アプローチ』成文堂、二〇〇九年の第一章・第二章、および嵯峨隆『アジア主義と近代日中の思想的交錯』慶應義塾大学出版会、二〇一六年、第一〇章が詳しい。
(100)「太田宇之助宛辻政信書簡」(一九四〇年一二月八日)「憲政資料室収集文書」二九六―二(国会図書館憲政資料室蔵)。引用箇所の前段では、辻が主導して東亜聯盟と矛盾する民衆動員団体(漢口共和党や大民会など。辻いわく「各種の癌」)を整理したことが述べられている。
(101)「支那に於ける東亜聯盟運動」上下(南京・太田宇之助)『朝日新聞』一九四一年一月一四・一六日。
(102)閣議決定声明「興亜諸団体ノ指導理念統一ニ関スル件」一九四一年一月一四日。
(103)「太田日記」一九四〇年一二月二〇日条。
(104)石原莞爾(角田順編)『石原莞爾資料――国防論策篇〔増補版〕』原書房、一九八四年、五〇七~五〇八頁所収の石原莞爾「東亜聯盟」(一九四六年)を参照。
(105)前掲、堀場『支那事変戦争指導史』には、一九四一年一月二五日に中央部から示達されたという「対支長期戦施策要領」という書類が掲載されており、その一部として「対支思想指導要綱」が存在する(同書、五四二~五四四頁)。ここでは、華中華南の思想指導機関として、「純正国民党」が想定されている。「対支思想指導要綱」は「思想戦指導要綱」と名称が酷似しているが、詳細は今のところ不明である。四〇年八月に陸軍中央部で否定された国民党育成が、同じ中央部が策定した要綱で謳われている点も不可解であり、さらなる史料の精査・比較検討が必要であろう。

(106)「太田日記」一九四一年二月二日条。
(107)「太田日記」一九四一年七月一四日条。
(108)「太田日記」一九四一年七月一九日条。
(109)汪政権より、日本円で月額一〇〇〇円を支給された（「太田日記」一九四一年一〇月六日）。
(110)『生涯』一七八～一七九頁。
(111)堀井弘一郎『汪兆銘政権と新国民運動――動員される民衆』創土社、二〇一一年、第四～九章。
(112)「太田日記」一九四一年四月二一～二五日条。
(113)太田が執筆者であることは、「太田日記」一九四一年六月一日条に明記されている。
(114)社説「国民政府の自強策」『朝日新聞』一九四一年六月二日。
(115)前掲、堀井『汪兆銘政権と新国民運動』では、『周仏海日記』一九四一年一〇月二六日条において、「新国民運動」の語が登場すると指摘し、「管見の限り、『新国民運動』の用語はこの日の日記の中で最初に登場する」（同書、一四八頁）と述べている。
(116)『朝日新聞』一九四一年五月一四日。
(117)「太田日記」一九四一年一二月九、一二日条。
(118)「太田日記」一九四一年一一月一四日、および、一九四二年九月二一日条。
(119)緒方は一九四三年一〇月時点の朝日新聞社編輯会議（朝日新聞社の最高意思決定会議）でも対重慶和平に配慮するよう社是を設けるべしと発言している（「編輯会議録」一九四三年一〇月、東洋大学図書館蔵「千葉雄次郎関係文書」一：A：七五）。
(120)「太田日記」一九四一年一一月一四日条、および一九四二年九月二一日条。
(121)社説「大東亜戦争と上海の新地位」『朝日新聞』一九四二年五月一一日、社説「浙東蔣軍の大掃蕩」『朝日新聞』同年五月二四日、社説「国府の特使を迎ふ」『朝日新聞』同年同月二九日、社説「清郷工作の進展」『朝日新聞』同年八月一七日。
(122)太田宇之助「支那事変解決の構想」『改造』一九四二年七月号、および同「国民政府の強化」『日本評論』一九四二年七月号。
(123)一九四二年三月二二日に、「租界返還の時期」という社説稿を脱稿し、東京に送付している。太田は、「大いに持論を傾け」たらしく、「果たして掲載されるか否や」と本人も心配していた（「太田日記」同日条）が、管見の限り、掲載された事実は確認できていない。
(124)「論説の補足を頼まれ書きて出せば禁止事項と云ふ。屁の如きことが書けぬなり。それで折角ながらやめる。いやになる」(「太田日記」一九四二年一二月二五日条)。
(125)「愈々国府参戦発表され、無理に社説を押しつけらる。詰らぬと思へども紀念の社説にして或ひは最後の社説かも知れねば、遂に引き受けて然るべく書く。而もなほ事前検閲を受けてつまらぬ所にて少々削らる。いやはや馬鹿々々しきこと」(「太田日記」一九四三年一月九日条)。
(126)社説脱稿時に、「心にもなきことを書くやうになれる堕落を自嘲す」(「太田日記」一九四二年五月二二日条)という言葉を残している。退社後に朝日新聞社を訪れた太田は、その後の社内事情を聞き、「論説も新方針によれば益々権威なくなり、百パーセント国策支持のみにて存在の意義も最早なきが如し。よき時に退社したものと今更感深し」(「太田日記」一九四四年二月二五日条)と記している。
(127)『生涯』二三三頁。
(128)栗田直樹『緒方竹虎——情報組織の主宰者』吉川弘文館、一九九六年、一一一頁。
(129)「太田日記」一九四二年九月二二日条。
(130)「大使と二人にて午餐を共にし、新方針〔対華新政策〕に就き肝胆を示さる。且つ緒方主筆に書簡を以て予の引き続き留任を依頼されたる旨の話あり。感激し協力を心に誓ふ」(「太田日記」一九四二年一二月三日条)とある。
(131)「太田日記」一九四二年一二月一九、二七、二九日条。二九日の緒方・重光会談において、太田の南京残留希望は緒方に却下され、太田は朝日退社を覚悟した。
(132)「太田日記」一九四三年三月二四・二五日条。
(133)「太田日記」一九四三年三月二五日条。太田は、回顧録において、周仏海と対立していた李士群(江蘇省長)に対するお目付役として経済顧問として指名されただろうこと、その発案者は周であっただろうことを述べている(『生涯』一八四頁)。
(134)「太田日記」一九四三年三月二六日条。

第4章　対華新政策と江蘇省経済顧問期の活動

対華新政策とは、重光葵（駐華大使・のち外相）が主導した中国政策の転換のことである。これは悪化する戦況に備えるために汪政権の基盤の強化を狙ったものである。そのために、汪政権に対米英参戦を認めること、経済政策においては中国側に大幅に権限を移譲することで汪政権の自発性を促進させること、蒙疆・華北の特殊地域を是正し、治外法権、租界の撤廃などを行い不平等条約を改正することを通じ、汪政権基盤の強化を狙ったものであった。これは、一九四二年一一月二一日の御前会議決定「大東亜戦争完遂の為めの対支処理根本方針」として結実した(1)。

対華新政策は、太田宇之助の江蘇省経済顧問としての活動を論じるための有力なキーワードでもある。端的に言うならば、江蘇省経済顧問時代の太田の使命は、対華新政策の地方における推進だったといってよい。対華新政策発動直後に江蘇省経済顧問として蘇州に赴任した太田は、新政策が現地軍によって骨抜きにされていく状況に憤慨しつつも、新政策にのっとった経済施策の実現に奔走することになる。最終的に、現地軍の横暴に堪えかねた太田は、対華新政策堅持の観点から現地機構改革案を立案し、南京と東京で陳情を行うものの、不首尾に終わり、経済顧問を辞職することになる。

一方で、対華新政策については重光葵が駐華大使・外務大臣期に推進したことが一般に知られている。以下明らかにする通り、太田と重光は親密な関係にあり、かつその中国認識は近似していた。対華新政策策定には両者の協働が見られる。そして、重光は最後まで対華新政策に基づく汪政権擁護にこだわり、結果的に小磯国昭内閣瓦解の原因を作ることになった。

本章では、太田の江蘇省経済顧問期の活動について、中央（南京および東京）で推進役となった重光との関係性に留意しつつ、地方（蘇州）における対華新政策の推進とその挫折という観点から分析していきたい。

第一節　対華新政策策定過程における重光葵との協働関係

1　重光葵との信頼関係と両者の中国認識

太田と重光の関係は、一九二五年に両者が相前後して北京に派遣された際に始まっている。当時、太田は大阪朝日新聞北京通信員であり、重光は駐華日本公使館一等書記官であった。太田の朝日新聞社入社の恩人である鳥居素川が、重光に結婚相手（鳥居の友人である林市蔵大阪府知事の娘喜恵）を世話した縁で、鳥居から重光の人となりを聞き、親近感を抱いていたという。二人は、北京で同じ乗馬クラブに属し、また、二人の妻が同じ教師から英語を学んでいた縁もあり、家族ぐるみのつきあいをしていたという(2)。一九二九年からの上海支局長時代にも、上海総領事・駐華代理公使であった重光との交流は続いたようである(3)。以後も交流を絶やさなかった可能性が高いが、その交流の詳細は明らかではない。

重光は、一九二〇年代においては、中国ナショナリズムを許容する姿勢を示し(4)、太田とは中国認識が近かったものの、その中国に対する姿勢は無制限の譲歩ではなく、日本の利益を侵害する場合は実力行使に転換する余地があったため[5]、満洲事変を契機に強硬論に転じた。一九三〇年代には重光の中国政策は、中国の統一と安定を悲観し、強硬路線を採るようになっていた[6]。対中融和姿勢を持つ有吉明駐華公使と重光次官に中国政策をめぐる路線対立があったことは知られているが[7]、太田は重光に対する批判こそ一切しなかったものの、有吉公使の外交姿勢を評価する評論を残している[8]。したがって、一九三〇年代において重光と太田の中国認識にはかなりの溝ができていたのである。しかし、一九四〇年代になると、両者の中国認識は著しく接近していた。

日中戦争期、重光と太田は連絡を密にしていたようである。重光は駐英大使時代に太田に中国情報を問い合わせており、一九四一年三月二五日付で発信された太田の返信は「重光葵関係文書」に現存している[9]。そもそものきっかけは重光からの「支那事情を知りたい」という往簡であったことが太田書簡の冒頭に書かれている（往簡は確認できず）。太田に対する重光の信頼がうかがえる。また、同書簡がクーリエ（外交通信便）によって重光に届けられたことも記されている。外交通信便は、日本および英国の検閲を受けないため、内容の信憑性を大きく担保している。

同書簡において太田は、松岡洋右外相や本多熊太郎駐華大使への忌憚のない批判、総軍嘱託を引き受けた動機と使命感、前年に香港で行った和平工作の詳細、汪政権の財的・人的欠乏により汪政権の強化が思うようにいかないことへの嘆き、日本政府および日本軍による思い切った政治転換の必要性を、重光に伝えている。総じて、「太田日記」には十分には書かれていない太田の心情が吐露されており、重光に対する太田の強い信頼と総軍嘱託時代の苦衷がよく伝わる史料である。同書簡の内容から、重光―太田間で頻繁に書簡のやりとりをしていた模様が推測できるが、戦前期の太田の重光宛書簡（たとえば同書簡冒頭に書かれた太田からの「前便」）は残念ながらほとんど現存していない。

太田と重光は単に密接な交流があっただけではない。日中戦争期において、両者の中国認識と中国政策構想は近似しており、両者の合作は、一九四二年末に対華新政策として結実することになる。対華新政策を論じる上で、その発案者である重光の役割は比較的よく分析されてきたが、太田の役割の解明はこれまで不十分であった。

2　対華新政策立案をめぐる重光・太田の協働

対華新政策の内容は、太田の持論と合致する点が多い。駐華大使時代の重光は、汪兆銘政権に対する内政干渉を停止し、中国人の主権と独立を支持することで、「南京国民政府との間で主権尊重・平等互恵の関係が築けるならば重慶政権の抗日名目がなくなり、日中和平の基礎ができる」と考え、新政策を模索していた[10]。これは、太田とまったく同じ認識である。当該時期において、重光・太田両者の中国認識および対華政策構想は一致している部分が多い。この点は武田知己も簡潔に指摘するところである[11]。

対華新政策は、重光と太田の合作の可能性があり、少なくとも、重光の対華新政策の構想・実施にあたって太田が有力な協力者の一人であったことは間違いない。一九四三年二月の「太田日記」には、「影佐少将から廻送の手紙を受け取る。新対支政策の実現に就き予の努力を認められたのは聊か嬉しかった[12]」という記述も出てくる。太田の対華新政策への尽力は、かつて汪政権最高軍事顧問として太田の後援者の一人であった影佐禎昭からも認められるものであったのである。

実際、「太田日記」の一九四二年の部分を紐解くと、以上の仮説を傍証する記述がいくつか存在する。まず、一月一〇日に重光駐華大使は南京に着任するが、同一八日・一九日に太田と重光は親しく食事をしている。翌二〇日以降、太田は東京に出張するが、この出張中に鈴木卓爾中佐（参謀本部支那課支那班長。二月三日に会談）、山本熊一（外務省東亜局長。二月一九日に会談）、永井柳太郎（大政翼賛会東亜局長。二月二〇日に会談）らに、それぞれ「対支政策を建策」している。そして、南京に戻った翌日の三月四日に重光と会食している。太田は、東京出張の出発と到着の前後日に重光と話し合っているのである。太田の出張の背景に、重光との協働があったと見ても不自然ではない。

同年四月、今度は重光が新政策について説明するために帰朝する。この時、重光は木戸幸一内大臣に新政策の意義を説明している[13]。重光の出立当日（一九四二年三月三一日）、太田は別れの挨拶のために重光に会見するが、当日の日記に「重光大使にお別れの挨拶をする。国府強化策は結局東京の外なし[14]」と記している。太田は、重光の帰朝の目的と意味を知っており、両者が、後の対華新政策に繋がる構想を話し合っている様子が窺える。

重光が要人説得に本格的に動くのは、一九四二年一一月以降であるが[15]、太田はタイミング悪くすれ違ってしまったため[16]、両者は事前に協議を行うことはなかった。しかし、重光が南京に戻ってきた翌日の一二月三日、太田と重光は会談しており、「新方針に就き肝胆を示さ」れたようである[17]。重光は同じ日に、畑俊六（支那派遣軍総司令官）と会談し、対華新政策について説明している[18]。総軍総司令官たる畑への報告は優先されるべきであるが、その畑と太田が同日に重光から報告を受けているという事実は、注目すべきではないだろうか。

3　対華新政策の歴史的評価

対華新政策には、汪政権の政治力強化という目的とともに、汪政権の自発的戦争協力体制を構築し、中国における物資獲得の一層の効率化を図るというもう一つの目的があった[19]。実際、対華新政策は、南京政府の自立化促進を名目としながらも、本音は対日供給物資の確保だったという評価も根強い[20]。

物資確保を優先して対華新政策が実行されたのは事実であるが、それは対華新政策の一面に過ぎないことに注意する必要がある。波多野澄雄は、「陸軍にとっては、南京政府の『自主独立』の尊重と『自発性』の容認という政治的施策は、あくまで対英米戦争の遂行のための手段であり、『全面和平』が第一義的目的ではなかった[21]」

とする一方、「『新政策』を単に対米英戦争の遂行手段としての地位にとどめるのではなく、中国の民族的要求に応え、やがて日中全面和平を導く基礎工作として位置付けようとしていたのが重光[22]」だったと指摘し、陸軍と重光の対立構造を描いている。このような対立構造は蘇州現地陸軍と経済顧問（太田）の間にも指摘できる。

実態から見れば、対華新政策は、汪政権の政治力強化やその自主独立といった理念は建前に過ぎず、中国大陸における物資確保を効率化するための汪政権の戦争協力促進策としての性格を持つことになった。しかし、それは、対華新政策の理念が換骨奪胎された結果であることは留意する必要がある。筆者が対華新政策の理念にこだわるのは、それが太田や重光の行動原理を考える上で不可欠な要素だからである。太田の江蘇省経済顧問期の活動を、「対華新政策の理念実現」を行動原理として理解することが本章の目的である。

ただし、注意すべきは、太田が物資の獲得を軽視したわけではないことである。本章第三節で述べる通り、太田は米穀政策に尽力し、米糧の確保に努めていた。しかしこれについては、太田は経済的施策も含めて、汪政権の政治力強化を図りたかったと理解すべきである。経済事情や食糧事情の安定による経済力の強化は政治力の強化に直結することはいうまでもない。換言すれば、全面和平の達成の大前提となる汪政権強化こそが太田の真意であり、新政策に伴う経済的施策はあくまでも汪政権の政治力強化の手段と見たと解すべきであろう。

中国への権限委譲を骨子とした対華新政策の理念を信奉するはずの太田が、江蘇省において省政府の中国人経済官僚を押しのけて、経済政策の立案に携わっていたことに関しては、説明が必要であろう。一九四三年四月に省政府に対し経済顧問を派遣したことに関し、小笠原強は、対華新政策にもかかわらず介入を強化していると述べているが[23]、そもそも対華新政策は、不干渉主義ではない。これは当時でも誤解されていたようである。

中国総力戦研究所「昭和一八年度甲地区に於る米糧収買調査報告書」（一九四四年四月一五日）は、汪政権の政治力強化こそが米糧収買を好成績に導く唯一の方法だと主張するレポートであるが、そもそも汪政権が政治的に弱体だからこそその強化が叫ばれているにもかかわらず、対華新政策を機械的かつ皮相的に解釈して、汪政権に対するあらゆる協力を干渉と見なして否定したり、弱体な汪政権にすべて丸投げしたりすることは汪政権の否定と同義だと、同報告書は断じている。そして、日本は汪政権の自主独立を育むための側面的な協力を惜しむべきではなく、委ねるべきものは委ねるが、協力すべきものは協力することこそが必要だと訴えた[24]。同報告書は太田の構想と一致する点が多く、本書でもこのあと参照していきたい。

第二節　江蘇省経済顧問への就任

1　経済顧問の役割

汪政権への日本人経済顧問の派遣は、一九三九年一二月に日本政府と汪兆銘の間に結ばれた「日支新関係調整ニ関スル協議書類」、および同協議書類を条約化した日華基本条約（一九四〇年一一月）に基づくものである。劉傑[25]と小笠原強[26]により、その交渉過程の研究がなされているが、それによると汪側は傀儡化の印象を与えかねない政治顧問の派遣を拒絶した結果、顧問の派遣は経済、軍事の分野に限られることになった。

経済顧問は大蔵省から出向した経済官僚が多かった。経済顧問は汪政権の全国経済委員会に所属し、日本ではなく中国政府から俸給を得ていた。これは大蔵省などから出向した官僚も同様であった。太田は、そう捉えていたからこそ、汪政権の立場に立った政策立案を数多く行ったのである。しかし、これは、経済顧問の共通認識ではなかったようで、汪政権の主権を侵し、中国側の不信を招く経済顧問もいたようである[27]。

当初、経済顧問は南京の中央官衙《かんが》および上海特別市のみに置かれていたが、対華新政策の発動に際して地方政府にも置かれることになり、一九四三年三～四月に派遣が行われた。四月九日に江蘇省経済顧問に着任した太田と同時期に、川上親文（浙江省経済顧問）、榎谷孝典（湖北省経済顧問）、前島昇（江西省経済顧問）、金山国臣（広東省経済顧問）の派遣が行われている。また、各経済顧問のスタッフとして顧問補佐と顧問随員が配置され、太田のもとには、近藤英夫（顧問補佐）と青木新一（顧問随員）が派遣された[28]。

経済顧問の省政府への派遣の発案を当初なしたのは、日本軍であった。『周仏海日記』には、以下の記述が残っている。

永井大佐が来て、軍部は、国民政府中央が省を制御できず、省が県を制御できていないが、その弊害は省に日本側の特務機関があり、県には日本側の連絡官がいるためであるが、両者を廃止しようとしても戦争をしている時は絶対に不可能なので、国民政府の経済顧問を省政府に派遣することで、中央の統制の強化を図るつもりだとして、余の意見を尋ねてきた。余はそれでもよいが、二つの条件がある。則ち、一、特務機関及び連絡官は必ず廃止すべきで、そうでなければ、機構がまた一つ多くなり、更に複雑になる。二、顧問の人選は慎重に行うべきで、しかも任免の権限は全て国民政府にあるものとすべきである[29]。

松井中将、浜田大佐が来て、先頃作成した案について話し、目的は日本の特務機関から経済、行政を全部国民政府に引き渡すことを要求しても、日本が安心せず反対する恐れがあるので、経済顧問が各省に人を派遣することを提議したが、顧問が一切を取り仕切るように欲していないので、了解を求める[30]。

以上の通り、日本軍の発案により、経済顧問の省政府への派遣が実施されたのである。重要なのは、経済顧問の省政府への派遣は、日本の特務機関の行政と経済に関する権限を汪政権に回収させることが目的であり、汪政権中央の地方統制強化と結びつけられている点である。しかし、周仏海が要望した特務機関の廃止はなされず、後述の通り、陸軍連絡部に改称されることになった。

2　蘇州着任と陸軍連絡部との関係

太田は一九四三年四月二八日に蘇州に赴任した。そして、六月二日に、李士群（江蘇省長）、小林信男（第六〇師団長）、小坂部瀊（蘇州領事）、ほか日中の経済人数十名を招いて、江蘇省経済顧問就任披露宴を行った。その際の挨拶のなかで太田は以下の通り所信を披露している。

全国経済委員会は最近機構改革を行い、経済顧問の陣容を拡充した。国民政府（汪政権）の参戦により日華は一体となった。大東亜戦争の勝利を得るためには国府の経済力の増強と民生の向上を図ることが最も肝要となる。同時に日本は対華新政策の推進において適当な措置を取るべきである。私の任務は新政策の趣旨を最も忠実に遂行することにある。省政府の財政経済各方面において諮詢に応え協力を図り、そして、中央と地方、ならびに日本と中国の緊密な合作のために奉職していく所存である。(31)

太田は明確に対華新政策の遂行こそが経済顧問としての職務だと自任していたのである。しかし、このような太田の所信は、陸軍出先機関（江蘇省連絡部）との軋轢により、実現困難な状況に追い込まれていく。

江蘇省連絡部とは、日本陸軍の旧蘇州特務機関である。一九四三年三月二六日、対華新政策の発動と連動して、日本陸軍は中国各地域に置かれた軍特務機関を軍連絡部に改称した。(32) 改称に伴い、軍連絡部は「作戦警備に関する事項の連絡並に調査」に、その任務を限定し、「中国側の自発的活動」を促すことになった。(33) つまり、中国の各行政機構に対する現地陸軍の「内面指導」は廃止され、側面的な「好意的援助」に移行するとされたのである。

これは、対華新政策に基づく、中国の自主独立と国府の政治力の向上を援助するための施策の一つであった。[34]

特務機関の軍連絡部への改称に関しては、従来『戦史叢書　北支の治安戦（二）』に記述のある北支那方面軍隷下の華北の事例が知られていたが、[35]華中でも同様の措置が取られたのである。陸軍江蘇省連絡部は一九四三年三月二八日に成立し、旧蘇州特務機関長の中山貫一大佐が連絡部長に転じた。[36]

以上の通り、軍連絡部への改称は対華新政策に基づく施策であり、これにより中国の各行政機関に対する陸軍の「内面指導」は撤廃されたはずであった。しかし、直後の四月に蘇州に着任した太田が直面したのは、連絡部への改称後も続く、江蘇省政への陸軍現地機関による容喙《ようかい》であった。

対華新政策発動後、江蘇省行政における日本側機関では、連絡部長と経済顧問は形式上二枚看板であった。ただし、陸軍を背景とした連絡部長の影響力は強大で、経済顧問は常にその風下に立たされた。連絡部の主催の下、省政府との間に連絡会議が月一回程度開催され、そこで省行政に関する政策決定が行われた。連絡会議には経済顧問も出席したが、影響力はなかった。江蘇省政府は連絡部の顔色を窺い、連絡部の意向を付度して経済顧問を軽視した。省政府内部の腐敗[37]と連絡部の専横は、蘇州時代の太田の悩みの種であり、日記内でたびたび嫌悪感を表明した。

たとえば、中山連絡部長批判として以下の記述がある。

午後九時より県長会議に出席。中山連絡部長は米の買収を激励して総軍参謀の談として、昨夜省長と会見に於る辻大佐の談を取次ぎ、成績よき県長は栄転、悪しきものは左遷又は首にする意向といふ。最も利き目ある言なれど、省長をして言はしむるならば兎も角、演説中にて直接言明するのは沙汰の限り、日華条約の自主独立が何処にある。[38]

米買収に関する連絡会議が省政府内で開かれる。連絡部の司会指導でやはり日本側が出しゃばるのである。米統会代表も日本人といふ調子で、独立自主はまだまだのこと。大がかりの集まりも大して結果なし。演説会のやうなもの。能率の上がらぬわけ[39]。

連絡会議が省政府内で連絡部との間に開かれて、明年度工作について連合して省政府案を骨子に検討することになり、分科会を設けたが、自分は建設、食糧、経済各庁局を一組とする方に加はることになり、何だか経済顧問の仕事の範囲が限定されたやうで少々面白くない。それにしても連絡部が行政各般に干渉を続けることになったのは更に面白くない[40]。

このように、対華新政策の精神に反する省政府への連絡部の内政干渉を太田は問題にしたのである。ただし、一九四四年に後任の連絡部長となる金子俊治の時期と比べると、この中山連絡部長の時期は、連絡部と経済顧問の関係はまだ良好な方であった。金子との軋轢については、後述する。

以上の通り、連絡部が対華新政策に反する内政干渉を繰り返すことによって、太田は無力感にさいなまされた[41]。一九四三年四月の蘇州赴任後の太田の日記は、こうした不満ばかりになる。時間的余裕も生まれたようで、一日あたりの日記執筆分量も飛躍的に増えている。しかし、太田はただ愚痴だけを並べていたわけではない。この逆境をはねのけて、対華新政策の理念を全うさせようとさまざまな施策を立案することになる。

3　一九四三年における太田の意見具申

以上のような連絡部との軋轢があったなかでも、太田は汪政権への意見具申を行っている。ここでは、一九四三年に行われた「中国解放奉告祭」と「阿片禁絶」の二つの意見具申を取り上げたい。『生涯』によると、この二つの意見具申はいずれも、重慶政権に「汪政権は単なる日本の傀儡政権ではない」と考えを改めさせる機会を作るという共通の目的に立ったものだという。[42] 同時期に「田賦実物徴収」の意見具申も開始しているが、この政策に関しては、次節で取り上げる。

太田の場合、まず信頼関係のある南京の要路者（日中双方。たとえば、周仏海や辻政信など）に具申を行い、中央の了解を取り付けることに特徴がある。支那派遣軍総司令部嘱託時代と東亜聯盟中国総会顧問時代に行った意見具申も、同様の手法を採っていた。

「中国解放奉告祭」は、租界返還、治外法権撤廃などの成果を南京の中山陵で国父である孫文に報告するデモンストレーションである。意見書は現存していないが、孫文の念願の一つであった国権回復を汪政権が実現したことを強調することで、同政権の求心力を高めることに目的があったと思われる。一九四三年七月二四日に周仏海に提案して賛意を得た上で、太田は同月三〇日に、意見書「中国解放実現奉公祭挙行の件」を執筆し送付している。この意見書は採用され、同年一一月一二日（孫文の誕生日）に実施されることになった。後述する日華同盟条約の調印直後のタイミングであり、太田は「先の意見書が最もよき時期に実行されるを歓ぶ」[43]、「本年八月上海租界撤廃の際に之を建議したので、漸く実行されたので特に嬉しさを感じた」[44]と記している。これは、太田の意見書で南京中央に採用されたものの一つである。

ところで、一九四三年一〇月三〇日には日華同盟条約が日本と汪政権の間で締結されている。これは、日華基本条約（一九四〇年一一月）を改定する目的で締結されたものであり、善隣友好、経済提携、主権独立尊重などの項目に関しては、従来の日汪間の取り決めを踏襲していた。日華基本条約との最大の相違は、全面講和後の無条件撤兵の確約でありすでに実現していた治外法権の撤廃と租界の返還とあわせて、中国側に対する大幅な譲歩をなすものであった（ただし、満洲国は存続）[45]。これもまた対華新政策の一環であった。

太田は「日華条約の全文を読みて、予が早くより主張し来れるものが今に至って漸く実行に移されたのを思い、感深し。しかし既に時遅きを如何せん[46]」、「日華条約に関する記事を読みて、わが対支政策がいよいよ徹底的に変化せると認む。重慶に呼びかけたる新条約ながら、今日の事態では効果少からん。たゞ他日生きて来るに相違なし[47]」といったように、日華同盟条約の文面を見て、従来の主張との一致に喜ぶが、時機を逸したことを嘆いてもいる[48]。

もう一つ、太田による重要な意見具申は、阿片禁絶に関するものである。「辻大佐を訪ふて阿片禁止を献言し容れらる。改めて汪主席に進言し、飽くまで実現を期せんと誓ふ。愉快也[49]」とあるように、発端は、支那派遣軍第三課長であった辻政信に対する建言であった。太田の建言に辻が賛成したことで、太田は意見書「阿片禁絶の時期」を起草し辻に提出した。「之の題目を以て国府の新政策に勧めたい。既に辻第三課長の賛成を得たから実現性は乏しくないと思ふ[50]」と日記にあるように、辻の全面的協力により、阿片禁絶は実施に向かって進むことになった。

一二月に太田は汪兆銘に直接意見書を提出し、その後押しのために辻からも汪に対し進言があった。支那派遣軍の後押しがあることに汪は驚き、「汪主席は『阿片禁絶をやって構ひませんか』と強い言葉があったとのことを聞き、愈々その実行期が近きを感じて甚だ愉快だった[51]」と、太田は日記に感想を洩らしている。

以上の経緯に関しては、太田の回顧録『生涯』にも記載がある（汪や辻の言葉が足されている）が、日記に書かれていない事実として、一九四四年初頭に阿片禁絶の政令が出されたことと、阿片没収その他を実行したこと（ただし、汪政権の実力が伴わないことから徹底できず）が書かれている。徹底はできなかったが、太田は同政策が実現したことに満足し「生涯の一つの記念塔」とまで述べている[52]。一九四四年二月一五日に行政院会議において「禁煙弁法大綱」が成立しているが[53]、この法令こそ、太田と辻の働きかけの結果だと思われる。ただし、辻の回想では、太田の提案であることは書かれておらず、自分一人の手柄のように書いている[54]。

以上の経緯から見ると辻の役割は無視できないものの、「阿片禁絶」は太田の発案であり、これを辻に持ちかけたところ、辻の強力な後押しにより実際に施行されたものだと解釈できる。

第三節　田賦実物徴収・公糧収買政策をめぐる軍連絡部との軋轢

1　太田の米穀・米糧政策

江蘇省は中国有数の穀倉地帯であり、日本軍の軍糧収買において重要地域と位置づけられていた。清郷工作[55]の基盤でもあり、汪政権支配下でも重要な省といってよい。江蘇省に赴任した太田が、経済顧問として最も力を入れた経済施策は米糧政策であった。これは省政府の主要な財源である田賦（地租）政策と、食糧流通に対する統制政策である公糧収買政策の二つに大別できる。太田は、田賦政策と公糧収買を関連づけて構想していたため、以下の分析においても、両政策の関連性について述べていきたい。

日中戦争期の中国の土地・食糧問題については、重慶政府と汪政権に関する研究が社会経済史分野において広く行われている。ただし、土地制度史である田賦政策と物資統制に関する食糧政策は別個の関心からアプローチされてきた。

社会経済史の議論に参加することは筆者の能力を超えている。本書のテーマは、太田宇之助の中国認識の把握にあるため、議論そのものには深入りせず、以上の諸研究を援用して、太田の施策の意味とその背景、そして対華新政策の地方への浸透状況の二点に焦点を当てて分析を行う。

江蘇省経済顧問時代の太田が最も力を入れて取り組んだのは、田賦実物徴収と米糧収買を中心とした米穀政策であった。太田の日記に米穀問題が初めて登場するのは、一九四三年七月である。本章では、太田の米穀政策案とその意図について、「太田日記」や関連史料をもとに考察してみたい。政策案の実際の動き（立案、交渉、実施過程）についても分析する。

太田の米穀政策構想は以下の三点に要約できる。第一に、田賦（地租。省政府の有力な財源）を従来の金納を廃し、農作物（実物）で徴収する形に改める（田賦実物徴収）。第二に、米糧統制委員会（以下、米統会）ではなく、省政府が主体となって公糧収買を行う（行政収買）。第三に、田賦と公糧は同時に徴収する（田賦公糧併徴）。以上の、田賦実物徴収（以下、田賦実徴と省略する場合もある）、行政収買、公糧併徴の三点が太田の米穀政策案だったのである。太田の米穀政策は、以上の三点が結びついた点に特徴があったが、以下では、それぞれの政策の意図を検討していきたい。

「太田日記」によると、太田は以上の政策構想について意見書、実施要綱、細則などを作成し、多方面に折衝し意見集約を行うなど、自ら政策実現に努めていた。残念なことに、太田の執筆した文書はほとんど現存していない。しかし、太田が争点としていた政策案の概略については「太田日記」や回顧録『生涯』に記載がある。江蘇省の田賦実徴については、太田と共同で取り組んだ江蘇省立経済研究所による編纂物が残っており、ここから田賦実徴の経緯や目的を分析することができる。また、行政収買に関しては、太田と同時期に行政収買の必要を主張した調査報告書があり、これを援用する。

ここで、江蘇省立経済研究所の編纂した『田賦徴実研究』に基づき、当該時期の蘇州における米価の変遷（表1）を確認しておきたい。蘇州の米価は一九三八年までは比較的安定していたものの、四〇年以降インフレに見舞われ、それは次第に深刻化していったことが分かる。太田が田賦実物徴収の意見書を初めて起草したのは、一九四三年七月であり、実際に実現に奔走していたのは、四四年であった。こうしたインフレ対策のため、太田は田賦実物徴収に取り組んだのである。

表1　日中戦争前後の蘇州の一石あたりの米価変遷

（単位：元）

	1937年	1938年	1939年	1940年	1941年	1942年	1943年	1944年
1月	7.5	8.5	12	65	80	120	280	2,300
4月	8	9	18	75	95	260	400	3,500
7月	8	9	18	80	98	200	480	7,500
10月	8	10	20	90	120	240	900	

出典：江蘇省立経済研究所1944年7月調査（江蘇省立経済研究所『田賦徴実研究』江蘇省立経済研究所，1944年，58-59頁）．

2　汪政権下江蘇省の田賦実徴政策と太田

①江蘇省[56]の田賦に関する研究と史料

江蘇省の地主制に関しては、夏井春喜による二冊の研究書がある。[57]夏井は、太平天国期（一八五一～六四年）から国共内戦期（一九四六～四九年）までの約一〇〇年間を対象に、近代における江蘇省（特に蘇州）の土地制度（地主制、田賦など）の変容を地道な史料調査をもとに明らかにしてきた。中国、日本、米国の各地に残された江南地域の土地制度関係資料（魚鱗図冊、租桟関係簿冊など）を網羅的に収集し、緻密でいて長期的視野に立った、前人未踏のまさに労作である。本書では、太田の蘇州赴任前後の該地の土地制度については全面的に夏井のこの研究に依拠した。

ところで、『中華民国江南地主制研究』第二章第五節のなかで夏井は、汪兆銘政権下の一九四四年に江蘇省で実施された田賦実物徴収政策を論じている。しかし、厖大な土地関係文書を駆使した夏井の他の研究と異なり、この部分はほぼすべて『江蘇日報』と『常熟日報』といった新聞史料のみで構成されているという問題点がある。夏井は新聞記事を踏まえて、実物徴収政策の立案者を江蘇省立経済研究所（主任の申蘭生）と見なしているが、「太田日記」の内容を踏まえると、汪兆銘政権で実施された田賦実物徴収政策の立案者は太田宇之助である。また、夏井が立案者と見なした江蘇省立経済研究所による編纂物[58]が上海図書館などに所蔵されているが、この史料は夏井は使っていない。江蘇省立経済研究所の編纂物は、同省における田賦実物徴収政策の実施過程、各種統計、辨法などが記載されており、一九四四年の田賦実物徴収政策を総体的に把握する上できわめて有益な史料である。

②太田の田賦実徴政策構想

さて、太田の田賦実物徴収政策について分析を始めたい。

田賦実徴は、重慶政権において一九四〇年から実施されていた。当該時期の四川省の田賦実徴を研究する笹川裕史は、「公務員や一般の都市住民に対しても一定の食糧を供給し、財政支出の節約、インフレの抑制、食糧市場の安定化に貢献する」[59]といった点が田賦実徴のメリットだったとしている。一九四四年の江蘇省において実際に実施された田賦実徴に関する報告書『田賦徴実研究』でも、戦時下においては軍糧民食の確保、地方政府(省・県政府)の収支安定、物価の安定に効果が見込まれると指摘されている[60]。

笹川や『田賦徴実研究』が指摘する田賦実徴の期待される効果は太田自身も同様に考えていたと考えてよいと思われる。太田自身回顧録において、「インフレは止まるところを知らぬ状態なので、この対策の一つとしても地租を実物で徴収する案を思いついた」[61]と述懐しており、また「太田日記」においても、「米価と云ひ、物価は益々高くなるのみで、田賦実徴は愈々必要となって来る」としている[62]。また、「今日の新聞で中央の官吏の増俸の内容が発表されたが、米を無給で配給する案で、自分の運動が漸く酬いられて来たのを感じて聊か愉快であった」[63]とも述べている。日記などには書かれていない点も、おそらく太田の田賦実徴の意見書にはメリットとして書かれていたと思われる。

軍糧民食の確保と物価の安定の結果もたらされるのは、汪政権支配地域における民生の安定であり、民生の安定は汪政権に対する求心力の向上に繋がる。そのため、田賦実徴そのものに関しては、太田が折衝した要路者は、原則賛成を示す者が多かった。太田の田賦案が問題となるのは、行政収買と田賦公糧併徴とがそれとセットだったからであるが、その点に関しては後述する。

ただし、田賦はあくまで租税であり、その徴収の向上は確かに地方政府（省・県政府）の収支安定に繋がるかもしれないが、税率いかんによっては、農民に過重な負担を強い民生を圧迫する恐れがあった。江蘇省における田賦実徴の政策決定過程で最後に争点となったのは、まさにその税率であった。農民への必要以上の負担を抑えたい太田と、少しでも多く米糧を確保したい連絡部長は税率をめぐって対立し、最終的には南京中央の支持を背景とした太田の案が勝利した。太田の案は一畝あたり一斗を上限としていたが、連絡部長は一斗五升を上限とする案であった。「太田日記」によると、連絡部の一斗五升案に基づく試算では、田賦は前年比一一倍となることが想定されたらしく、「余りにひどいし、農民の苦痛、軍米に及ぼす影響を考へると、やはり飽まで一斗五升に反対せざるを得ない(64)」と述べている。田賦の税率が一斗で収まったことに江蘇省の農民は心から感謝したらしく、一斗案に尽力した太田に対し、地元農民は感謝の宴会を開き、太田を招待している(65)。

また、先に挙げた江蘇省土地制度史の第一人者である夏井は一九四四年の江蘇省田賦実徴が及ぼした影響として、以下の通り指摘している。従来、田賦は地主が佃戸（小作農）から田租（小作料）を徴収した上で、地主が省政府に納付するものであったが、「田賦実徴では、田租と田賦が分離され、田賦は政府が直接徴収し、田租は地主が私的に収租するものであり、地主の権限の喪失はその点にあった」。つまり耕作者である小作農を納税者として把握することが田賦実徴によって可能になったのであり、夏井はその点を評価している(66)。

以上の夏井の評価、そして税率をめぐる太田の活動と農民からの感謝をあわせて考えると、太田の田賦政策案は、物資確保についても念頭に置いていただろうが、民生の安定により重きを置いていたものだと判断できる。

3　行政収買と田賦公糧併徴に関する太田の主張

汪政権下の食糧事情、ないし収買事情、特に米統会の活動については、浅田喬二、古厩忠夫、弁能才一によって研究されてきた[67]。ここでは浅田の研究をもとに米糧収買の状況をまとめておきたい。

華中占領地の米は、日本軍司令部の統制下に置かれ、米の移動や取引は制限されていた。一九三八年九月に軍用米の買い付けの円滑化のため、米の主産地においては日本の大商社が米穀買付商として指定され、指定商社以外の米の取引は禁止された[68]。指定された日本商社は、一九四二年九月に日本側の米穀統制収買機関である中支米穀買付組合を結成し、汪政権の食糧管理委員会と収買地域の棲み分けを行うことで、両者の競合を防いだ。中支米穀買付組合の収買した米はすべて軍用米となった[69]。

一九四三年一月の汪政権の参戦に伴う対華新政策の発動は、米穀の収買体制を根本的に変容させることになった。従来、立案・統制の権限は日本軍当局にあったが、これが汪政権に委譲されたのである。米糧の収買と配給に関する統制機関として米統会が一九四三年九月に設立された。米統会は、民間商人の自治団体で、汪政権によって監督指導されていた。

一九四三年の米統会の収買は自由取引に委され、かつ、行政機関の協力なく実施されたため、成績は不良であった。一九四四年度には行政機関が米統会の収買に協力したため、浅田は「行政収買方式が全面的に採用されるようになった」と評価している。ただし、米統会は日本の大商社の支配下にあり、また、実際には省政府と同レベルの権限があったため、汪政権は結局コントロールに失敗していった[70]。

こうした経緯を背景に、太田の米糧収買構想は展開していくことになるが、その構想について太田は回想『生涯』で以下のように説明している。

軍米は前述したように中国側の手〔同頁に「中国の地方政府」とある〕で調達することにし、田賦の実物徴収と共に米の一定量を割当てて買い取る制度を設けて同時に納めさせる方法を以て、現在の無理な日本軍の軍米収買方法に代え、省政府から改めて日本軍に所要量を供給することにしようとする案に意欲を燃やすようになった。軍米は前述したように中国人による買収機関〔米統会を指す〕が扱っているのであるが、その間中国商人の狡さや種々の弊害が伴って能率の上がらぬ実情にあった。(71)

以上の通り、太田は米統会による収買を問題視し、行政機関（省政府）による行政収買の必要性を説き、田賦と同時に公糧を収買する田賦公糧併徴を構想していた。また、能率を上げるために、米統会による自由収買ではなく割当量を定めた強制収買を構想していたのである。特に、太田は、民間の自主的統制機関である米統会による収買に反対し、行政機関が直接関与する形の行政収買にこだわる。結論を先取りすれば、行政機関が直接収買にあたることが、汪政権の実力を地方に浸透させることに繋がるという理解を有していた。換言するならば、行政収買は、対華新政策の一手段として構想されたのである。

このような構想は、太田の日記記述や、現存する米糧収買に関する太田執筆の意見書などからも窺うことができる。しかし、こうした太田の構想を理解する上で何より有用なのは、中国総力戦研究所によって作成されたレポート「昭和一八年度甲地区に於る米糧収買調査報告書」（以下、「甲地区米糧報告書」）である。(72)「甲地区米糧報告書」では、米統会が実施した一九四三年度の米糧収買の失敗が問題視されている。また、同報告書は対華新政策の趣旨（理念）に全面的に賛同しており、全面和平を見据えるならば、汪政権の政治力育成が唯一の途であり、それには米糧収買において行政収買を貫徹すべきであるとしている。その上で具体的論点として、以下の四点を挙げている。

第一に、米糧収買不振の要因はいくつかあるが、最大の原因は、行政収買方式を採らず、民間側自主的統制収買機関である米統会を通じた自由収買となったことである。

第二に、戦時下に自由収買は不適当であり、かつ、米統会を通じた自由収買は米商が不正を働く温床となっている。割当量（収買目標量）を定めた強制収買を行う必要がある。

第三に、収買不振の原因の一つに、汪政権の政治力の貧困があるが、だからこそ、行政収買を通じて、汪政権の勢力を農村に浸透させる必要がある。

第四に、無条件の行政収買は貪官汚吏の跋扈を招くかもしれないが、だからこそ行政収買を清廉かつ強力に行うことにより、汪政権の政治力強化は達成される。

「甲地区米糧報告書」は、重光や太田と同程度に対華新政策の理念に賛同しており、あくまで汪政権の政治力向上が第一義であり、日本軍の米糧確保を二の次にしているという点で興味深い。

次に、太田の米糧政策に関する意見書「米糧収買中ノ若干ノ事実ニ就テ」（一九四五年二月）[73]について確認してみたい。これは、「太田日記」に記載がある通り、江蘇省連絡部が指導し米統会と採辦商が実施した米糧収買のなかで起きた「不公正」に対する告発文書であった[74]。主に江蘇省呉県の農民から聴き取りを行ったものであり、①本来軍糧収買の対象外となるはずの零細農も対象になっていること、②収買の際、割当量の標準が守られず、農民の自家消費分も残らないほどの苛酷な取り立てが行われたこと、③収買価格は不当に安く、二、三か月後には五倍もする小売食米を買わなければならない事態に陥っていること、などの実例が紹介されている。

また、問題の背景として、収買方法が朝令暮改（米統会の自由収買から米統会関与の行政収買に変更）され、統一した方針を策定する準備が足りなかったこと、あわせて、有力者の徴収逃れが横行し、その分が零細農に転嫁されていること、その結果収奪が苛重さを増すという負の連鎖が起きていることが指摘されている。

この問題の解決策として、太田は、米統会の介在を排除し、純粋な行政収買とする「田賦公糧併徴」を実施し、軍糧の徴収は、田賦賦率に準じて「田賦の幾倍」とする簡単明瞭な基準とする案を打ち出した。この「田賦公糧併徴」は、太田が一九四四年に主張していたが、連絡部との調整からいったん引っ込めていたものであった。以上を整理すると、太田が構想する行政収買とは米統会を通さず、行政機関が単独で収買を行うことであった。これにより、汪政権の農村への浸透を助長し、その政治・経済力の向上を狙ったのである。また、強制力をもって収買することが書かれているが、強制力とは弱者からの収奪を意味しない。富農の徴収忌避を取り締まり、農民の能力に応じて累進的に収買することが目指されたのである。

4 米糧政策における太田の立案・折衝と連絡部との対立

①太田による田賦実徴の意見集約

太田は田賦実徴に対して「江蘇省顧問として之を何よりの大きな事績とし、之が為めに失脚しても差支へなし」[75]との信念をもって取り組み、実施に導いた。以下、「太田日記」をもとに、米糧政策実現に対する太田の動向を見ていきたい。

太田は、一九四三年七月に田賦実物徴収に関する趣意書を作成し、汪兆銘や周仏海などに対し運動し、賛意を得るが、四三年度中には実現しなかった[76]。

再び動き始めるのは、一九四四年三月になってからである。上旬に小林信男中将（第六〇師団長）[77]と王敏中（江蘇省財政庁長）[78]に田賦実徴について説明したのち、同月中旬の南京出張において、辻政信から全面的同意を得[79]、畑俊六（支那派遣軍総司令官）からも賛意を得た[80]。蘇州帰任後、中山貫一（江蘇省連絡部長）に対し、南京での成果を伝え、「原則賛成」の内意を得る[81]。ただし、実施方針についてはまだ研究の余地があるため、調査委員会の設置を提案された。田賦実徴調査委員会の設置は直ちに陳群（江蘇省長）により認可され、三月二七日に初会合が行われた[82]。調査委員会には、省立経済研究所の申蘭生主任や財政庁の呉本通（田賦主任）などが参加していた。

「太田日記」によると、一九四四年五月から六月にかけて、江蘇省政府の経済官僚（王財政庁長や中経済研究所主任など）と折衝を重ね、田賦実物徴収案を練り上げていく。太田は自ら要綱案と説明書を作成しているが、この時期の太田の田賦実物徴収に関する意見書は現存しない。日記の内容から判断するに、太田の意見書の趣旨は、①田賦を実物で徴収、②田賦と同時に公糧（日本軍と汪政権公務員などのための食糧）を併徴、③田賦徴収および収買は省政府が単独で関与（米統会や日本陸軍の関与を排除し、完全な行政収買を実施）、であったものと推定される。

ただし、田賦公糧併徴は中国側からの反対が多く、田賦実徴と公糧収買を別にする第二案を作成した。[83] 太田の努力の甲斐もあり、六月、江蘇省長の陳群は田賦実物徴収の実施を決意した。[84] なおも、折衝を重ね、同月二九日に省政府内での意見集約を終えた。[85]

②金子連絡部長との対立

以上の通り、太田の尽力により、田賦実物徴収政策は省長の了解と省内の意見集約にこぎ着けたのである。しかし、ここから連絡部による妨害が始まる。田賦実物徴収に対し「原則賛成」の態度を示していた中山貫一連絡部長は六月二一日に安徽省連絡部長に転任し、後任の金子俊治陸軍大佐（一九四〇年に蘇州特務機関長を務めていた）が二五日に着任した。[86]

三か月の折衝を経て六月二九日にいったんまとまった田賦案に対し、金子連絡部長は異を唱える。[87] 連絡部長の意見を全面的に取り入れた（金子との折衝を境に公糧併徴の話題が日記から消え、七月一六日の軍米収買会議では四四年度は自由収買となっていることから、公糧併徴を取り下げたものと推測できる）が、太田が提示した賦率一斗（一畝あたり）に対し金子は異を唱え、一斗五升とすべきと提案した。[88] 先にも触れた通り、金子案に従うと、田賦は前年比一一倍になると太田は日記に記しており、[89] 農民のために反対を決意した。

以後、賦率が焦点となる。金子は省長に圧力を掛け、いったんは金子案が通ったが[90]、財政部長の周仏海に事前に陳情に行った太田の根回しが功を奏し、中央の反対で、一転太田案が通った[91]。

金子はかつて蘇州特務機関長を務めており、清郷工作実施にも深く関わるなど、蘇州事情に通暁していた。そのためなのか、太田に対して頑迷な態度を取り妨害を行った。前任の中山連絡部長との間にも不和（内政干渉を嫌悪）は存在したが、省長の視察旅行にともに帯同したり[92]、太田が病欠の際は見舞いに来たりするなど[93]、その関係はまだ良好であった。しかし、金子は我が強く太田の意見を全否定したため、両者の関係は悪化していった[94]。省長の出張を太田に内密とし、金子のみ帯同した。省長も連絡部長に従うので、経済顧問は疎外されるようになった[95]。

金子と太田のこうした対立は単に性格の不一致によるものではない。対華新政策の理念を遵守するか否かの問題であった。

金子の着任から日が浅い時点で、太田は、「金子大佐は実行力あって頼母しいが、その代りに経済顧問を無視し且つ新政策を無視して、省政府に対して政治経済全般の問題につき直接干渉する危険が濃厚で不安である[96]」と、金子部長が対華新政策に反することをすでに危惧している。

金子の干渉は中国人からも嫌悪されていたようで、太田は、「省長に対する金子連絡部長の態度の面白くない噂を苦にして相談される。尤も至極である。中国人は面と向ってはその権力に押へられて居るやうであるが、内心は反抗を続けて居るので、結局は何にもならない。やはり何処までも相手を尊敬し、心と心を結び合って行くやうにしなければならぬと思ふ。部長と予の何れの遣り方が成功するかは対支政策の根本と同様である[97]」と日記に綴っている。

金子連絡部長にとっても太田は目障りだったようで、太田は金子の言葉を以下のように記録している。

金子部長が最近洩らしたところによれば、経済顧問は国民政府の機関であるから、江蘇省との交渉は直接に省政府と交渉する顧問を通ずる必要がないとある。着任の当時は経済問題に就てはすべて顧問を通ずるとの話であったが、非常な転向である。国民政府の機関であるが故に日本を非公式に代表する顧問を大ひに利用し、之を通じて円満にことを処理するを考へねばならぬのだが、顧問は寧ろ邪魔者扱ひである。総領事館と共に協力して支那側を善導して行かうとする考へにはなって居ない。顧問を設ける当初には軍の案であって、大ひに之を利用しやうとしたに相違ないが、顧問が悉く軍の手先となって働くのではないと見ると、之を排斥するのである。軍全体の意志ではないであらうが、全体として最近国民政府を弱体化し、何でも直接軍で指導しやうとする方針が現はれて来たものとも考へられる。顧問の存在価値が著しく減じたとすれば、自分も現在の地位の去就に就て考へねばならぬ(98)。

このように対華新政策をないがしろにする連絡部と協調することに、太田はもはや限界を感じるようになった。こうして、次節で述べる通り、対華新政策の精神に反する連絡部を廃止する意見書を、太田は執筆するに至るのである。

第四節　対華新政策への固執――現地機構改革構想と繆斌工作の交叉

1　太田の在華地方機構改革構想とその展開

前節で述べた通り、太田は江蘇省において米穀政策を推進し、そのうちの田賦実徴に関してはおおむね自案を実現させることができた。しかし、行政収買と公糧併徴に関しては、陸軍連絡部の反対に遭い実現できなかった。

ただし、先に述べた通り、実現した田賦実徴であっても、その過程で連絡部の容喙を受け、南京中央の威光を背景にかろうじて実現にこぎつけたものの、太田案が通ってしまったことから、金子連絡部長からの嫌がらせはさらに激化した。太田も対華新政策を踏みにじるような内政干渉を繰り返す金子連絡部長に対する憤激が収まるところを知らず、両者の関係は修復不可能なものとなってしまった。

このような状況のなか、太田は、連絡部の解消と省政府経済顧問の地位向上を骨子とした在華地方機構改革構想を抱くようになっていった。まず、太田の在華地方機構改革構想について確認しておきたい。この構想は、一九四四年一二月九日の「太田日記」に突然現れる。ただし、連絡部との軋轢については伏線があるため、おそらく従前から腹案としてあったものだと思われる。

職業上の問題に就ては、地方顧問の再建を対支新政策の実行を期して支那側自ら為さしむる建前上、日本側はその背面に廻ることとし、内側より助けることとして顧問の任務を重くする要ありとし、顧問を全国経済委員会より切り離して顧問は大使館の嘱託とし、その任命は大使館の紹介により国府が当該省政府の内意を問ひたる上にて聘任することとし、軍連絡部は廃止して司令部内の一機構に単に情報の任務に当らしむることとすること、而して軍の地方に対する要求は大使館を通じ、大使館より顧問に内報することを主眼とするもので、この改革案は当然私が直接東京に持参して重光大臣〔大使を修正〕に説く要があると考へる。しかし之も実行する勇気、熱意の中央にある筈なく、結極空想に終るのであらう。(99)

この構想の眼目は、①経済顧問の権限強化と日本大使館への移管、②軍連絡部の廃止、③陸軍の地方への要求は大使館経由で顧問に伝えるルートを経ることとし、軍の直接介入を防止すること、の三点にある。最も興味深いのはこの改革案が対華新政策と結びつけられている点である。要するに、以上の改革案は、陸軍連絡部の廃止と省政府顧問の権限の大幅拡大を通じた対華新政策の徹底といいうるものであった。太田は以上の改革案を一九四五年二月から五月にかけて、南京、そして東京に陳情していくが、太田が同年初頭の時点で、対華新政策に固執していることも注意しておきたい。太田は実現の可能性を低く見積もっているが、彼の信念からすればたとえそうであっても働きかけるしかない、やむにやまれぬ状況だったのだろう。

以上の日記記述内にも重光を説得する必要があると書かれているように、実際、太田がこの件を最初に通知した相手は重光だった[100]。重光に相談したのは、彼が大使館の管轄大臣（大東亜大臣）だからでもあるが、「対華新政策の同志」という点も考慮する必要がある。

一九四五年二月以降、太田は南京および東京に出張し、前節で紹介した「軍米問題」の対応策と在華地方機構改革案を携え、連絡部の不当を訴え対華新政策の精神を遵守するための陳情運動を展開することになる。

南京では、小倉正恒（汪政権最高顧問[101]）、岡村寧次（支那派遣軍総司令官[102]）、谷正之（駐華大使[103]）、堀内干城（駐華公使[104]）、今井武夫（支那派遣軍総参謀副長[105]）、周隆庠（行政院秘書長[106]）といった面々に陳情を行っている。このうち、在華地方機構改革構想については、岡村と堀内に陳情したが、色よい返事はもらえなかった。岡村に関しては、「趣旨に賛成のやうであったが、やはり自ら責任を取って積極的に指示する風も見えない。やはりズルいものである[107]」と日記にあるように、一見前向きな回答の裏にある消極的態度に太田は苛立ちを隠せていない。また、軍米問題の解決案として、一九四四年に連絡部の反対で断念した行政収買と公糧併徴の再検討を陳情して歩いた。小倉と谷が賛同を示したが、全体的には不首尾に終わった印象が強い。

続いて、太田は三月一五日より東京に出張し、引き続き陳情活動を続けた。東京で太田が最初に陳情した要人は重光であった。

今日漸く重光外相にその官邸で会ふことが出来た。やはり多忙の為めに十分に話が出来なかったが、早速軍米収買に関して予の意見に賛同されて、是非そのやうにやって行きたいとのお話で、大いに心強く感ぜられた。木曜日の大東亜省幹部会に出席するやうにとの事で、愈々好機が得られることを感じ、今度の上京の目的が達せられることを思ふて愉快であった。[108]

太田の陳情に最も賛成したのはやはり重光であった。しかし、後述する通り、この頃、小磯内閣は繆斌《みょうひん》工作をめぐり内紛の最中にあり、太田との会見の三日後重光は辞職する。南京・東京で展開された不毛な陳情活動のなか、太田がようやく得られそうだった好機は重光の辞職により、白紙になってしまった。

太田にさらなる絶望を与えたのは、五月一〇日と翌一一日に行った安東義良（大東亜省総務局長）、晴気《はるけ》義胤《よしたね》（参謀本部支那課長）[109]、山崎重三郎（参謀本部支那班長）との会見であった。

大東亜省に安東局長を初めて訪ふて、一時間余に亘って経済顧問の地位に就き訴えるところがあったが、左程響かなかった。現地の情勢が如何に新政策から変移して行っても手がつけられぬと云ふ感情が窺はれた。予は折角会ったものの、長々と説明したものの、凡そ無駄であったことを悟った。そして会ったことを後悔さへした。[110]

午後二時参謀本部第七課に晴気支那課長を訪ふ。〔中略〕話して見るとやはり軍人の従来の考方から一歩も出ず、今の支那課長としては、甚だ物足りなく、之では救はれぬと思った。恐らく自分に対しても不満を感じたに相違ない。昨日の安東局長との会見後の感想と同様に、一時間余山崎中佐と共に会って、主として経済顧問の性格に就き話し合ったに終始したが、要領を得ずして亦もや落胆と共に会ったことを後悔した。最早誰に相談することも無駄のやうに感ぜられた。[111]

太田は大東亜省と参謀本部において在華地方機構改革構想について陳情したものの、まったく相手にされなかった。安東との会見の際に「現地の情勢が如何に新政策から変移して行っても手がつけられぬと云ふ感情が窺はれた」とあるところを見ると、安東に対し対華新政策の護持をロジックとして説得を試みたに違いない。しかし、すでに大東亜省関係者でさえ、対華新政策に冷淡な態度を示すようになっていた。ここに至り、太田は経済顧問の辞職を決意するに至った。五月一九日、同じく東京に出張していた小倉正恒最高顧問に会い、「経済顧問の現在の地位と心境を述べて、地位が強化、改善されない場合は辞職したい意志なる旨[112]」を示したが、もはや太田の辞職は既定路線となった。

2　繆斌工作と太田

以上の通り、太田が一九四五年三月に東京に出張したのは、対華新政策を反故にするような内政干渉を行う現地陸軍機構に関する陳情のためであり、対華新政策貫徹のための機構改革案を提示するためであった。太田は、一九四五年三月時点でも対華新政策を堅持していた。しかし、対華新政策、特にその理想主義的要素にこだわり続けた太田は、そのこだわりゆえに挫折を余儀なくされることになった。一方、まったく同じ時期に、対華新政策への固執によりどうにもならない事態に立ち至った人物がもう一人いた。重光葵である。重光にとっての対華新政策の挫折は、当時小磯内閣が推進していた繆斌工作をめぐる閣内対立に現れる。

繆斌工作とは、小磯内閣が推進しようとした、繆斌（汪政権考試院副院長）を通じた対重慶和平工作であり、一九四五年三〜四月に政治問題化した。小磯首相と緒方竹虎国務相兼情報局総裁がこの工作の推進者だったが、天皇が難色を示し、閣内でも重光外相兼大東亜相と杉山元陸相が反対した。繆斌工作をめぐる閣内不一致の結果、四月五日に小磯内閣は総辞職するに至った。

繆斌工作を白紙にし、小磯内閣を瓦解に導いた最大の要因は、重光の反対であった。重光が、繆斌工作に強硬に反対した理由は、和平条件に「汪政権の解消」があったこと、そして、そもそも繆斌が信用に足らぬ人物であったことにある。重光は対重慶和平そのものには反対ではないものの、絶対に汪政権を介する必要があると考えていた。重光が繆斌工作を問題としたのは、同工作が汪政権を無視して直接重慶と交渉するものであり、なおかつ汪政権を切り捨てるという不信義を許容できなかったためであった[113]。

多くの先行研究において、重光の繆斌工作への反対姿勢は、重光が道義的に汪政権を見捨てることができず、すでに実現性が乏しくなってきた対華新政策に固執した結果として理解されている[114]。波多野は、重光の繆斌工作反対論はあまりに理念的だったため、「汪政権解消」を取引材料の一つとして考慮する余地を排除し、現実的利害を無視した時点で現実性を欠いていた、と批判している[115]。また、小泉は、重光は道義的観点から対重慶直接工作に反対し、かつ実現性の乏しい対華新政策に固執するあまり、国内での立場が微妙になっていったと評する[116]。対華新政策にこだわるあまり、居場所がなくなるのは、太田も重光も同様であった。

繆斌工作反対論が対華新政策への固執にあったとの通説に対し筆者も全面的に同意するが、当該時期のこうした重光の姿勢は太田とおおむね一致していた点を、特に指摘しておきたい。

繆斌工作は、太田のあずかり知らぬところで発生し終了したので、太田の関与はない。緒方竹虎が工作を主導し朝日新聞社の関係者も動員されていたにもかかわらず、緒方の元部下であり、工作実施時期に中国に駐在していた太田はこれと関わりを持たなかった。しかし、なぜ、中国専門記者であった太田に声がかからなかったのだろうか。それは、緒方との中国認識の相違から説明できる点が多い。

小磯内閣入閣以前から、緒方はそもそも汪政権を軽視しており、対重慶和平の必要を説いていた。一九四三年一〇月、朝日新聞社の最高意思決定会議である編輯会議において、対重慶全面和平の空気を醸成することを朝日の社是とし、そのためには、重慶を米英と同一視するような紙面作りは改めるべきだと、緒方は提案している[117]。

他方、汪政権に対して緒方は否定的であった。朝日新聞社による緒方の伝記には、緒方が常々漏らしていた言葉として「僕は南京政府〔汪政権〕は嫌いだ。中国人の立場に立って考えればはっきりする。南京政府のようなものは道義として許されない」との発言が記載されている[118]。これは、緒方が太田に対し、汪政権に関わることを面白く思わないと述べ、たびたび南京からの帰任を勧告したことと符合する。緒方は、対重慶直接和平を模索する関係上、社員である太田が汪政権に深く関係することを好ましく思っていなかったのである[119]。そして、太田が朝日新聞社を退社したのは、緒方のこうした帰任勧告に腹を据えかねた結果であるのは、前章で指摘したところである。要するに、こうした「汪政権解消論」に立った緒方の対華姿勢は、汪政権強化策を一貫して追求した重光・太田とはまったく合致しなかったのである。

また、繆斌工作には、朝日新聞社内に協力者が多かった点も重要である。繆斌工作において、最も重要な朝日関係者は田村真作である[120]。田村は朝日新聞記者（政治部記者で陸軍担当）であったが、繆斌工作当時は退社し中国に渡っており、一九三八年頃、繆斌（当時、新民会中央指導部長）と接触した。緒方は、一九三九年に田村の紹介で繆斌と面会し、好印象を抱いたという。一九四四年一一月一日、田村は緒方の仲介により、小磯首相を訪問し、繆斌工作を提議し賛同を得た。以後、繆斌工作の実際面で活動したのが田村である。朝日新聞社元社員、それも大陸で活動していた田村が関与していたことから、朝日退社、大陸駐在という点では同じ条件の太田が繆斌工作に呼ばれなかったのは、別な理由によると考えるべきであろう。太田が無視されたのは、やはり、緒方と太田の中国認識の相違の結果によるものと見るべきである。

太田が繆斌工作の存在を知ったのは、小磯内閣が総辞職したあとであった。一九四五年四月に、外相兼大東亜相として繆斌工作に反対し内閣総辞職のきっかけとなった重光本人に、内閣瓦解の原因を打ち明けられた太田は、以下のごとき述懐を残している。

重光氏より内閣更迭の原因と思はれる支那問題に関する緒方氏等の重慶との妥協運動に就き聞き驚いた。繆斌氏などに頼って国民政府を否認して之を実現しやうとし、大東亜省を出し抜いた行動は全て面白くないと思ふ。飽くまで帝国の信義を重んぜねばならず、重光氏と全然同感である。[121]

太田は繆斌工作について、かつての上司である緒方ではなく、重光の立場に全面的に賛同した。太田が繆斌工作に反対した重光に共感したのは、南京で繆斌の人間性を見知っていたこともあるが[122]、汪政権の犠牲を前提にした和平案に対し不信感を持っていたからであった。実は、太田は繆斌工作の始まるはるか以前の一九四三年三月に、繆斌に会い、のちの繆斌工作に繋がる繆斌の持論を聞いていた。

繆斌氏考試院副院長の肩書を持ちながら全く用事なく、悠々と読書を送りつゝあり。人物経済上遺憾とす。氏盛んに重慶側の和意ありて、全面和平の可能性を説く。勿論楽観に過ぐるも又一顧の価値なしとせず。尤も最初より汪主席の犠牲を前提とするは飽まで不可能なり。[123]

繆斌は、汪政権解消を前提とした全面和平論を太田に説き、太田は「一顧の価値なしとせず」としながらも、汪兆銘の犠牲（すなわち汪政権解消）を不可とした。

対華新政策の立案時点から協働関係にあった重光と太田は、対華新政策の徹底に基づく汪兆銘政権の強化と独立自主の実現を通じて、重慶政権と和平を結ぶという共通の目標を有していたと見なすことができよう。一九四五年初頭、太田が奔走した陳情活動（軍米問題是正、軍連絡部の廃止、経済顧問の権限拡大）も、重光の繆斌工作に対する反対論も、どちらも「対華新政策の徹底」の必要性が底意にあった。両者の中国認識はきわめて近似していたため、お互いの活動に対して全面的な賛意を示すことができたのである。しかしマクロな視点に立つと、対華新政策はすでに実現性を喪失しており、これに固執する重光と太田はともに、対華政策の担い手たりえなくなっていた。両者ともそのことに最後まで気づかなかった点は皮肉である。やはり、太田と重光は対華新政策における同志であり、意図した形ではないものの、重光が南京・東京で、太田が蘇州でそれぞれ対華新政策を推進する上での役割分担を担っていたと見ることができる。両者が同時期に対華新政策で最終的挫折することになったのは、必然であったのかもしれない。

注

（1）対華新政策（特に重光の尽力）に関しては、波多野澄雄『太平洋戦争とアジア外交』東京大学出版会、一九九六年、および小泉憲和『重光葵と昭和の時代――旧制五高で学んだ外交官の足跡』原書房、二〇一〇年を参照。
（2）『生涯』二一八頁。
（3）『生涯』一四九～一五六頁。
（4）武田知己『重光葵と戦後政治』吉川弘文館、二〇〇二年、五三頁。
（5）同右、五六頁。
（6）臼井勝美『新版　日中戦争――和平か戦線拡大か』中公新書、中央公論新社、二〇〇〇年、六～三六頁。劉傑『日中戦争下の外交』吉川弘文館、一九九五年、一六～一七頁。
（7）冨塚一彦「一九三三、三四年における重光外務次官の対中国外交路線――『天羽声明』の考察を中心に」『外務省史料館報』第一三号、一九九九年。
（8）太田宇之助「広田新外相と対支政策」『外交時報』六九四号、一九三三年一一月一日。
（9）「重光葵宛太田宇之助書状」（一九四一年三月二五日）憲政記念館寄託「重光葵関係文書」3A-66（憲政記念館編『重光葵関係文書目録』憲政記念館、一九八七年、六八～七一頁）。
（10）前掲、小泉『重光葵と昭和の時代』、一七一～一七三頁。
（11）武田知己「解説（第二巻）」（重光葵記念館編『重光葵外交意見書集』第二巻、現代史料出版、二〇〇七年）、xviii頁。
（12）「太田日記」一九四三年二月二〇日条。

(13) 前掲、波多野『太平洋戦争とアジア外交』、八三頁。
(14) 「太田日記」一九四二年三月三一日条。
(15) 前掲、波多野『太平洋戦争とアジア外交』、八四頁。
(16) 「太田日記」一九四二年一一月四日条。
(17) 「太田日記」一九四二年一二月三日条。
(18) 畑俊六(伊藤隆編)『〈続・現代史資料四 陸軍〉畑俊六日誌』みすず書房、一九八三年、三八二頁、一九四二年一二月三日条。
(19) 古厩忠夫「日中戦争と占領地経済」同『日中戦争と上海、そして私——古厩忠夫中国近現代史論集』研文出版、二〇〇四年、三一七頁。
(20) 前掲、波多野『太平洋戦争とアジア外交』、九三頁。古厩忠夫「対華新政策と汪精衛政権——軍配組合から商統総会へ」(中村政則・高村直助・小林英夫編著『戦時華中の物資総動員と軍票』多賀出版、一九九四年)、三三五頁。
(21) 前掲、波多野『太平洋戦争とアジア外交』、九五頁。
(22) 同右。
(23) 小笠原強「汪精衛政権下の日本人顧問——顧問の配置とその影響」『専修史学』第五九号、二〇一五年、一三三頁。
(24) 中国総力戦研究所「昭和一八年度甲地区に於る米糧収買調査報告書」一九四四年四月一五日(大東亜省支那事務局農林課『昭和一八・一九・二〇年度中支食糧収買対策ニ関スル綴』農林水産政策研究所図書館蔵)、三六頁。
(25) 劉傑「汪兆銘と『南京国民政府』——協力と抵抗の間」(劉傑・三谷博・楊大慶編『国境を越える歴史認識——日中対話の試み』東京大学出版会、二〇〇六年)、一九〇〜一九一頁。
(26) 前掲、小笠原「汪精衛政権下の日本人顧問」。
(27) 同右、二七〜三一頁。
(28) 同右、一六〜一九頁の顧問一覧表を参照。
(29) 蔡徳金編『周仏海日記』みすず書房、一九九三年、五〇八頁、一九四二年一二月九日条。
(30) 同右、五〇九頁、一九四二年一二月一三日条。
(31) 「蘇太田経済顧問昨歓宴中日要人作到任後初次懇談」『江蘇日報』(蘇州)一九四三年六月三日。

(32)「特務機関の名称　軍連絡部と改む」『大陸新報』(上海)一九四三年三月二七日。「日駐華特務機関一律改称連絡部　県連絡名称同時予以廃止」『江蘇日報』(蘇州)一九四三年三月二七日。
(33) 前掲、「特務機関の名称　軍連絡部と改む」記載の「派遣軍当局談」より。
(34) 防衛庁防衛研修所戦史室編『戦史叢書　北支の治安戦〈二〉』朝雲新聞社、一九七一年、三一三～三一四頁。
(35) 同右。
(36)「友邦蘇州特務機関改称為軍連絡部　各県連絡官事務所改組」『江蘇日報』(蘇州)一九四三年三月二九日。
(37)「太田日記」一九四三年一二月八、一二、一七日条。
(38)「太田日記」一九四三年一一月五日条。
(39)「太田日記」一九四三年一一月八日条。
(40)「太田日記」一九四三年一一月二三日条。
(41) 連絡部の内政干渉に対する太田の無力感と不満の記述は数多いが、端的なものとしては、「太田日記」一九四三年九月二五日条、一一月五日、九日条、一九四三年一月七日条、一九四四年九月四日条が挙げられる。
(42)『生涯』一九五頁。
(43)「太田日記」一九四三年一一月一日条。
(44)「太田日記」一九四三年一一月一二日条。
(45) 前掲、波多野『太平洋戦争とアジア外交』。
(46)「太田日記」一九四三年一〇月三一日条。
(47)「太田日記」一九四三年一一月一日条。
(48) これは、清沢洌(外交評論家)の反応と酷似している(『暗黒日記』一九四三年一〇月三〇日条、清沢洌『暗黒日記』一、ちくま学芸文庫、二〇〇二年)。
(49)「太田日記」一九四三年一〇月二〇日条。
(50)「太田日記」一九四三年一〇月二八日条。
(51)「太田日記」一九四四年一月九日条。
(52)『生涯』一九五～一九六頁。

(53) 小林元裕『近代中国の日本居留民と阿片』吉川弘文館、二〇一二年、二六三頁。
(54) 辻政信『亜細亜の共感』亜東書房、一九五〇年、一九七～二〇〇頁。
(55) 清郷工作に関しては、三好章「清郷工作と『清郷日報』」(同編『『清郷日報』記事目録』中国書店、二〇〇五年)を参照。
(56) 汪政権期の江蘇省基層社会については、潘敏『江蘇日偽基層政権研究 一九三七—一九四五』上海：上海人民出版社、二〇〇六年を参照。
(57) 夏井春喜『中国近代江南の地主制研究』汲古書院、二〇〇一年。同『中華民国江南地主制研究』汲古書院、二〇一四年。
(58) 書籍『田賦徴実研究』江蘇省立経済研究所、一九四四年一一月。雑誌『江蘇経済』創刊号、江蘇省立経済研究所、一九四五年一月。
(59) 笹川裕史「噴出する不満、たじろぐ政府——食糧負担の配分問題」(笹川裕史・奥村哲『銃後の中国社会——日中戦争下の総動員と農村』岩波書店、二〇〇七年)、一二三頁。
(60) 前掲、江蘇省立経済研究所『田賦徴実研究』。
(61)『生涯』一九二頁。
(62)「太田日記」一九四四年五月一八日条。
(63)「太田日記」一九四四年七月七日条。
(64)「太田日記」一九四四年七月一八日条。
(65)「太田日記」一九四四年八月一九日条。
(66) 前掲、夏井『中華民国江南地主制研究』、三〇一頁。
(67) 浅田喬二「日本帝国主義による中国農業資源の収奪過程」(同編『日本帝国主義下の中国——中国占領地経済の研究』楽遊書房、一九八一年。弁納才一「なぜ食べるものがないのか——汪精衛政権下中国における食糧事情」(弁納才一・鶴園裕『東アジア共生の歴史的基礎』御茶の水書房、二〇〇八年)。古厩忠夫「日中戦争と占領地経済」(同『日中戦争と上海、そして私——古厩忠夫中国近現代史論集』研文出版、二〇〇四年)。
(68) 前掲、浅田「日本帝国主義による中国農業資源の収奪過程」、一一四～一一五頁。
(69) 同右、一二六～一二七頁。
(70) 同右、一三二頁。

(71) 『生涯』一九六頁。

(72) 前掲、中国総力戦研究所「昭和一八年度甲地区に於る米糧収買調査報告書」。この報告書の作者は一九四四年三月二〇日～四月一五日に蘇州近辺で調査をしたという。ただし、この時期太田は東京と南京に出張しており、蘇州にいた時期はわずかで、関係者に接触した形跡はない。しかし、この意見書の内容は、太田の考えに非常に近いものだといえる。浅田の前掲「日本帝国主義による中国農業資源の収奪過程」は同史料に大きく依拠しているが、使われているのは収買の実態に関する現地調査の記述がほとんどであり、同報告書の論旨である対華新政策への全面的賛同とその推進の必要性に関する主張については無視している。

(73) 太田宇之助「米糧収買中ノ若干ノ事実ニ就テ」(一九四五年二月)(大東亜省支那事務局農林課『昭和一八・一九・二〇年度中支食糧収買対策ニ関スル綴』農林水産政策研究所図書館)。

(74) 太田はこの陳情について取材調査を行い、一九四五年二月から三月の間に「米粮収買の一実例」(「太田日記」一九四五年二月一日条)、「米粮収買の若干の事実に就て」(「太田日記」一九四五年二月二二日条)、「田賦及び公糧の併徴に就て」(「太田日記」一九四五年三月一日条)という三篇の意見書を認めたが、「米糧収買中ノ若干ノ事実ニ就テ」(一九四五年二月)のみが現存している。

(75) 「太田日記」一九四四年三月一六日条。

(76) 「太田日記」一九四三年七月二三、二四日条。

(77) 「太田日記」一九四四年三月八日条。

(78) 「太田日記」一九四四年三月一四日条。

(79) 「太田日記」一九四四年三月一六日条。

(80) 「太田日記」一九四四年三月一七日条。

(81) 「太田日記」一九四四年三月一八日条。

(82) 「太田日記」一九四四年三月二七日条。

(83) 「太田日記」一九四四年五月二五日条。

(84) 「太田日記」一九四四年六月七日条。

(85) 「太田日記」一九四四年六月二九日条。

(86)「太田日記」一九四四年六月二五日条。
(87)「太田日記」一九四四年七月二日条。
(88)「太田日記」一九四四年七月四日条。
(89)「太田日記」一九四四年七月一八日条。
(90)「太田日記」一九四四年七月一四日条。
(91)「太田日記」一九四四年七月二八日、八月五日条。
(92)「太田日記」一九四三年一二月一四日、一九四四年三月一二日、五月一九日条など。
(93)「太田日記」一九四三年一二月二八日条。該日、太田は下痢で終日家居。
(94)「太田日記」一九四四年七月二日条。
(95)「太田日記」一九四四年九月七日条。
(96)「太田日記」一九四四年六月二七日条。
(97)「太田日記」一九四四年九月一七日条。
(98)「太田日記」一九四四年九月四日条。
(99)「太田日記」一九四四年一二月九日条。
(100)「重光外相に年賀を兼ねて近状報告を為し、経済顧問の権限拡張の案、米粮蒐集方法の改善に東京より具体的に原則を指示すべきものとする案等を具陳し、且つ上京し詳細陳情したき意向を述べて置いた。恐らく外相の慎重を以てしては返事は期待出来ぬが、相当の参考となり、帰朝の予備工作としては効果があったことと思ふ」(「太田日記」一九四五年一月九日条)。
(101)「太田日記」一九四五年二月一日、三月五日条。
(102)「太田日記」一九四五年二月二日条。
(103)「太田日記」一九四五年二月三日、三月六日条。
(104)「太田日記」一九四五年三月六日条。
(105)「太田日記」一九四五年三月七日条。
(106)同右。
(107)「太田日記」一九四五年二月二日条。

(108)「太田日記」一九四五年四月二日条。
(109)太田の自伝『生涯』によると、太田の対応をした参謀本部の某大佐参謀（おそらく晴気か）とのやりとりは次のようであった。「『君、こんな命令を聴くような出先の軍かね』と笑いながら、殆ど乗ってくれない。赤松〔太田〕は忽ち絶望した。自らの迂闊が悔いられた。全く無駄な挙であった」（一九八頁）。
(110)「太田日記」一九四五年五月一〇日条。
(111)「太田日記」一九四五年五月一一日条。
(112)「太田日記」一九四五年五月一九日条。
(113)繆斌工作に関する重光の覚書は、「繆斌事件」（伊藤隆・渡辺行男編『重光葵手記』中央公論社、一九八八年所収）を参照。
(114)繆斌工作については前掲、波多野『太平洋戦争とアジア外交』第一〇章、鈴木多聞「重慶和平工作と小磯内閣」『東京大学日本史学研究室紀要』第一一号、二〇〇七年、前掲、小泉『重光葵と昭和の時代』第五章第三節などを参照。
(115)前掲、波多野『太平洋戦争とアジア外交』。
(116)前掲、小泉『重光葵と昭和の時代』。
(117)「編輯会議録」（一九四三年一〇月二三日）、東洋大学図書館蔵「千葉雄次郎関係文書」一：A：七五。
(118)緒方竹虎伝記刊行会編『緒方竹虎』朝日新聞社、一九六三年、一二八頁。
(119)「太田日記」一九四一年一一月一四日条、および、同一九四二年九月二一日条。
(120)田村真作『繆斌工作』三栄出版社、一九五三年。
(121)「太田日記」一九四五年四月一三日条。
(122)『生涯』二〇五～二〇六頁。
(123)「太田日記」一九四三年三月一八日条。

第5章　戦後期の太田宇之助

第一節　太田にとっての終戦

1　降伏文書調印までの動向

第4章で論じた通り、太田宇之助は現地陸軍機構改革と軍米問題の陳情のため、一九四五年二月に東京に出張したが、五月に不首尾に終わり経済顧問辞任を決めた。太田が、大東亜省に辞表を出したのは六月一一日だった。辞職了解の返事が来ないなか、七月二日、周仏海の辞職の報を聞き、「現在国民政府内にあって最高の問題、自分の問題に対して相談相手となって来たのは汪主席亡き後は周仏海氏であったから、同氏去りたる後の国府に対しては協力は殆んど不可能」だと感じ、辞職の意を強くした(1)。六日に谷正之駐華大使からの返信を大東亜省で確認するが、辞職の意は伝わっておらず、大東亜省から翻意を促され、一転、現地帰任に傾くようになった。以後、終戦までの三か月、太田は蘇州に帰任するかどうかで逡巡を繰り返す。重光葵や鈴木文史朗（朝日新聞常務）ら周囲は帰任に断固反対だった。嫌気がさしていたはずの大陸への帰任を考慮した理由の一つに、南京で辻政信が河相達夫大東亜省顧問とともに重慶工作に従事しているという情報があった(2)。太田は同年二月にも東京に帰るか、蘇州に留まるか、もしくは南京・上海で再就職先を探すか、迷っていたが、その際にも「弾丸で死ぬならば、支那に於て死すべきが我が使命(3)」と述べており、中国への奉仕のために航海・航空に危険が伴うのも顧みずに蘇州に帰ろうとしたのである。結局、太田が経済顧問を辞職したのは八月九日であった。日記によれば、太田の逡巡を吹き飛ばしたのは、ソ連参戦の報であった(4)。

一九四五年二月まで蘇州で食糧問題（軍糧・田賦）に関わっていた太田であるが、顧問の時期の自身の食料事情は比較的恵まれていた。日本と比べて比較的物資に余裕のある大陸に駐在し、かつ高い身分であったので、食材の入手に苦しむことはなかった。太田の中国における食糧問題への関与は、あくまで中国農民の生活改善のための為政者としてのものである。しかし、東京に帰ったことで「生活者」としての食糧難に直面する。畑仕事に精を出し、また自ら物資の買い出しを行うようになった。最初に経済顧問の辞表を出した日の翌日である六月一二日に、庭を畑に作り替え始め、以後、浪人の身分になった太田は畑仕事に精を出すことになる。九〜一二月の日記でも、芋の収穫やほうれん草などの種まきの記述が多い。

ところで、中国大陸から一緒に帰国した長女の曄子は、帰国後、日本放送協会海外局に就職していた。曄子は海外局のテキスト班に配属され、同盟通信社に置かれた放送局デスク（放送協会の出張所）に勤番し、通信社の原稿を放送用に改稿する仕事に従事していた(5)。

八月九日深夜から翌一〇日未明の最高戦争指導会議において天皇はポツダム宣言の受諾を決定し、続いて開かれた閣議においても宣言受諾が閣議決定された。外務省は中立国のスイス、スウェーデン経由で一〇日午前に連合国に通達する手続きをとっていたが、同じく一〇日夜、日本放送協会および同盟通信社は海外向けのニュース放送において、ポツダム宣言受諾を発表したのである。[6] 日本国民には知らされない極秘裏の放送だったようであるが、同盟通信社および日本放送協会海外局に勤めていた暐子は、いち早くこのニュースを知ることになった。太田は、敗戦の報をいち早く聞くことになるが、折しも、一〇日は経済顧問辞職最終決定の翌日であった。その時の衝撃を太田は日記に以下の通り記している。

生涯での否、世紀に於ける驚愕が毎日の如くに起るが遂に最大の、日本国民として最大の悲劇を聞いた日である。暐子が帰宅するや否や玄関で無条件降伏と叫んだ。嗚呼、何といふ衝撃であっただろう。昨日の御前会議で陛下は之に御同意遊ばされたといふ。〔中略〕遂に原子爆弾とソ連の参戦により止めを刺された形で、最初より懸念通りに日本の敗北が決せられた。開闢以来初めての敗戦であり而かも悲惨なる条件に於て一挙に三流国に堕し、支那にも勝利が通ったのだ。何たる悲しみぞ。民主国家改造もよし、たゞ国際的に料理され、面目を失し、半独立国の形態が一時にせよ現れるのは忍び難い。遂に万事休すである。[7]

民主化については前向きに捉えていた太田であるが、敗戦によって三流国に凋落しみじめな思いをすることは忍びなかったのである。そして、八月一五日は、太田にとって「支那事変以来八年振りで戦争が全面的敗北で終りを告げた日」であった。一二月八日に始まった対米戦争ではなく、七月七日に始まった対中国戦争に負けた日であると太田は捉えていた。「支那事変以来、長い年月の間に多くの犠牲を払ったのがすべて無駄となった」という悲痛な思いも綴っている。[8] そして、八月一七日には汪政権の解消のニュースに接し、「遂に悲劇に終わった」と記している。[9]

九月二日の日本の降伏文書調印式に際し、連合国は記者を特派している。そのなかの一人の陳博生〔中央通訊社総編集〕は、既述の通り早稲田大学在学以来の太田の友人であり、一九三六～三七年に中央通訊社の東京特派員として、太田と密接な交流を持った人物である。太田は曄子から、陳博生の来日を聞き、日記に以下の記述を残している。

曄子が帰宅しての話に、中央通信の陳博生君が日本に来ているといふ。吃驚した。何故自分を探し求めてくれないのであろうかと、聊か不満を覚えた。兎も角、早速出かけて久し振りに会いたいものである。重慶に一緒に行きたい空想も画く。[11]

同盟に行き、陳博生君の消息を問合して見ると、既に一昨日帰国したとの話。ガッカリした。日本に於ける第一の友人と自任してゐるに拘らず、何の伝言もなく、そのまゝ当面の仕事のみをすませて帰ったといふので、幻滅らしいものを感じた。間もなく再来するといふのに僅かに期待す。[12]

来日していながら太田に連絡しなかった親友、陳博生への失望であるが、そもそも陳は太田の江蘇省経済顧問辞職を知らなかった可能性が高く、太田が東京にいることを把握していなかったのではないだろうか。「不満」「幻滅」とまで記すのはやや冷静さに欠ける。裏を返せば、敗戦下において陳にいち早く会いたかった太田の心の現れであろう。当時、陳博生は、重慶政権の国営通信社である中央通訊社のナンバー2であり、重慶政権（特にその報道界）の中枢にいた人物である。太田が「重慶に一緒に行きたい空想」と言っているのも単なる物見遊山ではなく、政治的な行動として想定されたものであろう。

陳は一九四七年二〜三月にも来日しており、この時は中国訪日記者団の団長としての立場であった。[13] この時に太田と面会している可能性はあるが、確認できる史料はない。

2　言論の自由と新聞社・新聞人の戦争責任

太田は連合軍の進駐に関してあまりよい印象を持っていない。たとえば、九月四日の日記には米兵の暴行や日本の国語を英語に改めるという命令（のち誤報と判明）が記されている。また、「米国側が愈々遠慮会釈なく日本にメスを入れるやうになって来て、朝日新聞の終に大転換をなし、本日の社説で『東條軍閥の罪過』と題して猛烈に軍閥に鉾先を向けるに至った。言論界はいよいよ自由になって面白くなって来たが、米英等の聯合国に対しては更に言論不自由となりつゝある」[14]といったように、日本政府を批判できる言論の自由が保証されたことを評価しつつも、連合国への批判が封殺されている現状を批判している。

太田は、古巣である朝日新聞社の戦後の動向にも目を配っていた。同社は戦争責任を取るために、一九四五年一〇月に「社内改革」を行ったが、その記事を見た太田は以下の述懐を残している。

> 本日の朝日新聞に同社が革新し、戦争責任を負ひ、社長以下幹部が総退却したる旨が発表された。当然のことであって、久しい問題であった社長が単に社主として資本関係のみに止まることとなった訳である。之によって朝日は今まで官僚的で退嬰的であったのが、急進的民主的に急転向することとなった。朝日、毎日等の大新聞がこの態度を支那事変以前から持ってゐたら、今日の時局と相当の相異が生じてゐたであらう。大新聞の臆病が如何に世を誤導したか知れない。予自身の如きも在社中もっと優遇されたに相違なく、感慨浅からぬものがある。[15]

『朝日新聞』の発表した内部改革を歓迎しつつ、日中戦争以前にそれをなしえなかったことを悔やんでいる。民主的な姿勢を大新聞社が貫徹していたら、事態は相当変わっていただろうし、自身の待遇が変わっていたかもしれない（「退社しなくてもよかったかもしれない」という意味を含むものであろう）という記述は、興味深い。他方、この直後の記述として、新聞をはじめ世の中に革命的な変化が起こりつつあるなかで「その時に悠々と自適してゐる自分は可か不可か。まだ出る幕ではないやうでもあり、米国の鼻息を窺ひつゝ仕事をすることは真平であるとする感情からしても今は出たくない」（「太田日記」一〇月二五日）とあるように、新聞社に復帰する気はなかったようである。第一報では、朝日の社内改革を支持していた太田であったが、後日、朝日執行部の新人事の内容を知り、同社の改革が玉虫色であり不徹底であることに慨嘆している。[16]

朝日新聞社の一九四五年の「社内改革」に関しては、『朝日新聞社史』[17]に記述があるほか、メディア史研究者の有山輝雄や山本武利らによる分析がある。[18]社史では、執行部の責任を突き上げる中堅若手社員と執行部の交渉過程に重きが置かれ、改革の内実についての価値判断を示していない。研究者、特に山本は、GHQ／SCAP文書を用いつつ、「社内改革」が不徹底な改革に過ぎなかった（つまり太田の雑感に近い）点を指摘している。[19]

一九四五年一二月の近衛文麿の自殺に対し、太田は「支那事変の責任は何としても負はねばならぬ。犯罪人以上にその責任は重い筈である。死して国家と国民に詫ぶるのは当然であるが、その自殺はその意味ではなく、犯罪人として取調べられるのが嫌な為めに出頭の日に自殺したもので甚だ不満である」[20]と批判している。朝日新聞社が戦争責任を取ることを評価したように、太田は日本人が自らの戦争責任を贖罪することは当然視していた。ただし、戦勝国によって戦争犯罪者が断罪されることはあまりよく思っていなかった節がある。

そして太田は、江蘇省経済顧問であった自らの逮捕の可能性を危惧し続けていた。最初にそう考えたのは、一九四五年八月の終戦直後に蔣政権が汪政権関係者を「漢奸」として逮捕した際であり、「国民政府要人を重慶側が厳重に追求《ママ》すると同時に、之を助けたものとして顧問の如きも取調べられることはないか急に不安が生じて来て良い気持ちがしない」[21]と心配している。以後も、蔣政権の戦犯リスト提出が取り沙汰されるたびに、経済顧問が含まれているか不安視する記述が散見される。[22] 戦争犯罪に該当する行いをしていないから大丈夫かもしれないと思う一方で、緒方竹虎が戦犯に指名され、出頭した際には、「緒方氏のやうに戦争に反対してゐたが、その進行と共に国に協力して、結局犯罪者となった人は他にもある。自分とても或ひはこの部類に入るべきものかも知れない[23]」と不安な思いを綴っていたが、結局杞憂に終わった。総選挙に問題なく出馬できたように、太田は、戦犯指名されることもなく、公職追放にすら該当しなかった。

第二節　総選挙出馬と駐日代表団の援助

1　浪人生活と政官界への希望

ところで、一九四五年八月に江蘇省経済顧問を辞したことにより、太田は浪人の身になっていた。先に述べたように、自宅の庭を開墾し農作物を育てつつ、読書して暮らすという文字通りの「晴耕雨読」の生活を送るようになっていた。ただし、そのままでいいかどうかについては思い悩むようになった。

このまゝ隠退して世の中から離れてしまふのではないか、さうなってよいか否かを心に迷ふのである。かゝる憐れな時代となった時に自ら身を売りに出で、不愉快な仕事をするよりも悠々自適して農耕し、読書して過す方がよいのではないかと考へられるのと、苦難の時代に、殊に支那に対しては我々が主張した時代に還って来たのであるから最後の奉公をせねばならぬといふ考へとが相働くのである。その場合端役を勤めてまでといふ気はなかなかなれないものだが、さりとて大いに用ゐやうとは想像しかねるのである。[24]

以上のように、太田は浪人のまま過ごすか、中国関係の仕事をするかで迷う。この「支那に対しては我々が主張した時代に還って来た」という記述は、太田が平生主張していた「国民政府による中国統一の実現（抗日戦勝利）とそれに伴う日中新関係」を指すと見てよい。そのような日中新関係での協力をしたいという願望が頭をもたげてきたのである。ただし、端役で不愉快な仕事は嫌だとも述べている。

だが、敗戦下において恥と不快を忍んで公職に就くことを忌避する感情も芽生えてきて、「斯かる時に心ある者が進んで時局の為めに恥を忍び、不快を堪えて公職に就くわけはない。畑を耕し、晴耕雨読の生活を営むに如かずである[25]」と、思い直すことになった。

以後、「晴耕雨読」と「俗世への復帰」の間で逡巡する様が、一九四五年の日記には一二月までに何度も綴られることになる[26]。しかし、最大の問題は、太田の出廬《しゅつろ》が望まれていたかどうかである。

そうした状況でメルクマールとなるのが、やはり緒方竹虎と重光葵の両者と太田の関係である。一九四五年九月一六日、太田は当時東《ひがし》久《く》邇宮《にのみや》稔彦《なるひこ》内閣で内閣書記官長・情報局総裁を務めていた緒方を訪問している。

〔緒方竹虎を訪問したが〕時局に関しては余り充分話も出来なかった。出来たにしても、何となく思想、好尚が相違してゐて話がぶつかるので避けるやうに常にしてゐるので、最初からその積りだった。緒方氏を徳の人として以外、識見、思想の方面では余り高く買ってはゐないし、同氏も自分に対してあまり買って呉れないのだから、関係古く深いものの、特別の関係に入る機会はいつもないのである[27]。

これは東久邇宮内閣に緒方が朝日新聞社時代の側近を配していたことから、「朝日内閣」と揶揄されるような状況にあったこと[28]（にもかかわらず太田は呼ばれないこと）が念頭の記述かと思われる。その意味では、「太田日記」の一九四五年九月三日条の田村真作の内閣参与就任への批判とあわせて読む必要がある。太田の緒方訪問は猟官運動が目的ではなかったと思われるが、緒方と太田の関係はあまりよくなく、緒方から政界へ誘われることはありえないだろうと太田が捉えていたことは、示唆的である。これは次に述べる重光への期待とあわせ読むと、太田が重光と緒方に対照的な印象を持っていたことが再確認できる。

太田が頼みとしたのはやはり重光だったが、重光の外相辞職により官界への期待は砕かれる。

重光外相が突然辞職した。〔中略〕重光氏就任後未だ会ってゐない。数日中に訪ねる積りだった矢先だ。今度こそはその在任中に一身上につき相談すべく大きな期待を持ってゐたが、水泡に帰してしまった。自分も不幸なところがある。今後の仕事が官庁方面から縁のない言論界に再び還る外はないと思ふ。[29]

興味深いのは、「今後の仕事が官庁方面から縁のない言論界に再び還る外はない」とあるように、太田の第一希望はあくまで政官界（官庁方面）への進出であり、言論界に戻ることを希望していなかったことである。中国専門記者として長く中国情勢を観察していたはずの太田は、日中戦争下の南京・蘇州での経験の結果、政策立案への関与に魅力を感じるようになっていた。また、重光の外相辞職により官界への道が閉ざされたと考えているこ とは太田の人間関係を把握する上で重要である。しかし、支那派遣軍嘱託時代に始まった政策立案への関与を続けたいという希望はくすぶり続け、同年一一月以降の衆議院出馬問題に繋がることになる。

2　日本社会党への入党と衆議院選挙出馬への道

①松岡駒吉との関係と日本社会党入党

太田は、一九四五年一一月[30]以降、成立したばかりの日本社会党（同年一一月二日結党）に入党することで、同党から衆議院選に出馬する途を模索し始める。その際、太田が頼ったのは松岡駒吉（元全日本労働総同盟会長。戦前は社会大衆党所属。戦後、日本社会党の結党に参加し、日本国憲法下における初代衆議院議長となる）であった。『生涯』によると、太田と松岡の出会いは一九二六年の北京に遡る。「日本労働者代表」としてソ連のレフ・カラハン駐華大使に会いに来た松岡に、当時北京通信員だった太田が通訳（朝日新聞の中山貞雄）を紹介し、長い滞在のなか両者が交流を深めたことによる。(31) 太田の回顧録によると、長い苦学経験（貧困と病気に苦しみ、二五歳で早稲田卒まで紆余曲折）を持つ太田は労働運動や無産者運動に深い関心を持っていたという。(32) 実際、一九四二年四月の第二一回衆議院選挙（翼賛選挙）に際して、太田は松岡（大政翼賛会非推薦候補）に一票を投じている。(33)

こうしたことから、太田は松岡駒吉を仲介者として社会党に入党することになった。一一月一七日の日記には次のようにある。

かねて約束の通り、今朝九時松岡駒吉氏をその私邸大井町に訪ねた。久々の会見である。当節殊に忙しい人だが、特に会ふ機会を与えて呉れた。最近数年間の予の経歴と現在の心境とを詳細に語り、社会党に興味を持ち、政党ならば之に関係を持ちたい希望を述べた。又総選挙に出る意志は決せぬが、場合によってはその決心を為す旨をも申し添へた。近頃心に決しながらモヤモヤしたこの心持を同氏に打ち明けて、自分の決心を堅めたやうなものである。松岡氏は社会党に人なく淋しく感じてゐるので大いに歓迎するとて、適当の機会に党に紹介することを約した。このまゝ代議士に出る勇気があるか否か、まだまだ問題である。兎に角戦後の新出発の為めの記念すべき一日であらう。(34)

総選挙に出馬するかどうかは逡巡しながらも、松岡に入党と総選挙出馬の意向を伝え、歓迎された。ただし、これは正式な申し込みではなく、実際の申し込みは一一月二六日に行われた。

松岡駒吉氏に返信を認む。先日のハガキに予の希望として、過日懇談した社会党入党の件、及び同党候補者として総選挙に出馬の意ある旨申込めるに対して党幹部は歓迎し、総選挙にも出馬を希望せるに就き履歴書を送られたいとあったので、本日思ひ切って履歴書を認め、同時に現在の心境を更に加へたものである。入党は左程大なる決心を必要とせぬが、総選挙にはまだまだ決心がつかないのみでなく寧ろ消極的であるが、さりとて全然意なきにしもあらず。そこで兎も角多大の留保的態度を以て履歴書を送ったものである。家族に今日始めて話したところ二人とも反対である。支那問題の第二義的となった今日、予の立場は不味であり、従って総選挙にも有利でないことが一層躊躇せしめるのである。でも兎に角今日の手紙で矢は弦を離れて一歩踏み出したことになった[35]。

太田の入党・総選挙出馬は社会党幹部からも歓迎され、太田は正式に入党を申し込んだ。「支那問題の第二義的となった今日、予の立場は不味であり、従って総選挙にも有利でない」点に躊躇し、また家族から反対があったようだが、これで入党が決まり、社会党の候補者になった。そして、一二月一〇日に松岡から「党本部に来るように」という旨の返信を得ている。

②第二二回衆議院選挙

太田が社会党に入党して一か月も経たない一二月一八日に衆議院が解散し、総選挙（第二二回衆議院選挙、一九四六年四月一〇日投票）が決まった。太田は「なほ之に対して野心があるのが不思議であるが、あまりに迫ってゐることとて結局は断念せねばならぬと思はれる[36]」と日記に記している。準備期間が短く、選挙資金が用意できていないことが出馬に消極的な理由であった。翌一九日にも出馬すべきかと悩んでいるが、松岡から社会党幹部に会うようハガキが届く。松岡の紹介により、太田が面会したのは、片山哲（社会党書記長）であった。

片山〔哲〕書記長のオフィスにて初めて同氏を訪ふ。会ってみると、先日新橋駅精養軒で見た顔であった。苦労人らしく、初印象は悪くなかった。丁度出かける前でよく話は出来なかったが、予に関しては既に松岡君から聞いてゐたやうであるが、予の立候補問題に関しては改めて簡単な自分の説明に対して、手足が不足し、地方の地盤が全く出来てゐないなら、あまり急がず今後に徐ろに準備されたがよいでせう、今度の総選挙で三派鼎立となって問題は将来に属するだらうといふ事で、自分の希望に水をさすやうな結果となった。選挙が今度の場合でも金、特に米などの費用が大変で、手足なければいよいよ六ヶ敷いことだと思った。(37)

片山は、地盤も資金もない状況ならば立候補は先送りした方がよいと勧めた。二一日の松岡との会談においても同様の問題が協議され、選挙資金は少なくとも五万円必要である（しかも松岡ですら金策に難航）と諭され、軍資金と運動員の問題から「いよいよ選挙に対する失望感を抱くやうになった(38)」として出馬を断念する方向になっていく。

しかし、一二月二二日、新聞で社会党の第一回公認候補が発表され、太田はそこに自らの名前を確認した。太田本人に許可を得ない無断公認であった。「かうして新聞に出て周知されて見ると新たに意が動いて来て、軍資金さへ多少できるならば戦って見てよいやうな気がする(39)」として一転立候補に前向きになる。太田が「唯一の頼み」とする長谷川佳平（日華製紙社長）に軍資金の相談をする書簡を出し金策を開始した。ただし、以後も日記には立候補に後ろ向きな思いがたびたび書かれており、完全に腹をくくったわけではない。一二月二四日に宇治田直義、二五日に重光葵に、立候補の件を相談している。

特に重光は太田の立候補に賛同している。重光の岳父の林市蔵（元日本信託銀行頭取、元内務官僚）に働きかけて金策に協力すると表明するほどであった。

重光氏は元気で予の立候補に就ては知らなかったので、事情を話すと、大いに共鳴されて決心を促されたので、先づ戦費調達と地方の情況視察を前提とすること、並に前者に就ては同氏より出資者を紹介して戴きたいこと、いよいよ決心の上は推薦状をお願ひしたきことを申し述べる共に考慮された上で、前者に就いては神戸の林〔市蔵〕氏に紹介状を書くこと、推薦状は大いに結構とすべて引き受けて下さったので非常に有り難かった。そしてその場で林氏へ書き、別に至急依頼状を発送することを約された。之によって立候補の決心は頓に促され〔た〕(40)。

やはり重光は太田の盟友であった。重光による金策の約束により、太田の立候補の決心が固まる。日記には記載がないが、『生涯』によると、重光は藤山愛一郎（日本商工会議所会頭）に対しても太田に対する資金援助を依頼している(41)。

一二月二七日以降、選挙問題の相談と金策のため、太田は関西各地を回り、郷里の網干町へ帰った。しかし、この関西での活動は確たる成果を上げずに終わる。二九日、「唯一の頼み」としていた長谷川佳平に会うも、事業の不振を理由に援助を断られた（立候補は激励された）。同日、林市蔵に会い、資金獲得に努力するとの約束を取りつけた。二九日、三〇日と郷里の兄、親戚、友人に立候補を相談するも、みな悲観的であり気乗り薄であった。地元の反対に遭い、立候補は暗礁に乗り上げた。太田には、地盤も資金もなく、朝日の有名記者という看板も姫路界隈ではほぼないに等しかった。

太田の日記は一九四五年一二月末までしか公刊されていないため、第二二回総選挙の動向を日記から追うのは以上が限界である。ただし、回顧録『生涯』(42)にはその後の展開が書かれているため、それを参考に分析を続けよう。

結局、地元の友人、親類、有力者の支援は絶望的であり、一九四六年一月以降も協力は得られなかった。藤山愛一郎と中山悦治（中山製鋼社長。林市蔵の斡旋による）からは事業難から資金援助できない旨の連絡があった。

自らの斡旋がすべて不調に終わったことを気に病んだ重光は、選挙費用として三〇〇〇円を夫人に届けさせたという。

太田は社会党本部で西尾末広と平野力三（選挙対策委員長）と会い、特に平野からは、「社会党には外交通、特に中国通の党員が少ないので、あなたのような人には大いにやって頂きたい」と激励を受けた。その一方で、中国問題に詳しい経済人、高木陸郎からは「中国通として既に一家を為している君が、今更国会議員の一陣笠になるのは感心しないね」と反対された。太田は高木の反対は意外であり、選挙資金を無心されることへの警戒心からそう言ったのかもしれないが、「傾聴に値する意見」と受け取っている。(43)

以上の通り、太田の出馬には反対も多く、また資金調達は軒並み失敗し、深刻な資金難と準備不足から、結局は出馬を断念せざるをえなくなった。

③第二三回衆議院選挙への出馬

第二二回衆議院選挙への出馬を断念した太田であったが、第二三回の選挙（一九四七年四月二五日）には出馬している。(44)日本社会党公認で選挙区は兵庫四区（姫路市を中心とした西播磨地域）であった。

太田は、前回失敗した選挙資金の件を、旧知の沈覲鼎《しんきんてい》（中華民国駐日代表団顧問、のち副団長）に相談した。代表団の斡旋により、顧問としての報酬の半年分を前払いする体裁で中華日報社に六万円借りた。代表団が斡旋をしたのは、太田が当選すれば、中国問題を重視すること（しかも国民政府寄り）が明白だったからである。また、旧知の石橋湛山（第一次吉田茂内閣の蔵相。日本自由党）から「陣中見舞」として一万円が提供された。自由党は社会党とは敵対関係にあるが、太田との関係性からの援助であった。

しかし、同じ社会党からの候補者（県連が擁立）との調整に失敗する。保守系の強い地盤にもかかわらず、社会党は候補者の一本化ができなかったのである。また、太田は中国問題に関する訴えに注力し、それ以外の問題

表2　第23回衆議院議員総選挙・兵庫4区の結果（1947年4月25日執行）(45)

当落	候補者名	年齢	所属党派	新旧別	プロフィール（『神戸新聞』より）	得票数	得票率
当	木下栄	64	国民協同党	前	前代議士，長野県出身，和仏法律学校卒，神姫バス取締役社長，県乗合自動車運送事業組合理事長，明石商工会議所議員，国民協同党総務，同兵庫支部長	39,374票	16.2%
当	山名義芳	52	日本自由党	新	周世専念寺住職，赤穂郡出身，大谷大学卒，少年保護司として神戸，岐阜，富山各教務所長をつとむ，元真宗大谷派宗議員，現宗教興国同盟委員長	39,011票	16.1%
当	堀川恭平	53	民主党	前	前代議士，岡山市出身，早大卒，村議，城南村長，姫路市議を経て県議となる，元姫路市城陽信用組合長，現在県飼料社長，播州青果会社取締役，飼料統制組合長	34,642票	14.3%
当	大上司	32	民主党	新	財務研究所理事長，赤穂郡出身，立命館経済部卒，大阪税務署，同財務局の勤務を経て大阪，大阪時事，産業経済各経済記者を経て大阪高女名誉校長	28,799票	11.9%
	太田宇之助	56	日本社会党	新	著述業，揖保郡出身，早大法政経済科卒，朝日新聞記者となり，大朝上海支局長，東朝の論説委員をつとめた．上海支局長時代南京政府経済顧問となった	26,248票	10.8%
	八木佐太治	56	民主党	前	前代議士，揖保郡出身．八木電機代表社員，八木商会社長，東亜無線監査役，東洋電波協立電気産業各取締役を歴任．元姫路市議，県議	23,234票	9.6%
	岩前鶴左衛門	45	日本社会党	新	岩前産業代表社員，宍粟郡出身，小卒，松本銀行，郡是製糸山崎工場勤務を経て宍粟農工常務取締役・農村工業連合会常務理事となる，社会党宍粟支部長	14,582票	6.0%
	松井清市	51	民主党	新	神戸南支産業監査役．赤穂郡出身，神高商卒，元神戸南支産業取締役，神南興業取締役，神戸南支貿易振興会常務，神戸財界研究所理事長，立憲民政党県支部幹事	12,942票	5.3%
	苦木正男	38	無所属	新	海外引揚者連盟支部長，揖保郡出身，上海建民上級学校工科卒．大阪タクシー職員，神戸市電気局技術員を経て上海で工場を経営，終戦後引揚げ姫路で互信公司を経営	12,401票	5.1%
	下坂正英	46	日本共産党	新	著述業，宍粟郡出身，京大経済学部在学中より農民運動に従事，卒業後日農中央委員，労働党中央執行委員	10,531票	4.3%
	伝馬謙治郎	50	無所属	新	土木工，姫路市出身，小卒，30年間土木建設自由労働者の生活を送り現在に至る	1,059票	0.4%

は「社会党で掲げられている通りで、それ以外はありません」と発言した。太田は、これが有権者の支持を集められなかった原因だったと自己分析している。(46) 対中貿易に関係する港湾都市ならともかく、一九四七年という占領下の姫路において、中国問題に関する訴えが有権者の心に響いたかといえば確かに疑問である。ただし、太田が国会議員に転身しようとした動機が、中国問題に関わるためであったという点は、今一度強調しておきたい。

選挙結果であるが、次点での落選となった（表2）。意外に善戦したのは、兄の太田覚治郎が地元の名士（網干町会議員を五期務める）(47) だったことが大きい。

開票後の『神戸新聞』にも、「注目すべきは太田氏（社）の善戦で、生れ故郷というのみで揖保をはじめ、ことに姫路市内では一万五千票を集め古豪を寒からしめたことである」と太田の善戦を讃える記事が掲載されていた。(48)

この選挙のなかで公認候補にもかかわらず党からの選挙資金を一切交付せず、それどころか「通信連絡費」として費用（三〇〇〇円）を徴収した社会党に幻滅した太田は、同党と距離を置くようになった。(49) 一方、この選挙の結果日本社会党は第一党（一四三議席）となり、民主党・国民協同党との三党連立内閣である片山哲内閣が同年五月に成立している。

第三節　『中華日報』・『内外タイムス』社時代の太田宇之助

1　『中華日報』への就職

すでに述べた通り、太田が『中華日報』との関係を持った端緒は、衆議院選挙出馬のための資金（六万円）を、中華民国駐日代表団を通じて、顧問報酬の前払いという体裁で中華日報社から借りたことである。『中華日報』からの借入と別に選挙資金のために一〇万円の借金も作っている。総選挙に落選した結果、太田はこの借金の返済のため、中華日報社に奉職を余儀なくされることになった。[50] 沈観鼎は太田とは日中戦争以前から懇意であり、汪政権に関与した太田の経歴を不問とし、中華日報社顧問就任を斡旋した。[51] また、朱世明（駐日代表団団長）からも太田個人に資金援助（月額一万円）があったようである。[52]

しかし、借金返済という後ろ向きな事情だけが就職の理由ではない。太田は、「中国人の経営で、中国人のための日文紙というのが基本的な趣旨であるので、赤松（太田）がこの新聞に関与するに至ったそもそもの最初で、『日中のくさび』として奉仕したいとの念願からであった」とその動機を説明している。一方、駐日代表団が太田を招聘した理由は、『中華日報』を言論の面で改善させたいからではないかと太田は推測していた。[53]

これまでの分析の通り戦後の太田はマスコミ・言論界への復帰に消極的であり、政官界への進出と浪人生活（晴耕雨読）の間で逡巡していた。その太田がマスコミに復帰したのは借金返済という事情のためであった。『中華日報』（そして後身の『内外タイムス』）において、太田は中国関係論説を担当しており、ここに中国専門記者太田宇之助が復活したのであった。

中華日報・内外タイムス社における太田の役職は、中華日報社顧問（一九四七年二月）、同社参議（一九四七年末）、同社顧問（一九四八年八月）、内外タイムス社主筆[54]（一九四九年六月）、同社顧問（一九五〇年一月）と変遷している。[55] この後、時期は不明であるが、内外タイムス論説委員長にも就任している。退社は、一九六九年三月であった。また、内外タイムス社の日本新聞協会加盟にも太田は尽力し、蔡長庚《さいちょうこう》社長に代わり同社新聞協会代表（一九五七年）にも就任している。太田が『内外タイムス』に関係している事実は、一九四九～五〇年当時、太田が重光葵に出した書簡からも確認できる。[56]

ここで『中華日報』の沿革を確認しておきたい。『中華日報』は台湾籍華僑である羅錦卿が一九四六年一月に創刊した日本語新聞であり、東京における唯一の華僑新聞であった。同紙は、戦後の在日華僑の言論空間のなかで中国共産党（以下、「中共」と略記）支持派の新聞である『国際新聞』と対比される存在で、中国国民政府、および中華民国政府（以下、「国府」と略記）支持の右派華僑新聞であった[57]。『中華日報』の源流は一九四六年一月創刊の『国際中日公報』であるが、現存する最古の紙面は一九四六年九月四日号（第一三八号）である。『中華日報』という名称の新聞は歴史上中華圏においていくつも刊行されているが、一九四六〜四九年に東京において刊行されたこの『中華日報』は、汪兆銘政権の機関紙『中華日報』や戦後台湾の国民党経営新聞『中華日報』とは一切関係がない。創刊にあたっては、中華民国駐日代表団（以下、駐日代表団[58]）の関与があったことはほぼ間違いがない。台湾の中央研究院近代史研究所檔案館および国史館に所蔵される駐日代表団の工作報告書を紐解くと、『中華日報』への指導に関する記述が頻繁に登場する[59]。駐日代表団首脳部の声明が『中華日報』を通じて発表されることもたびたびあった[60]。

一九四六年一二月一〇日の社説「夙願達成に際して」において、『中華日報』創刊の理念が紹介されている。要するに、中国の実情を正確に報道し、中国人の評論を訳載することで日本人の中国認識を深化させ、日中文化人の共鳴提携を実現することが同紙の理念であった。『中華日報』は読者を必ずしも在日華僑に限定せず、新聞を通じて日中の相互理解・文化交流を目指していたのである[61]。一九四八年一月四日に掲載された「本社の使命と任務／本社始業式に於る羅社長の訓示」によれば、中国統一への協力、日本の民主化の徹底、中日親善の推進が同社の使命として掲げられた。『中華日報』停刊直前の一九四九年三月七日の社説「中日親善と新聞の使命」においても、国交未締結の状況下、日中の相互理解促進を図る上で『中華日報』の役割は非常に大きいと、その抱負が述べられている。政治的な方向性として、同紙が国民政府・国民党にきわめて近い立場にあった。「本社はもとより国民政府の意志を以て意志とする[62]」という経営方針を有していたようであり、たびたび闡明《せんめい》された[63]。社論や報道を分析すると、きわめて国府寄りの姿勢を有していたのは事実であるが、仔細に検討すると必ずしも国府一辺倒ともいいがたく、独自性も見出せる。

国共対立と内戦に関して『中華日報』の論調を総括すると、ある一時期を除き、内戦停止と和平統一を訴え続けた点に特色がある。まず、一九四六年一二月から四八年三月にかけては、三民主義を奉じ[64]、あくまで現政府である国民政府を主体とした和平統一を訴えたもの[65]の、国府の失政にも厳しい眼差しを向け、中共を「共匪」と断じて討伐する姿勢にも疑問を呈し、第三の国共合作の実現を願った[66]。これは抗日戦争により疲弊した国土・国民への深憂に基づくものであった[67]。

一九四八年四月に蔣介石が総統に就任すると、その指導力に期待を寄せるとともに、妥協の時期は過ぎたとして中共に対する武力鎮圧を訴えた[68]。これは四八年一〇月の東北失陥まで繰り返された。この時期は国府（特に抗戦派）の方針に比較的寄り添っていたといえる。ただし、この時期においても「共匪」などの中共を侮蔑する言葉は一か所も出てこない。

東北失陥以降、『中華日報』は再び和平へと傾斜する[69]。興味深いのは、一九四八年一二月以降、中共統治下の政治経済状況に関して、教条主義的な中共批判や徹底抗戦を訴えることなく、偏向せずにその実態を伝えようとした点である[70]。中共が全土を支配した場合の想定も、批判を交えず、冷静な立場で行っている[71]。このように『中華日報』には国府の意向に追従していたとは必ずしも評価できない側面があった。

羅社長時代、太田はそれなりに重用されたようであり、中華日報では、一九四八年八月二〇日以降「自由灯」というコラムを執筆し、張群来日などの重要な節目に、太田の署名記事を載せている[72]。『内外タイムス』に改題後の一九四九～五〇年上半期までは、主筆として社説執筆も担当していたようで、社説に太田の署名が確認できる[73]。『中華日報』時代の社説は、文章から察すると中国人スタッフが書いていたようであり、太田の関与はない。しかし、太田が主筆となった『内外タイムス』の社説と『中華日報』時代の社説との間には中国認識の違いがあまり見られないことから、太田は『中華日報』時代の社論に近い意見を持っていた可能性が高い。また、「内外抄」という無署名コラムを毎日執筆しているが、これは社長が羅から蔡に交代してからも変わらず、太田が退社するまで続けられた[74]。羅社長の目指す紙面作りとも、太田の考えは親和性が高かった。

2 『内外タイムス』主筆就任と社長との対立

①『内外タイムス』の成立

『中華日報』は、在日華僑向けの新聞ということから、用紙の統制が厳しいGHQ占領下においても優遇的な用紙配給（毎日二頁、一〇万部）を受けていた。中華日報社はその状況を利用して、他社に用紙を横流しすることにより莫大な利益を上げていたようである[75]。しかし、用紙不足の解消とともに経営難に陥ることになった。羅社長は、一九四九年に読売新聞社への社の売却（読売傘下の報知新聞社との合併）を決めるが[76]、これは華僑社会の反発を招き大規模な労働争議へと発展した[77]。一九四九年三月二〇日をもって、『中華日報』は発行停止を余儀なくされる。争議の結果、報知新聞社との合併は白紙となったが、同社と編集・業務上の特殊協定を結び、『中華日報』は一九四九年六月、夕刊紙『内外タイムス』として再出発することになった[78]。紙名変更後も社長は引き続き羅錦卿であった。

『内外タイムス』への改題に伴い駐日代表団との関係は疎遠になったようである。『中華日報』時代には代表団幹部のメッセージが頻繁に掲載されていたが、改題後は一度も載っていない。これは蔡社長への交代後も同様である。一九四九年六月に行われた連合国軍総司令部民間諜報局（GHQ/SCAP, Civil Intelligence Section）に対する羅社長の説明によれば、駐日代表団首脳部との個人的友好関係はあるが、新聞自体は代表団の直接の統制下にないとされた[79]。

『内外タイムス』改題後に、同紙主筆となったのが太田宇之助であり、中国関係社説の大部分を執筆した。[80]『中華日報』が一九四九年三月二〇日に停刊し、六月一日に『内外タイムス』として再出発するまでの間、国共内戦の状況は大きく変わっていた。四月二三日に南京、同二四日に太原、五月二七日に上海が相次いで陥落した。『内外タイムス』でも国共内戦に関する論説が展開されていた。内戦の帰趨が中共にあることは同紙も認めるところであり、国府の勝利の可能性を述べることはなかったものの、消極的ではあれ国府を応援し続けた。米国対華白書の発表に伴う対華援助打ち切りを報じた際にも国民党の自力更生に望みを托し、[81]相次ぐ要地陥落に遭遇しても持久戦の展開を訴えた。[82]現実から乖離した夢想的な抗戦論に与することはなかったものの、最後まで望みを捨てずに国府を応援し、逆に、四九年一〇月に中華人民共和国が成立しても、中共政権の正統性を認めることはなかった。[83]ただし、貿易に関しては、政治とは分離し中共との貿易も必要と述べている。[84]しかし蔡社長時代になると中共との貿易には一転否定的となる。こうした社説はすべて太田によるものである。

以上の通り、当該時期の『内外タイムス』には、国府を正統と認めながらも、国府の反共宣伝に盲目的に同調せず、時に中共との関係樹立を模索する傾向があった。GHQ民間諜報局による在日華僑経営新聞に関するレポートには、『内外タイムス』は中国内戦に中立的であると記されている。[85]また、一九五二年四月の中国国民党中央改造委員会の議事録には、「内外タイムスもかつては共匪宣伝に加担していた[86]」との記述があるが、おそらくこの時期の同紙を指していると思われる。

しかし、改題復刊の半年後の一九四九年一二月、『読売新聞』が夕刊を発刊することになり、代替夕刊紙の必要がなくなった。読売新聞社は経営から手を引くことになり、四九年一二月の間『内外タイムス』は休刊を余儀なくされた。羅社長は台湾人実業家の蔡長庚に同社を売却し（譲渡金三〇万円）、五〇年一月から蔡新社長のもとで再刊されることになった。[87]

②『内外タイムス』の「黄色化《イエローペーパー》」

一九五〇年一月、約一か月休刊していた『内外タイムス』は復刊し、蔡長庚（台湾籍の華僑で羅社長と同郷[88]）のもとで再出発することになった。蔡は、戦後の早い時期から銀座でキャバレーを経営していた実業家でもあり、歓楽街や風俗業と密接な関係を持っていた。また、一九五五年、蔡は国府支持派の在日台湾人の同郷組織である留日台湾同郷会の会長となり、以後二二年間その地位にあった。こうした蔡の親国府的な政治姿勢もまた、『内外タイムス』の経営方針に影響を与えることになる。

蔡社長の就任こそ、『中華日報』『内外タイムス』の性格を大きく変えることになった事件であった。最大の変化は、急速度の娯楽化の推進であり、下世話な記事や色街のゴシップの増大である。ヌード写真が紙面を飾り、特にストリップ興業関係の記事が紙面を賑わせた（このような風俗大衆紙路線に転じることを本書では「黄色化[89]」と呼んでいる）。「今日では、内外タイムスといえばエロ新聞の代名詞となってしまった[90]」という同時代評価が出てくるのも仕方がない。しかし、戦後新興紙のほとんどが長続きせず廃刊していくなかで、『内外タイムス』が二一世紀まで存続し、六〇年もの命脈を保った最大の要因は、間違いなくこの黄色紙面にある。

蔡社長への交代後も、社説欄は「時の問題」と改称されたが、一九五〇年六月末までは社論は引き続き署名制を取った。署名制の時期、中国関係の社説はやはり太田が担当したが、大木一郎（内外タイムス編集局次長）も担当している。署名制を取っていた時期の社論の傾向は、羅社長時代の『内外タイムス』の傾向を踏襲したものであり、反共主義に傾斜することなく、あくまで冷静に中国情勢を論じていた。中共に対する期待・評価は一切なく、国府の正統性は所論の前提となっていたものの、国府の大陸反攻言説に対し、これを鵜呑みにせず批判する姿勢も有していた[91]。社長交代後も旧体制が暫時残存していた結果であろう。

これが転換するのは、一九五〇年七月以降である。これを境に、『内外タイムス』は完全に国府一辺倒の言論に転換する。おおむね国府の意向に沿った意見を書くようになり、大陸反攻は当然視され、中共に対する批判は激化する。これは、『中華日報』時代から通してみても、最大の転換点といわざるをえない。社説の署名制は廃止され、前述の通り題材が軽くなるため、中国関係の社説が登場する頻度は変わるものの、蔡社長によるエッセイも反共主義と国府支持へと傾斜しており、間違いなく、一九五〇年七月あたりが転換点となる。転換の要因の一つには、一九五〇年六月二五日の朝鮮戦争の勃発により、米国が台湾援助に舵を切ったことがあるが、もう一つ、見逃せない要因として、蔡社長の訪台（一九五〇年一〇～一一月）が挙げられる。この際、蔡は蔣介石と会見し、台湾分社の設置と『内外タイムス』の台湾向け輸出が決定する。こうして『内外タイムス』は台湾に積極的に進出していく(92)。

しかし、一九五〇年七月に起きた社論の転換は、単なる意見の変更だけを意味していたのではない。言うなれば、社説欄は、中国の現状を柔軟に分析し発表する場ではなく、国府の公式見解をただ引き写す場所になったのである。従来、羅社長時代の『中華日報』『内外』が、国府寄りでありながら国府一辺倒ではなく国府の方針を時に批判する姿勢を有していたのは、羅社長が言論を重視しており、国府のあり方を検証するメディアが必要だと考えていたとみることができる。太田もまたこのようなメディアを求めていたことは想像に難くない。

一九五一年以降、太田の署名記事が見られなくなり、代わって蔡社長が前面に出るようになった。蔡社長の台頭とともに、太田は冷遇されるに至ったのである。こうした状況は、紙面分析によっても確認できる(93)。回顧録によれば、蔡社長に対する太田の不満は、①中国人経営の日本語新聞にもかかわらず、中国の利益を代表する紙面づくりをしていないことや、②蔡が新聞経営の素人であり、低俗でエロチックな娯楽紙面への移行を推進したこと、などにあった(94)。

太田は、「内外タイムスは三大紙の夕刊復刊に押されて、再出発はしたものの、経営は最初から苦しかった。対策として、ますます紙面をエロ化し、それによって低俗な読者を引き付けようとするので、赤松〔太田〕には苦々しい限りであるが、社内の一般空気に捲き込まれざるを得なかった(95)」と当時の苦衷を回想している。太田と蔡の対立は、新聞経営において言論と営利のいずれを優先するかをめぐる対立でもあった。[96] しかし、蔡社長による黄色新聞への路線転換により、『内外タイムス』の発行部数は、就任からわずか三年で四万部から三〇万部に飛躍的に拡大した。[97] 新興紙の多くが没落・廃刊していくなか、『内外タイムス』がほぼ売店などでの販売だけで急速な拡大を達成した事実は「新聞界の驚異」と評された。[98] 戦時の抑圧から解放された日本人は娯楽に飢えていた。終戦直後の日本において、ストリップは性風俗文化の花形として盛況を極め、一九五〇年代、ストリップ界は第一次黄金時代を迎える。[99] 蔡社長は、そのような空気に巧みに乗じた路線転換を図ったのである。

太田の望む言論重視の路線では、『内外タイムス』が生き残ることはきわめて難しかっただろう。とはいえ、ストリップ、ゴシップ、賭博、反共といった要素が充満した『内外タイムス』は太田がいる場所ではなくなっていた。しかし、不満を持ちながらも、窮迫する生活から太田は辞職に踏みきることができなかった。

第四節　戦後期の中国評論活動——「戦前派中国通」の退場

1　戦後期における太田の中国評論

最後に、戦後期の太田の言論状況を確認してみたい。太田が中華日報社に就職した背景には、駐日代表団の関係者らから国府寄りの言論人と見なされたことが作用したのであろうが、当時の太田は必ずしも国府一辺倒ではなかった点は追記しておく。『内外タイムス』に太田が執筆した社説でも、国共内戦を冷静かつ中立的に分析していた。

太田の戦後の署名記事や評論は数が少なく、また、執筆時期に偏りがある。空白時期が多く、太田の認識の変遷を丹念に追うことは難しい。それでも、ある程度の傾向を見てとることは可能である。

太田の言論活動は、一九四五年秋には再開されている。一〇～一一月、太田は文藝春秋社から依頼された「重慶に賭ける」[100]と同盟通信社から依頼された「対華関係の新発足」[101]の二篇の原稿を認めている。久し振りの原稿執筆であった。前者は、戦時下に対日協力政権の支配地域から日本に留学した学生も黙々と知識の吸収に努めただけであり、根底にある愛国思想は重慶の学生と変わりはなかったと弁護し、国民政府と新中国の事業家に対し留日学生に対する格別の配慮を求めた評論である。

後者の「対華関係の新発足」は、原本が見つからないのだが、一九四六年刊の『中国民主化の方向』に抜粋・掲載されている[102]。その注意書きによると、「終戦直後の昨秋〔一九四五年〕十月初旬、日本民間文化人の第一声として直接重慶に呼びかけた放送[103]」だったそうで、放送用の原稿である。太田は、軍国主義を捨て高度文化国家を建設しようとする日本が科学発展と東洋文化の振興のため中国と提携し、ともに民主主義国家として作興しなければならない、そのためには青少年の再教育こそが重要であると述べた上で、以下のように続けている。

日華は新時代に入つても宿命として更に新しい意義を持つて全き平等感の下に親善関係を打ち樹てねばならぬ。そのためにはわが国に対する恨みを忘れて戴くことを重ねて中国の国民諸君にお願ひしなければならぬ。甚だ虫のよい要望ではあるがこれが先決問題であつて、またそのために我々日本人としてはあらゆる機会に償ひの誠意を示す必要があると思ふ……。今こそ新日本は国際正義を旗印として正義と真実の神の前にへりくだり、その忠実無比の使徒となり一日も早く世界における特に中国における不信の汚名を取除かねばならぬ。これが日本再建のためにも日華新提携のためにも絶対必要な条件であることを確信する次第である[104]。

太田は日中戦争前と同様に、中国と平等互恵の提携関係を築くことを念願し、そのためには、日本の国際主義への転換、真摯な贖罪と誠意を中国に認めてもらうことを述べていたのである。これが、重慶政権に対する日本の民間人の第一声だったという点は興味深い。戦後期に太田が書いた文章のなかで、最も率直に書かれたものといえるが、あくまで中国における中華民国、国民党政権の存続がその前提になっていることに、注意しておきたい。

次に、国共内戦期の太田の評論を確認したい。

中国国民党と中国共産党らが中国統一について協議した政治協商会議（一九四六年一月）の開催後、国共対立が内戦に移行するまでの時期の一九四六～四七年時点では、中国の抗日勝利と国民政府の国家統一達成を太田は祝福していたが、その一方で国共対立により内戦に移行することを不安視してもいた(105)。抗日戦争によって疲弊した国土の復興のため、経済建設の必要を述べ、日本も技術分野での協力を惜しむべきでないと主張している(106)。また、あくまで中国を統治する主体は国民党であり、共産党ではないとした(107)。

一九四八年五月に『中華日報』に掲載された評論「新中華民国の誕生まで」は、中華民国憲法の施行と蔣介石の総統就任の奉祝が目的で書かれたものであるにもかかわらず、中共軍の討伐は非常に困難で解決には時間がかかることや、中華民国憲法の精神が国民の生活に浸透するかは疑問であること、さらには国民党による統一に期待したいが、和平統一に至るにはあらゆる困難を克服する必要がある、などの諸問題を指摘し、国府の前途をまったく楽観していない(108)。ただし、それでもこの時期までは国民党の支配が所与の前提となっている。

内戦における中共の優勢・勝利が確実になった一九四九年四月に、太田の認識は変化する。国府の敗色は濃いが、国共内戦は以後膠着し、「二つの中国」政府の併立がしばらく続くだろうと、太田は予測した(109)。そして、中共の施策は案外穏健であり、中共が中国を支配しても問題は起きないだろうと展望している(110)。同年一月に重光に出した書簡においても、「先日堀内公使の帰来談を芳沢、有田氏等の先輩とともに聞き、会後意見の交換もありましたが大体皆さんは中国の将来に対して中共が一応天下を取っても大したことになるまいと云つたような楽観論で私もやはり同様です」[111]とあり、以上の論考での見解と一致する。『内外タイムス』主筆時代の社説においても、国府が正統な政権であることを前提としながらも、中共を利する部分があったのは、先に分析した通りである。

次に、中国政治に関する太田の評論が確認できるのは、一九五七年から五九年にかけてである。一九五一年以降は『内外タイムス』では無署名コラム「内外抄」を書く以外仕事がなくなっていたため、他の媒体に寄稿する余裕は十分あったはずである。なぜ一九五七年まで論考がないのかは不明であるが、そもそも戦後の一九四〇年代後半の時点で、太田の評論の数は激減しており、原稿の依頼自体がなかったと推測される。

一九五七～五九年に太田が問題としたのは、冷戦下における日本の中国政策をどう構築するのかという点であった。「中国は一つ」の原則は守らなければならない[112]とした上で、太田は、日本は対米自主外交政策をとり、中共承認も考慮すべき（ただし、国府との関係は継続[113]）と主張している。日本が相手にすべきなのは、北京政府でも台北政府でもなく、中国大陸の六億の人民であるとし[114]、そのために国共同時承認をするべきだと論じた。中共に対しても色眼鏡で見ず、「平和共存」政策をとることに期待した[115]。

太田の評論[116]によると、鳩山一郎内閣期に、重光外相（一九五四年一二月～五六年一二月在任）から対中国政策の相談を受け、意見書を執筆し提出したという。「内容は米国には面白くないものだし、余程の勇気がないと実行されそうもない」、「今でもその折の意見とあまり変わっていない」というものだが、意見書の現物は確認できていない。

以上要するに、太田の戦後期の評論を確認すると、国府支持の『内外タイムス』の幹部だったにもかかわらず、国府擁護が一切見られないことに気付く。保守派に広く見られた蔣介石恩義論の文脈で台湾を重視するという姿勢は太田にあっては皆無である。とはいえ、進歩派に広く見られた中共礼賛・日中国交正常化および日華断交の主張もまた見られない。国共双方に中立の立場で冷戦下の両岸関係を見ていたのである。しかし、中立の立場に立つということは、戦前期までの太田に見られた、どのような状況にあっても中国政治に希望を見出す姿勢が失われたことと同義である。あるいは、戦後の日中関係については太田の分析能力がもはや通用せず、太田にとっても判断がつかなくなっていた可能性もある。

2　戦前派「中国通」の退場

戦後期の太田の評論を分析する上で難点となったのが、原稿の絶対数が少なく、また原稿が確認されていない時期が長期間存在することであった。特に、戦後の主要論壇誌（『中央公論』『文藝春秋』『世界』など）からの依頼原稿が来なくなった。戦前には多いときで月に三本ほど評論が発表されていたことを考えると、隔世の感がある。太田は次の通り回想している。

原稿の依頼は以前のように一流雑誌社からは少なくなって、地方新聞用の安い稿料の短文が多くなった。久し振りに中央公論社から一篇を申込まれたので、彼〔太田〕は任意に「蔣介石論」をものせて送ったところ、最早時代に向かないとの理由かららしく送り返して来た。彼は曾て経験したことがないので屈辱を感じた。[117]

前後の記述から判断するに、これは一九四六年時点の話である。これは、戦後論壇が左派優位になったことと無関係ではない。

「敗戦直後、中国論の担い手は、それまでのシノロジスト、現地調査派、『支那通』、軍部の中国謀略論者、中国記者などの複数集団から、日共系親中共論者へほぼ一本化された[118]」と馬場公彦が指摘するように、戦後日本の中国論壇は、野坂参三や中西功といった親中共系マルキストによって占められるようになり、太田のような戦前派の中国通は、退場を余儀なくされていた。[119]マルキストの分析は、理論が現実に優先するかのような理論偏重であり、中国共産党の声明や毛沢東の著作を教典のように尊重する傾向があり、必ずしも中国の現状を踏まえたものではなかったものの、新中国の思潮として読者に歓迎された。[120]反対に、太田のように理論に頼らず実地で中国を観察し、中共礼賛をしない評論家は歓迎されなくなったのであろう。また、戦前派の中国通は、中国に対する認識を誤り侵略の片棒を担いだとして、一律に否定あるいは忘却の対象となっていった。[121]太田にそのような傾向がなかったことは本書が明らかにしてきた通りであるが、戦前派の中国通ということで一緒くたにされたのであろう。第2章第三節第1項において、尾崎秀実と太田の「中国通」論を整理するなかで、日中戦争下における日本の中国通の三類型として、「支那通」「中国統一援助論」「マルキスト」を提示した。終戦直後においてはマルキストのみが持てはやされるようになり、本来中国侵略を抑制していたはずの「中国統一援助論」は、戦前派中国通として「支那通」と一緒くたにされ追放される憂き目に遭ったのである。

国民政府の敗退と腐敗、中華人民共和国の成立という事態のなか、太田は一九三〇年代のごとき論壇の寵児ではなくなっていた。このような状況から、太田の活躍の場は、もはや言論界にも求めることができなくなっていた。不満を持ちながらも、一九六九年に至るまで『内外タイムス』をやめることができなかったのである。

こういった意味で、「太田日記」一九四五年一一月七日条の尾崎秀実の一周忌の記述は示唆的である。

尾崎君が死刑になって丁度一週年の今日、旧宅で告別式をかねて紀念追悼会が開かれた。未亡人が一昨日岐阜から楊子さんを連れて引上げて帰って来てゐた。参会者は友人多数で多くは左翼の連中である。時代は急転して共産主義者も来会して大いに気勢を上げさせるやうになった程とて、尾崎君も益々英雄になるらしい。結局不幸な男ではなかった。[122]

この記述の通り、尾崎は左翼研究者によって祭り上げられるようになっていく。戦後中国論壇で活躍するのは尾崎の衣鉢を継ぐ左翼評論家であった。結局不幸だったのは、尾崎ではなく、長い間忘れられることになった太田だったのかもしれない。

実際、戦後太田は忘れられた人物となってしまった。一九七六年一〇月に松本重治に宛てた書簡（松本の文化功労賞受賞の祝い状）の追伸に太田は「例の『回顧記録』先達て文春社から引取り目下中央公論社で検討して頂いていります[123]」と記している。太田の回顧録『生涯』は結局小規模出版社である行政問題研究所から出版されており、文藝春秋社に続いて中央公論社からも回顧録の出版を断られたことになる。文藝春秋社も中央公論社も、太田がかつて厖大な評論を寄稿した出版社である。太田の無力感を思うにあまりある。

第五節　太田宇之助の遺志——東京都太田記念館の開館

このような不遇をかこちながらも、中国に貢献しようという気持ちを太田が終生持ち続けていた点は特に指摘しておきたい。太田は戦前期（一九三四年頃）から私費で中国人留学生の支援を行っており、自宅に留学生を住まわせていた。彼らは日中戦争期の太田の中国駐在中には留守を守り、太田の衆院選挙出馬の際には選挙の手伝いをした。太田の世話した留学生の多くは戦後台湾に移り住んだが、彼らとの交流は終生続いたのである[124]。太田と留学生の交流については、望月雅士の論文が詳しい[125]。

太田は遺言で、自宅敷地（東京都杉並区久我山。約二〇〇〇平米）を中国人留学生のために提供することを念願していた。以下は、寄贈の趣旨を東京都知事に宛てた太田の文章である。

私は半生を専ら中国関係に献身して参りました。大学在学中、孫文氏の下に中華革命軍海軍総司令王統一の秘書として渡華し、袁世凱が皇帝たらんとする野心を打破するための第三革命に従軍した経歴を持ち、新聞記者として孫文氏に親しく接して参った者で、斯る経験者は日本人として恐らくたゞ一人の残存者と思います。現職時代は多くの中国留学生と交わり、また掩護の手を差しのべました。よって生涯最後の企てとして現在の土地、建物及び中国関係を主とする一般に利用し得べき蔵書のすべてを含めて東京都に寄贈し、都の手によって地内に中国学生の寮舎を建造して頂き、日中友好の実践に資したい念願であります。[126]

かつて東京都の民生局長であった縫田曄子（宇之助長女。当時市川房枝記念会理事長）の尽力もあり、東京都に寄贈された（生前の一九八四年に寄贈契約）。この太田の邸宅の時価総額はバブル期ということもあり、三〇億円に及んだという。太田は、これを東京都に無償で提供した。一九八六年九月の太田逝去ののち、正式に寄贈手続きが行われた。留学生寮建設のため、太田の旧宅（一九三四年築）を取り壊すことになり、八八年八月着工し、八九年九月竣工した。九〇年に運用が開始され、現在も都立の留学生寮「東京都太田記念館」として利用されている。[127]

太田記念館は北京市出身の中国人留学生を受け入れる寮として運用が開始された。これは、東京都と北京市が姉妹都市だったからである。前掲の都知事宛の寄贈の趣旨にある通り、中国人のみに使用してもらうことが太田の遺志であった。

しかし、反中意識の強い石原慎太郎都知事が「中国のみに恩恵を施す」事業を問題視し、二〇〇二年に入寮対象者を石原の提唱で成立した「アジア大都市ネットワーク21」（二〇〇〇年成立）加盟一一都市（北京、ソウル、台北、ジャカルタ、クアラルンプール、シンガポール、バンコク、ヤンゴン、マニラ、ハノイ、デリー）[128]出身者へと拡大した。石原は記念館を都立大学の学生寮にするという案すら持っていたが、これは採用されなかった。無論、太田の遺志に反する行為であり、波紋を呼んだ[129]。中国人の元寮生は以下の文章を発表した。

十年の春秋を経て、太田記念館は多くの中国からの有志青年を迎えた。そして、そこで学業を研鑽し、学業を終えた若者を中国へ、そして世界へ送り出した。このようなすばらしい勉強環境、生活環境を提供されたお陰で、私達は学業を順調に終えられたと思う。〔中略〕太田先生のことを偲ぶ。太田先生はどのような気持ちで、このようなすばらしい所を自分の子孫に残さず、私達中国人留学生に提供されたのでしょう？　そのことを、常に私達は考えさせられた。そして、今太田記念館が、先生の遺志を受けた寮としては閉館されたと、先生が知らせを聞いたら、どのような気持ちになるでしょう？　きっと残念で寂しいでしょうね！　ここで私達が天国の太田先生に告げたい。太田記念館は中国人の留学生の寮としては閉館されたが、しかし、先生の念願は決してむだではなかったと思う。その念願はすでに私達の心の中に刻まれている。そして、私達はこれから、世紀にわたって両国の友好を願って絶えず頑張ってきた太田先生のような先輩の方々の遺志を、しっかり受け継いで生きて行く[130]。

素晴らしい環境を子孫でなく中国人留学生に遺した太田の篤志への感謝、太田の遺志を反故にする石原都政への怒り、そして太田の日中友好の遺志の継承への決意が、表明されている。元寮生が記念館および太田に寄せる思いが伝わる文章である。

とはいえ、太田記念館の寮生の過半数を占めるのが北京出身者であることは変わらなかった。二〇一五年末までの統計では、卒寮・在寮生は累計で六二一名を数えるが、うち五〇〇名（全体の八割）は北京出身者であった[131]。太田の遺志は実を結び、多くの人材を世に送り出した。卒寮生には日本や中国で活躍する大学教授や日中交流に関わる団体職員も多い。

太田記念館に特に関心を示した都知事は舛添要一であった。在任中の二〇一五年一一月一九日に開館二五周年記念式典を挙行し、二五周年記念誌も作成された。この式典に程永華駐日中国大使（当時）を招き、日程のなかで、記念館への視察と同地での懇談を実施した。これらは外添の意思で実施された事業であり、当時、靖国参拝と尖閣諸島問題によって冷却していた国家間外交を補完する意図があった(132)。

なお、太田記念館では「太田精神」という言葉がいまなお伝えられている。「太田精神」とは、「人を思いやり、周囲への感謝の念を忘れず、社会のために自ら行動していくという心のあり方(133)」であり、太田がその全生涯において中国に向き合うときに指針としたことである。毎年九月の第一土曜日（太田の命日である九月二日に合わせた）に開催される太田記念館ホームカミングデーには、「太田精神は永遠に」と書かれた色紙が作成されており、現役寮生・元寮生による太田への感謝の念が寄せ書きされている。太田の心はいまなお受け継がれていると見ることができる。

注

（1）「太田日記」一九四五年七月二日条。
（2）「太田日記」一九四五年七月三一日、八月二日条。
（3）「太田日記」一九四五年二月二四日条。
（4）「太田日記」一九四五年八月九日条。
（5）縫田曄子『語りおろし　情報との出合い』ドメス出版、一九九九年、二九～三四頁。
（6）神谷勝太郎「戦時下の海外放送」海外放送研究グループ編『ＮＨＫ戦時海外放送』原書房、一九八二年、二三二～二三五頁。
（7）「太田日記」一九四五年八月一〇日条。
（8）「太田日記」一九四五年八月一五日条。
（9）「太田日記」一九四五年八月一七日条。
（10）陳は、帰国後、調印式の様子、敗戦直後の日本に対する印象、日本事情（食糧難、日本人の中国人への反省）について講演しており、その講演の要旨が残っている（「東京帰来、陳博生氏在中政堂談片」『中央日報』（重慶）一九四五年九月一四日）。
(11)「太田日記」一九四五年九月五日条。
(12)「太田日記」一九四五年九月七日条。
(13)「赴日記者団名単、陳博生担任団長」『中央日報』（南京）一九四七年二月一六日。「中委挙行談話会、鄭彦芬木報告氾亜会議、陳博生報告日本現況」同、一九四七年四月一五日。
(14)「太田日記」一九四五年 九月一七日条。
(15)「太田日記」一九四五年一〇月二五日条。
(16)「午後から久し振りに外出して、改革後の朝日新聞社を訪ねた。この日野村秀雄氏の下の大西〔斎〕氏の〔論説〕主幹、旧主筆〔鈴木文史朗か〕の社長室参与〔正確には社賓〕等々の発表があった。改進されたといふものの最高人事はあまり感心しない。要するに、無難に円満といふ方針で旧朝日の行き方がやはり抜けないやうで、之では更に改革が必要となろう」（「太田日記」一九四五年一〇月二七日条）。
(17)朝日新聞百年史編集委員会編『朝日新聞社史〔昭和戦後編〕』朝日新聞社、一九八八年、三八～四九頁。
(18)有山輝雄『占領期メディア研究――自由と統制・一九四五年』柏書房、一九九六年、山本武利『占領期メディア分析』法政大学出版局一九九六年。
(19)前掲、山本『占領期メディア分析』、四八～八〇頁。
(20)「太田日記」一九四五年一二月一六日条。
(21)「太田日記」一九四五年八月一八日条。
(22)「太田日記」一九四五年九月一〇日、一一月一〇日条。
(23)「太田日記」一九四五年一二月一五日条。
(24)「太田日記」一九四五年八月三一日条。
(25)「太田日記」一九四五年九月一五日条。
(26)たとえば、「太田日記」一九四五年九月二一日条、一一月二七日条、一二月九日条など。
(27)「太田日記」一九四五年九月一六日条。
(28)東久邇宮内閣の組閣には、内閣書記官長・情報局総裁として入閣する緒方の意向が大きく反映されており、事実上の「緒方内閣」であった（栗田直樹『緒方竹虎――情報組織の主宰者』吉川弘文館、一九九六年、一五四頁）。緒方は前田多門（朝日新聞論説委員）を文相とし、中村正吾（朝日新聞政治部部員）を自身の秘書官に据え、首相秘書官に太田照彦（朝日新聞論説委員）、内閣参与に田村真作（朝日新聞元社員）を配した。太田照彦と田村は繆斌工作の実働部隊であり、緒方の懐刀であった。

(29) 「太田日記」一九四五年九月一八日条。
(30) 太田の日記に社会党入党問題が出てくる初出は一九四五年一一月一日であり、社会党本部に松岡駒吉を訪ねたが不在であったという記述がある。
(31) 『生涯』二二六頁。
(32) 『生涯』二二七頁。
(33) 「太田日記」一九四二年四月三〇日条。
(34) 「太田日記」一九四五年一一月一七日条。
(35) 「太田日記」一九四五年一一月二六日。
(36) 「太田日記」一九四五年一二月一八日条。
(37) 「太田日記」一九四五年一二月二〇日条。
(38) 「太田日記」一九四五年一二月二一日条。
(39) 「太田日記」一九四五年一二月二二日条。
(40) 「太田日記」一九四五年一二月二五日条。
(41) 『生涯』二三一頁。
(42) 『生涯』二三三～二三六頁
(43) 『生涯』二三五頁。
(44) 『生涯』二四五～二五二頁。
(45) 衆議院事務局編『第二三回衆議院議員総選挙一覧』衆議院事務局、一九四八年、三七八、三八七～三九〇頁。「衆議院議員候補者一覧　本県分」『神戸新聞』一九四七年四月二四日。この『神戸新聞』に掲載された太田の経歴は一部誤りがある（南京政府経済顧問は上海支局長時代ではない）。そのため、他候補の経歴も完全に信用できない可能性があるが、この選挙戦をより具体的に理解するために、参考のためにそのまま掲載する。
(46)『生涯』二四九頁。
(47)川嶋右次・藤本鎚重編『網干町史』網干町史刊行会、一九五一年、六七二頁。
(48)「民主党の地盤固し　戦績　社会党第二区で拙策」『神戸新聞』一九四七年四月二七日。
(49)『生涯』二四九～二五〇頁。
(50)『生涯』二三六～二四五頁参照。
(51)『生涯』二四四～二四五頁。
(52)『生涯』二六一頁。
(53)『生涯』二六一頁。
(54)太田の主筆就任は、読売新聞社の意向であり、武藤三徳(読売新聞社常務取締役)による内外タイムス社に対する命令であった(『生涯』二五八頁)。
(55)『生涯』二四五～二四六、二五四～二六五頁を参照。
(56)太田は、巣鴨プリズンに戦犯として収監された重光に頻繁に書簡を出しているが、一九四九～五〇年の書簡に、『内外タイムス』に関する記述が散見される(「重光葵宛太田宇之助書状」一九四九年六月一九日、一九五〇年三月七日、一九五〇年七月二九日、以上、憲政記念館寄託「重光葵関係文書」所収)。
(57)渋谷玲奈「戦後における『華僑社会』の形成――留学生との統合に関連して」『成蹊大学法学政治学研究』第三二号、二〇〇六年。何義麟「GHQ占領期における在日台湾人のメディア経営とその言論空間」『日本台湾学会報』第一七号、二〇一五年。なお、占領期の華僑経営出版物に関しては、巽由佳子「占領期日本における華僑の出版物」『国立国会図書館月報』第六五八号、二〇一六年を参照。
(58)楊子震「中国駐日代表団之研究――初探戦後中日・台日関係之二元架構」『国史館館刊』第一九期(台北:国史館、二〇〇九年)を参照。
(59)外交部檔案「駐日代表団僑務処工作報告」「駐日代表団一般業務報告」中央研究院近代史研究所檔案館蔵、外交部檔案「駐日代表団第三第四組工作報告」「駐日代表団工作報告(二)」国史館蔵など。
(60)たとえば下記の通り。謝南光(第二組副組長)「中国の運命決まる此一年/進歩と破滅の岐れ道」『中華日報』一九四八年

一月一日、一頁。商震（団長）「主権在民を貫徹せよ／日本憲法実施一週年を迎え」同、一九四八年五月三日、一頁。沈覲鼎（副団長）「僑胞の使命重し」同、一九四八年一〇月一〇日、一頁。

(61) 確かに紙面全体を見ると華僑向けの趣が強いが、一九四六～四七年時点では、日本人読者からの中国に関する質問に答える「中国教室」という欄を不定期で設けており、日本人読者の存在を意識しなかったわけではない。

(62) 羅錦卿「創刊一周年紀念に当たりて」『中華日報』一九四六年一二月二九日。

(63) 一九四八年の『中華留日学生報』のインタビューに対して、羅は同様の発言を繰り返している（「政府の意志を以て本社の意志とする／中華日報社々長羅錦卿氏語る」『中華留日学生報』一九四八年一月一五、三〇日合併号、二頁）。『中華留日学生報』の概要とその論調に関しては、何義麟「戦後台湾人留学生の活字メディアとその言論の左傾化」（大里浩秋編『戦後日本と中国・朝鮮――プランゲ文庫を一つの手がかりにして』研文出版、二〇一三年）が詳しい。

(64) 社説「国父逝世記念日」『中華日報』一九四八年三月一二日。

(65) 社説「東北を確保せよ」『中華日報』一九四八年三月六日。

(66) 国共合作という踏み込んだ主張までしているのは、社説「新中国の誕生近し」『中華日報』一九四六年一二月三日と社説「民族危機を救え」同、四八年三月一四日である。なお、社説「民族危機を救え」では、国府の失政を指摘し、中共を「共匪」と呼ぶべきではないとも苦言を呈している。

(67) 社説「民国三十六年の課題」『中華日報』一九四七年一月五日。社説「全面的武力衝突を避けよ」同、四七年三月一一日。

(68) 社説「蔣主席に期待するもの」『中華日報』一九四八年四月二五日。社説「討共に邁進せよ」同、四八年四月二七日。社説「和平統一への道」同、四八年八月一二日。社説「掃共の徹底」同、四八年八月二五日。社説「『反蔣革命』の謬説」同、四八年九月一日。

(69) 社説「鎮乱建国に邁進せよ」『中華日報』一九四八年一〇月二六日。社説「和平救国」同、四八年一二月二日。社説「中国人不打中国人」同、四八年一二月一四日。社説「局地的和平を望む」同、四九年二月一日。

(70) 「中国共産党とは／思想の統制厳格／民間企業と私財は保護」『中華日報』一九四八年一一月二二日、二頁。「中共の実態正視せよ／英紙・中国情勢を論ず」同、四八年一二月二二日、一頁。「中共が上海を占領したら」同、四八年一二月二五日、一頁。「UP記者中共圏内訪問記」同、四八年一二月二八日、二頁。「平和よみがえる北平／両軍仲よく市内警備／旧正に爆竹聞こえぬ一抹の淋しさ」同、四九年二月一七日、二頁。

(71) 社説「中共が中国を支配した場合」『中華日報』一九四九年二月二三日。

(72)『中華日報』時代の太田の署名記事は下記の通りである。①「新中華民国の誕生まで」『中華日報』一九四八年五月二〇・二一日、②「張群先生に捧ぐ」(上・中・下)一九四八年八月二九・三〇・三一日、③「アジア復興への道」『中華日報』一九四八年一〇月四日、④「魯迅の思い出」『中華日報』一九四八年一〇月一九日、⑤「尾崎秀実の場合」(上・中・下)『中華日報』一九四九年二月一四・一五・一六日、⑥「戴天仇のこと」『中華日報』一九四九年二月一八日。

(73) 署名は「O」「太田」「太田宇之助」など。中国問題に関する社説はほぼすべて太田が担当していた。

(74)『生涯』二五八、二六〇頁。

(75) 何義麟「GHQ占領期における在日台湾人のメディア経営とその言論空間」『日本台湾学会報』第一七号、二〇一五年、一一四頁。

(76) 太田(当時同社顧問)の回想によると、羅社長から身売り先の相談を受けた太田は、古巣の朝日新聞社に売却を持ちかけたが、これが難航している間に、太田に無断で読売新聞社への売却が決まったそうである(『生涯』二五七頁)。

(77) この時の争議の記録は、『中華日報従業員組合斗争ニュース』として刊行されており、前掲、何「GHQ占領期における在日台湾人のメディア経営とその言論空間」において詳細な分析が加えられている。

(78) 報知新聞社・社史刊行委員会編『世紀を超えて——報知新聞百二十年史』報知新聞社、一九九三年、二五二~二五三頁。

(79) Special Information Report. Subject: Connection between Naigai Taimusu (Domestic and Foreign Times) and Hochi Shimbun (Hochi News), Pictorial, Broadcast Division, Civil Censorship Detachment, GHQ/SCAP Records, Civil Intelligence Section, Box 8625, Folder, 43, RG 331, NACP.

(80)『中華日報』と比べると中国関係の社説の筆致は冷静さと客観性が目立つが、これは社説の執筆者が日本人に代わったためだと思われる。中国関係の社説にはほぼすべて「O」という署名が付されているが、文体や論法から見て、これは主筆の太田によるものと見て間違いない。

(81) 社説「米の対華白書/親善政策に変わりなし」(O)『内外タイムス』一九四九年八月七日、社説「国府粛清の秋/対華白書の意味するもの」(O)同、一九四九年八月一〇日。

(82) 社説「望みなきに非ず/中国政府の結集力に期待」(O)『内外タイムス』一九四九年九月一一日。社説「重慶への道/注目される米国の出方」(O)同、一九四九年一〇月一六日。

(83) 社説「中華人民共和国／政協会議で宣言」(O)『内外タイムス』一九四九年九月二三日。ただし、「二つの政府」並列といった言い方をしており「一つの中国」の立場に立っていない(社説「中国の対ソ断交／対立つづく二つの政府」(O)同、一九四九年一〇月六日)。
(84) 社説「中日貿易／もっと積極的に」(O)『内外タイムス』一九四九年七月二四日。社説「中共との貿易／中日間にも検討の要あり」(O)同、一九四九年一〇月二一日。ただし、中国関係論説のなかで唯一存在する別作者(Y)の社説では、正反対の社説が書かれている(社説「夢と現実／中共貿易は見込薄だ」(Y)同、一九四九年九月一八日)。
(85) Summation: The Chinese Press in Japan, Press, Pictorial, Broadcast Division, Civil Censorship Detachment, GHQ/SCAP Records, Civil Intelligence Section, Box 8620, Folder, 2, RG 331, NACP.
(86)「中国国民党中央改造委員会第三三三次会議紀録」(一九五二年四月二五日)、中国国民党文化伝播委員会党史館蔵。
(87)「内外、報知と切れる」『新聞協会報』第五七八号、一九四九年一一月二四日、一頁、および「内外タイムス復刊の運びへ」同、第五八三号、一九四九年一二月一二日、一頁。
(88) 蔡長庚は、一九一四年四月九日、台湾彰化県渓湖鎮西勢里で、区長蔡河清の次男として生まれた台湾人である。武術家として知られており、講道館柔道六段、空手八段の腕前であった。一九四五年一月に、読売新聞社編集局運動部嘱託記者となり六二年三月まで在籍していた。また、蔡は、戦後キャバレー経営で成功した実業家でもあった(蔡長庚『練功秘法──唐手道の真髄』内外タイムス社、一九六六年、三一二〜三一六頁)。
(89)「黄色化」は、「公序良俗に反した記事、特に性的に扇情的な内容への傾斜」を意味する。女性の裸や猥談などが頻出するなどの状況である。同様の意味で、「黄色新聞」「黄色記事」という用語も用いる。イエロー・ジャーナリズムの概念、また中国語において「黄色」が持つ意味を踏まえた呼称である。似たような言葉として、本章では「娯楽化」を用いている。本書での「娯楽化」は広義には「黄色化」も含むが、狭義では、通俗・娯楽的な紙面への移行、具体的にはスポーツ・芸能記事の増加として区別している。
(90)「東京新聞と内外タイムス」『丸』一九五四年四月号、三八頁。
(91) 社説「中ソ同盟の成立」(太田宇之助)『内外タイムス』一九五〇年二月一七日。社説「蔣総統の復帰」(O)同、一九五〇年三月四日。社説「陳誠内閣の成立」(大木)同、一九五〇年三月一二日。社説「海口陥落の示唆するもの」(太田)同、一九五〇年四月二五日。社説「危機迫る台湾」(大木)同、一九五〇年五月三一日。

(92) 詳しくは、島田大輔「占領期『中華日報』『内外タイムス』の研究 一九四六―一九五三(下)――一九五〇年代における『内外タイムス』の台湾進出」『メディア史研究』第四二号、二〇一七年を参照。
(93) 蔡社長就任以降一九五三年までの太田の署名記事は下記の二点に限られる。太田宇之助「日曜随想/ジョルスン物語」『内外タイムス』一九五〇年九月一八日。太田宇之助「一つの思い出」同、五三年三月二一日。
(94) 『生涯』二六一~二六二頁。
(95) 『生涯』二六二頁。
(96) 太田の視点からは蔡社長は新聞を分かっていない俗物と見なされているが、これは一面的な見方である。太田の言論重視の姿勢を仮に採用しても『内外タイムス』の維持は難しかったのは間違いない。蔡社長の娯楽・黄色化路線により『内外タイムス』は二一世紀まで命脈を保ったのである。経営者的視点の欠如は太田の限界の一つであった。
(97) 一九五三年三月の『丸』誌に「内外タイムスの解剖/新興紙のナンバーワンの秘密はどこにある」という特集記事が組まれているが、『内外タイムス』の成功の秘訣は、仕事に疲れた勤め人も楽しめる内容であり決して難しいことは書かないこと、そしてエロチシズムを盛り込んだことと分析されている。特に一九五二年に四頁立てに移行したことで性のトピックが中心の娯楽紙としての幅を広げたことが奏功したと結論づけられている。
(98) 以上本段落は、同右を参照。
(99) 戦後日本の性風俗文化に関しては、みのわ・ひろお『日本ストリップ五〇年史』三一書房、一九九九年、広岡敬一『戦後性風俗大系――わが女神たち』小学館文庫、小学館、二〇〇七年、『昭和の大衆娯楽――性の文化史と戦後日本人』イーストプレス、二〇一四年など参照。
(100) 太田宇之助「重慶に賭ける」『文藝春秋』一九四五年一一月号。「太田日記」によると、おそらく一〇月一九日に依頼されたものである。また、一〇月二九日の日記には原稿の構想が書かれている(「文藝春秋社から依頼された随筆に何を書かうかと案を考へて見たが、格好の題が見付からぬ。已むなく『重慶に賭ける』といふ支那学生の話を取り上げることに決めて腹案を作ったが、久し振りの執筆になかなか書き出しが悪い」)。
(101) 前掲「太田日記」には、「対華関係の新発足」もしくは「対支政策の新発足」、「対支政策の新発展」といった具合に、題名表記が統一されていない。「太田日記」によると、一九四五年九月八日に同盟通信社に依頼されたのち、同月一九日に脱稿し、二一日に提出した(同盟通信社東亜部の入江啓四郎に手渡した)。同月二八日に現物と原稿料(七〇余円)を受領した

（「太田日記」一九四五年九月の該当日条）。
(102) 朝日新聞社研究室編『中国民主化の方向』朝日新聞社、一九四六年、五四～五五頁。同書に掲載された太田宇之助「日華関係の新発足」は抜粋・転載されたものではあるものの、当該時期の『朝日新聞』『毎日新聞』『読売新聞』を確認しても原本が見当たらないため、孫引きを承知して、これを参照した。
(103) 同右。
(104) 同右。
(105) 太田宇之助「中国の統一完成と日本」『太平』一九四六年四月号。
(106) 同右。太田宇之助「新中国建設の方向」『改造』第二七巻第六号、一九四六年六月。
(107) 太田宇之助「中国の革命」『進路』一九四七年一月号。
(108) 太田宇之助「新中華民国の誕生まで」『中華日報』一九四八年五月二〇・二一日。
(109) 座談会「戦争か平和か？　冷い戦争の重大転機」『東洋経済新報』第二三六九号、一九四九年四月。太田宇之助「中共の進出と日華経済」『経済倶楽部講演』第一号、一九四九年四月。
(110) 同右。
(111) 「重光葵宛太田宇之助書簡」（〔一九四九〕年一月二五日）（「重光葵関係文書」3A-76、憲政記念館寄託）。
(112) 太田宇之助「偉大なる民族中国」『政界往来』第二三巻第二号、一九五七年二月。同「国際政局と日中問題の立場」『政界往来』第二三巻第一二号、一九五七年一二月。同「日中外交の底に流れるもの」『政界往来』第二四巻第六号、一九五八年六月。同「建設に焦る中共の高姿勢」『政界往来』第二五巻第一二号、一九五九年一二月。
(113) 前掲、太田「国際政局と日中問題の立場」。
(114) 太田宇之助「中国への情熱」『政界往来』第二三巻第九号、一九五七年九月。
(115) 前掲、太田「建設に焦る中共の高姿勢」。
(116) 前掲、太田「国際政局と日中問題の立場」。
(117) 『生涯』一二三八頁。
(118) 馬場公彦『戦後日本人の中国像――日本敗戦から文化大革命・日中復交まで』新曜社、二〇一〇年、一二九頁。
(119) 同右、七三～九二頁では、終戦直後、戦前派の中国専門家が論壇から姿を消す状況が描かれているが、太田の退場もこの一例として考えられる。
(120) 同右、一二九〜一三〇頁。
(121) 同右、八〇頁。
(122) 「太田日記」一九四五年一一月七日条。
(123) 「松本重治宛太田宇之助書簡」(一九七六年一〇月二九日)「松本重治関係文書」九二一―一三二、国立国会図書館憲政資料室蔵。
(124) 太田は、一九六九年に内外タイムス社を退社したのち、国内外への旅行や若干の執筆活動を行うといった悠々自適の生活を営むようになったが、七三年には留学生からの要請を受けて台湾を訪問している(太田宇之助「中国人留学生交情記――喜泣の旅」(『野性時代』一九八〇年九月号))。
(125) 望月雅士「太田宇之助と中国人留学生」『横浜開港資料館紀要』第三八号、二〇二二年。
(126) 『図録　ジャーナリスト太田宇之助の見た中国と孫文』孫文記念館、二〇一九年、二九頁。この手紙は原本はなく写しを姫路の太田家(宇之助の兄の子孫)が所蔵している。
(127) 望月雅士・中武香奈美「インタビュー記録　太田宇之助父娘と中国――太田宇之助長女、縫田曄子氏に聞く」『横浜開港資料館紀要』第三八号、二〇二二年、東京都編『東京都太田記念館二五周年記念誌』東京都、二〇一六年、斎藤貴男「空疎な小皇帝　第三回　台湾海峡で危険な火遊び」『世界』二〇〇二年九月号(のちに斎藤貴男『増補　空疎な小皇帝――「石原慎太郎」という問題』岩波現代文庫、岩波書店、二〇二三年に再掲)。斎藤は、石原慎太郎知事(当時)への批判の一環として、石原都政下における太田記念館の管理が劣悪になっていた点を取り上げている。なお、筆者は関連史料の横浜開港資料館への寄贈経緯などを取材したことがあり、その際に得た知見からしても、また、縫田曄子氏の証言(「斎藤氏の文章の内容は正確」)からしても、この石原都政批判は正しいと判断している。
(128) 北京市は、二〇〇四年にアジア大都市ネットワーク21を脱退した。
(129) 前掲、斎藤「空疎な小皇帝　第三回　台湾海峡で危険な火遊び」。
(130) 廉舒「太田記念館の想い出――寮生の朋達から告げられて」『アジアの友』二〇〇二年九月号、一一頁。
(131) 前掲、東京都編『東京都太田記念館二五周年記念誌』五頁。
(132) 桝添要一『都知事失格』小学館、二〇一七年、一〇〇〜一〇四頁。

(133) 前掲、東京都編『東京都太田記念館二五周年記念誌』七二頁。

補章　日中戦争期中国の日本通ジャーナリストの対日認識
――陳博生の軌跡

はじめに

近代中国の日本通に関する研究は近年徐々に増えているものの[1]、日本の中国通研究に比べるとまだ蓄積は十分とはいえない。しかし、日中双方の対敵研究の専門家の視点で日中戦争を検討し、近代日中の相互認識のあり方を立体的に考察するためには、中国の日本通研究こそ必要となってくるだろう。

ここでは、陳博生（一八九一年一一月五日～一九五七年八月一三日）という日本通のジャーナリストの対日認識を分析してみたい。一九一六年に早稲田大学専門部政治経済学科を卒業した留日学生であり、帰国後、『晨報』（および『北平晨報』）総編集、社長を経て、中央通訊社東京特派員、総編集を歴任した。国民政府において国民参政員、立法委員などの公職も歴任している。太田宇之助とは早稲田大学在学中以来の親友であり、同業者のジャーナリストでもあった。

民国期中国の日本通記者としては、張季鸞（『大公報』主筆）[2]や王芸生《おううんせい》（『大公報』記者、のち主筆）が著名である。

図6　陳博生
出典：趙效沂「悼念陳博生先生」『報学』（台北）第2巻第2期（1957年12月）.

しかし、彼らほど知られていないものの日中戦争期における陳の役割は、両者に匹敵するものがある。一貫して新聞記者だった人物（政治家への転身も新聞界代表としてであった）であり、国民政府の国営通信社である中央通訊社（以下、中央社と略記する場合もある）の総編集を務め、国民党の中央機関紙『中央日報』の社長をも務めた政権中枢に近い人物である。また、日中戦争直前期に東京で取材・言論活動を行い、日中戦争勃発後は、汪兆銘派に一時近づくも、重慶において「敵情分析」の権威となり、戦後の対日和約問題で対日妥協派として論陣を張った。陳は、日本という隣国との関係をいかに構築するべきかに腐心した日本通であった。日中戦争と中国ジャーナリズムの関係を、戦前・戦中・戦後という中長期のタイムスパンで問う上で重要な人物といってよい。

次に陳に関する研究状況を検討する。陳に関する本格的な研究は、石川禎浩が嚆矢となった[3]。石川は、中国におけるマルクス主義の発祥を追求するなかで、一九二〇年代に『晨報副刊』に掲載された「淵泉」名義の記事に注目し、かつ、その著者が陳溥賢（博生）であることを突き止めた。そして、陳が李大釗と繋がりがあり、李に先んじたマルクス主義の紹介者であることを明らかにした。また、陳が吉野作造と五・四運動の学生たちを結びつける働きをしたことも解明した（この点は、石川の指摘を受け、松尾尊兊も論じている[4]）。労働運動やマルクス主義に非常に理解のある人物であり、知の伝達の媒介となった人物として画かれている。石川の研究により陳博生は初めて研究の俎上に上がった。しかし、その分析は一九一九～二一年に限られる。陳は一九二〇年代後半以降、反共主義に転じたと思われる史料もあり、二〇年代初頭のマルクス主義の紹介者のイメージを陳の全生涯に敷衍するのも危険である。

また、戦後になると陳は、国民政府、中華民国政府において言論の自由を守るべく立法院で活動した（戦時言論統制を平時にも延長することを目的とした出版法制定に反対した）。これに関しては、中村元哉[5]と松田康博[6]が言及している。ただし、いずれも簡単な扱いであり、専論といえるものではない。

中国における陳博生の専論として、二〇一七年に発表された裴桐の論文がある。[7]民国期の新聞人としての陳の全生涯にわたる履歴と新聞思想を明らかにした研究であり、『晨報』『北平晨報』『中央日報』などの星期論文[8]や署名記事など、中国で手に入るメディア史料が使われている。陳に対する再評価が中国で始まったものとして注目に値するが、全生涯を俯瞰的に扱ったものであり、かつ、台湾や日本で手に入る陳に関する史料を用いていない。本章が重視する駐日記者時代の活動や重慶での敵情分析についても、若干紙幅が割かれてはいるが、日本通としての陳の役割や思想を明らかにしたものではない。日本の研究も、早期に中国語訳がなされた石川の研究は参照されているが、中村や松田の研究は引用されていない。そのため、重慶や台北における陳の言論の自由のための闘争は顧みられていない。

陳の全生涯を俯瞰すると、マルクス主義との関わりよりも日本との関わりの方が要素として大きい。そもそも、マルクス主義の紹介も日本語文献からの翻訳であり、日本との関わりのなかでの活動である。生前陳は自他ともに認める中国有数の日本通記者であった。特に、一九三六年の中央社東京特派員就任以降はその傾向が一層強くなる。日中戦争前後の陳の活動・言論は、国民政府における日本通が戦争にどう対処したのかということを解明する上でも重要である。

陳はよく知られていない人物のため、本章ではその経歴を紹介をしつつ、日中戦争（抗日戦争）前後の陳の対日認識を整理したい。その際、戦前（中央社東京特派員時代）、戦中（武漢や重慶での「敵情分析」時期）、戦後（対日講和問題への意見）の三期に分けて分析を行う。

次に史料についてである。陳は新聞記者であったため、数多くの署名評論を残している。本章では、陳自身の認識を跡づけるため、陳の署名評論を主に分析するが、分析対象は、中央通訊社に関わって以降、つまり一九三六年から五二年までのものに限りたい。

陳は回顧録を書いておらず、また当人の関係文書（日記・書簡）も著書もない。しかし、没後、台湾において評伝がいくつか発表されている。その多くは、生前の陳を知る後輩・親族によるものである。

一九五七年の死去の直後にいくつか追悼文が寄せられたが、本格的評伝が出始めるのは一九八〇年代以降である。陳に関する一次史料が不足する以上、これらに信を置かざるをえない。本章では、葉明勲（中央通訊社時代の部下）と林徵祁《りんちょうき》（中央日報社社長、陳の親族）の執筆した伝記(9)を主に利用する。

陳に関する公文書としては、外務省外交史料館の外務省記録「外国新聞記者、通信員関係雑件／支那人ノ部」に「陳博生」の項目があり、中国にいた外交官や駐在武官から東京に送られた、陳に関する報告が含まれている。台湾の国史館には、軍事委員会侍従室檔案「陳博生」という陳に関する個人ファイル（履歴や関連記事切り抜き、人物評価）があるほか、蔣介石および蔣経国の「総統文物史料」に当該時期の陳の動向に関する史料がある。また、中国国民党の史料を所蔵する中国国民党文化伝播委員会党史館にも陳の動向に関する史料がある。

中国第二歴史檔案館（南京）には、中央通訊社関係の檔案があるらしいが、二〇一六年一二月の南京訪問時には閲覧がかなわなかった。当然、陳博生に関する記録も多く含まれていることだろう。今後情勢が変われば閲覧できる可能性があるが、ここでは利用できた範囲の史料を用いて分析を行う。なお、中国における研究（裴桐の研究）でも、中央社の檔案は使われていない。

第一節　中央通訊社入社までの履歴——日本留学と『晨報』筆政

1　幼年期と留学時代

陳博生は、一八九一年に福建省福州に生まれ、名は溥賢であった。博生は字《あざな》であり、のち淵泉を号とした。父の陳柏侯（字伯謙）は、清の光緒期における殿試合格者（「賜同進士出身」）として、広東の知県（県長官）、知府（府知事）を歴任した[10]。少年期（一三歳。一九〇三年）から日本に留学していたという記述が伝記にはある。『中央社六十年』などに第一高等学校卒業とあるが[11]、同校卒業名簿[12]では確認できない[13]。ただし、第一高等学校は一九一三年の第二革命参加のために退学したという文献もある[14]。一九一六年に早稲田大学専門部政治経済学科を卒業している（早稲田大学の卒業生名簿『会員名簿[15]』から確認）。李大釗と在学時期が重なっており同学科である。

太田宇之助とは同年齢かつ同学科の同窓（一年違い。在学時期は重複）である。太田は自らを陳の「日本に於ける第一の友人と自任[16]」していた。太田が一九四〇年秋に香港で和平工作を行った時も、旧知の関係を利用して陳に接触を図っている[17]。

ロンドン大学経済学院に留学していた（ただし中途退学）らしいが、文献によって留学時期が大きく異なり、正確な時期は不明である[18]。早稲田大学卒業後陳は帰国し、北京政府に出仕している。一九一七〜一八年頃には、北京で衆議院秘書を務めていた[19]。

2 『晨報』での活躍

陳は、一九一八年に北京の晨鐘報《じんじょうほう》社に入社した。伝記によると、同社の経営者が同郷の福建人（劉崇祐、蒲伯英）だった縁による就職であった[20]。晨鐘報社は一六年八月に発足した新聞社であり、『晨鐘報』を発行していた。これは上海『時事新報』と並ぶ「研究系」の機関紙の一つである。研究系は、梁啓超を中心とした政治グループであり、進歩党という政党も組織していた。研究系に関しては原正人の研究が詳しく[21]、以上の説明でも依拠した。『晨鐘報』は一九一八年一二月に『晨報《しんぽう》』に改組され、陳が総編集に就任した。以後、中断時期はあるものの、陳は三五年頃まで同紙の指導に当たった。原の研究には『晨報』に関しても若干の記述がある。これによると、『晨報』の発行部数は、五〇〇〇部（一九一九年）、八〇〇〇部（二〇～二二年）、七〇〇〇部（二三年）、七八〇〇部（二四年）と推移しており、首都北京において『順天時報』に次ぐ発行部数を誇った。なお、『晨報』については、武暁桐の一連の研究があり[22]、武は、博士論文において『晨報』における陳の役割についても分析している[23]。『晨報』時代の陳に関しては石川禎浩の研究[24]や李雷波の研究が詳しい[25]。陳は一九一九年四月以降、晨報の別冊『晨報副刊』において、日本のマルクス主義研究（河上肇の論文）を翻訳発表した。これは中国におけるマルクス主義紹介の最先駆であり、そのマルクス主義理解の高さも石川に指摘されている。陳は日本の黎明会の活動を精力的に取材し、吉野作造と五・四運動を結びつける役割を果たした。

『晨報』の社説は署名制である。陳は号の「淵泉」名義で社説を書いている。『晨報』は影印版が刊行されており、この時期の陳の言論分析は可能だが、本章では一九三〇年代後半以降に焦点を絞るためここではあえて立ち入らない[26]。

北伐期の『晨報』は保守に転じ、反共的でかつ奉天派寄りだったとの研究がある[27]。これは、一九三七年四月の日本外交協会講演で陳が、自らが十数年来反共的であったと述べているのと符合する。[28] 二四年から二八年までの『晨報』社論を散読すると、陳執筆社論でも、当初は中ソ国交の即時実行を訴えるなど対ソ宥和姿勢を示していたが、[29] 中東鉄路問題をめぐりソ連と揉めるとソ連を「赤色帝国主義」と批判するようになる。無署名社論でも、[30] 中国共産党を「赤禍」や「中国の癌」と呼び、反共色を公にするに至る。[31] 確かに、一九二〇年代初頭に中国共産党創設に関わったメンバーでのちに反共に転じた人物は、周仏海や陳公博など少なくない。以上の点から、石川が解明した一九二〇年代初頭のマルクス主義紹介者としての陳のイメージを単純に敷衍させるのは無理がある。

3 北伐の余波――『晨報』の停刊と『北平晨報』の創刊

北伐後、閻錫山《えんしゅくざん》が北京に入ると『晨報』は接収され、『新晨報』に改組された（一九二八年）。陳はこの時退社している。[32] 退社後は張学良の客分になり、奉天で『東三省民報』の総編集となった。[33]

一九三〇年の中原大戦[34]は、二つの点で陳の人生を大きく変えることになった。第一に、蕭同茲《しょうどうじ》との出会いである。五月に開戦した中原大戦は八月以降膠着状態に陥ったため、中立を保っていた張学良の帰趨が焦点となった。張学良の説得のため、南京より呉鉄城が派遣されていたが、その随員に蕭同茲（国民党中央宣伝部秘書、のちに中央通訊社社長）がいた。この時、張学良幕下にいた陳は蕭と関わりを持つようになったという。第二に、『晨報』復帰の契機となったことである。中原大戦は結局張学良が中央支持を明確にし、平津地区に進駐したため、中央軍の勝利に終わった。北伐後北平（北京）を支配していた閻錫山の勢力は駆逐され、代わって張学良が北平に入った。その張の実力を背景に『北平晨報』が復刊され（陳の意向で題字を変更）、陳は同社に復帰し、社長、総編集、主筆を兼務した（一九三五年頃まで）。

『北平晨報』は、満洲事変や華北分離工作に対し厳しい態度の論調をとったようである。そのため、日本陸軍の意を受けた冀察《きさつ》政務委員会から圧力を受け、陳は社長の地位を追われることになった（ただしこれには異説あり）[35]。

第二節　日中戦争前夜における東京での記者活動

1　中央通訊社東京特派員

陳は、華北分離工作により『北平晨報』社長の座を追われ、南京に移った。天津『大公報』からも招聘があったようだが、旧知の蕭同茲の誘いを受け、中央通訊社に入社した（一九三六年五月）。翌六月に東京特派員（東京分社社長兼務）として日本に派遣された。東京分社は中央社初の海外分社だったようである[36]。

中央通訊社は国民政府の国営通信社として一九二四年に発足した。従来国民党中央宣伝部の付属機関だったが、三二党から独立させ、各地に分社機構を整備し、国民政府における最大の通信社としての地位を確立したのが、三二年五月に同社社長になった蕭同茲であった（五〇年九月まで在職）[37]。蕭によって中央通訊社は国民党から独立した。専用の無線電台を有し、外国通信社が独占していた国内発稿権を回収した[38]。こうした蕭の片腕となるのが、初代総編集を務める陳であった。

陳が東京特派員になった事実は、日本陸軍、および外務省の出先機関から中央に報告された。そのうちの一つ、喜多誠一（上海大使館附陸軍武官）の報告には、陳の人物評がある。

陳博生ハ中央党部ト関係ナク従前北平晨報社長タリシコトアリ。節操常ナク張学良商震安福派等ヨリ財政的援助ヲ受ケアリシカ最近宋哲元ニ睨マレ南京落ヲ決行セリ。陳博生ハ若クシテ日本ニ学ビ日本語ヲ良クスルモ悪才ニ長ケアルヲ以テ深甚ナル注意ヲ要スルモノト考ヘアリ。[39]

さまざまな勢力を渡り歩いたことや、この段階では国民党とは関係がないのは事実である。それ以上に、陳の渡日を日本陸軍が非常に警戒していたことが分かる。『北平晨報』時代の陸軍批判がその原因であろう。

2 東京での取材活動

台湾の国家図書館が提供する『大公報』のデータベース（DB[40]）は記事の全文検索が可能である。陳が滞在した一九三六年から三七年に範囲を絞り、「中央社東京」で検索した結果、中央社東京配信記事を約八〇件網羅できた。これらの記事を検討することで、陳の東京での取材活動や配信記事を分析できる。

一九三六年七月、陳は東京特派員の第一電として有田八郎外相との単独会見に関する記事を発信した。この会見において陳は、日中国交調整に対する有田の熱意を打診し、冀東政権解消に関する言質を引き出した[41]。ほかにも中国統一や華北問題への態度など、おおむね中国人が知りたいことについて質問をしている。記事によると、中国メディアが日本の外相にインタビューを行ったのはこれが初めてだったようである。

この第一電を受けて、『大公報』に中央社駐日記者（つまり陳）を評価する社評[42]が掲載された。これによると、中央社の東京分社設置が行われる以前は、中国メディアは東京に常設の取材拠点がなく、日本情報は同盟通信社（および前身の電通と聯合）配信記事か日本の新聞の翻訳に頼るほかなかったという。このたびの中央社の東京分社設置を日中の相互理解促進に資するものと『大公報』は歓迎し、有田外相への単独インタビューをすばらしい成果と賞賛した。

ほかにも、陳は、日中関係改善に希望をもたらすような記事を発信した。西安事変（一九三六年一二月）に際し日本言論界の中国への好意的記事、[43]林銑十郎内閣における対華政策の刷新、[44]中国訪問団を率いる児玉謙次（日華貿易協会会長）への単独インタビュー[45]などである。この時期、日本では対中国強硬論をはじめとした日中関係に関する悪材料は多かったはずだが、管見の限り、陳の発信記事に日本への憎悪を煽るような性格のものは確認できない。

3　評論・記事と講演

特派員として東京にいる間、陳は日本語と中国語で日本事情、および日中関係についての署名記事や評論をいくつか発表している。

東京特派員時代に執筆（発表）した評論・講演記録

「日本の支那評論家」『文藝春秋』一九三六年一二月号。

「東京六個月」『国聞周報』（天津）第一四巻第三期、一九三七年一月。

「汪兆銘と今後の中日関係」『日本評論』一九三七年二月号。

「隣邦中華民国の日本への希望（上・下）」『中外日報』（一九三七年三月二七・二八日）。

「王寵恵氏と日華両国の前途」『日本評論』一九三七年四月号。

「中国の対外策と日本への希望」『ダイヤモンド』第二五巻第一一号、一九三七年四月。

「支那は日本に何を望むか」日本外交協会講演、一九三七年四月。

「日本近事」『憲兵雑誌』（南京）第四巻第一二期、一九三七年五月。
「我国の今日の状況」『東方文化聯盟会誌』第一〇号、一九三七年五月。
「我が国の日本に対する希望」同右。
「先提は相互信頼」『東方文化聯盟会誌』第一一号、一九三七年七月。
「陳博生氏を囲んでの座談会」同右。

これらの主な内容は、日本の大陸侵略への批判（日本語・中国語どちらでも展開）や、日本の政治状況の分析（中国語のものに顕著）などである。以下で具体的に分析したい。本項の内容は、第2章第四節第1項第①目「陳博生と太田」の記述と重複する部分が多いことをあらかじめ断っておきたい。

一九三六年一二月の中国語評論「東京六個月」において陳は、日本社会の状況について、カフェー、ダンスクラブ、麻雀倶楽部などの都市の娯楽場が非常に栄えている一方、農村の困窮など貧富の差が拡大していると指摘し、これが二・二六事件の原因となったことにも触れている。そして、日本の政治状況に関しては、国際防共外交を推し進める広田外交を批判し、広田内閣は陸軍の意に従う無力な政権であり軍拡予算を通過させれば雲散霧消すると予測している。日中関係については、成都・北海事件といった排日事件に対する反発が日本国内で広がる状況に触れつつ、中国に対する「再認識」が始まっており、その状況を注視すべきとも述べている[46]。

日本語評論「汪兆銘と今後の中日関係」で陳は中国の対日政策は一九三五年以来「相互に主権並に領土を尊重して、平等の立場に於て、国交を調整する方針」であるとし、「一方が他方に犠牲を強いる」ことはあってはならないと反対した[47]。この時期の陳の言論で興味深いのは、日本の穏健な中国通に対する期待である。これは日中両文で発表された。

陳は、『文藝春秋』一九三六年一二月号に「日本の支那評論家」という評論を寄稿している。日本における中国通の問題・バイアス（具体的には、①科学的、分析的ではない、②一面的な分析で常に中国の悪いところしか見ない、③視野が狭く長期的視野に欠ける）に触れた上で、そのなかで信用に値する人物を以下の通り列挙している。

誤謬の多い支那研究家の間に在って、最もよく支那を理解して居らるゝ人々として、私はまづ元駐支大使有吉明、東洋経済新報の石橋湛山、東京朝日の太田宇之助、中日実業公司の高木陸郎、日本紡績聯合会の船津辰一郎の諸氏を挙げるに躊躇しない[48]。

このほかの人物、たとえば、大西斎（東京朝日新聞）、半澤玉城（外交時報社長）、吉岡文六（東京日日新聞）、中野正剛（代議士）らも取り上げられている。だが、これら五名のごとく手放しの賞賛ではなく、その対華意見の問題点を厳しく指摘したものであった。また、同稿において、陳は「日支両国の人士が、お互ひに相手国を批評する場合に、なるたけ悪評に流れぬように、慎重に注意すべきである」と述べ、日中の過熱する言論を戒めた。

この陳の論考は、一九三六年九月三日に『大公報』に掲載された無署名記事「日本的対華国策――従軍事的転向到外交的　従政治的転向到経済的[49]」の論旨と重複する部分が多い[50]。「日本的対華国策」は無署名であるが、「中央社東京通訊」とされており、記述と構成が「日本の支那評論家」と重複していることから、中央通迅社東京特派員の陳の発稿したものである。「日本の支那評論家」と「日本的対華国策」はどちらも、当時の中国評論家の名前が列挙されているが、両稿で重複して好意的に言及されているのは、太田宇之助と高木陸郎の二名のみである。

何度も言及し太田も陳を親友と呼ぶ間柄である以上、陳が提携相手として期待したのは太田であったであろう。両者は同時期に東京におり、日中関係改善のためにともに奔走していた可能性が高いものの、その詳細な解明は一九三七年以前の「太田日記」の公開を待つ必要がある。

一九三六年一二月に書かれた「東京六個月」[51]でも、陳は、日中の国交調整が停頓していることを認めつつ、日本の言論界に中国の民族意識の高まり、国家統一進展に関する新認識の動きが高まっていることに期待を寄せている。これは明らかに、三七年二月以降の中国統一化論争[52]における中国再認識論を念頭に置いているが、陳の再認識への注目は三六年九月と早い。三七年四月にも、佐藤尚武外相と王寵恵外交部長の和協方針に期待を寄せる評論を記している[53]。

一九三七年の五月には陳は中国の軍事機関において日本事情について講演している[54]。この講演において、陳は日本が「国防第一主義」を掲げ軍拡を推し進めている一方で、消費社会の招来により国民の国家観念が低下していることを指摘し、日本軍部の状況や派閥抗争、中国政策の動向について語っている。この講演で興味深いのは、日本の対華再認識論と中日提携論について詳細かつ好意的に説明していることである。

このように、陳は日本の穏健な中国通に期待した。しかし、日本の守旧派の外交評論家との間には軋轢を生むことになる。これがより顕著に現れるのが、一九三七年四月に日本外交協会で行った講演「支那は日本に何を望むか」である[55]。

この講演で陳が訴えたのは、日本の大陸政策に対する中国人の不安であり、日本が中国の立場を尊重して譲歩し、かつ好意的援助を与えることの必要性である。冀東防共自治政府の解消であり、日中経済提携に際してできる限り政治的色彩を除去し平等互恵の原則に立つことなどである[56]。日本が行動をもって中国を信頼させる必要を説いた。満洲国に関しては棚上げを明言しており、また、経済提携（中国では経済侵略と警戒されていた）に関しても協力を明言するなど今日的に見ると、陳は日本にかなりの譲歩を示している。

しかし、この講演会に列席した日本側の討論者（半澤玉城（外交時報社社長）、岡部三郎（日本興業銀行嘱託）、中保与作（東京日日新聞東亜調査会主事）、田村幸策（元広東総領事、外交評論家））との議論は平行線に終わる。それは、日本側の論者が、中国に対する不信感を拭えず、陳の言を、日本のみを責めているとして取り合わなかったためである。華北で譲歩すれば、満洲、朝鮮、台湾、沖縄まで返す羽目になるとして一切の譲歩を拒否した。中国こそ日本の真意を曲解し、抗日政策を採っていると反駁した。陳は一つ一つを日本側の誤解であるとして説明したが、取り付く島もなかった。陳が念頭に置いていた穏健な中国通とは、この時期勢いのあった中国再認識論者であろうが、この時議論に参集していた外交評論家は再認識論者とは対極にある者たちであった。

この平行線に終わった議論は、三か月後の盧溝橋事件を予感させるものがある。陳は盧溝橋事件を東京で迎える。盧溝橋事件の当夜、陳は日華文化協会主催の「日支新聞記者座談会」に参加している。この座談会の記録は残っているが、尾崎秀実（東京朝日新聞）、山上正義（同盟通信社）、村田孜郎（読売新聞）など、日本の中国専門記者も出席していた[57]。この座談会で陳は、中日友好のために両国国民が接触・交流し、お互いの国を見ることから始めなければならないと説いた[58]。陳はあくまで両国国民の友好による関係改善という理想を抱いていた。しかし、このまさに同じ夜に北平郊外で発生した盧溝橋事件により、その理想は霧消してしまうのであった[59]。

第三節　日中戦争期の活動——和平運動への関与と重慶における敵情分析

1　中国への帰国

陳は戦争勃発後も日本に留まりニュースを送っていたが、日本政府から非公式の退去通知を受け、一九三七年一〇月一三日に神戸を発った（一六日上海着[60]）。外務省記録によると、この帰国に関する日本側の記録[61]があったようであるが、該当する簿冊は消失したようで現存していない。

一九三九年一月に陳は中央社総編集になるが、これは陳のために新設されたポストであった（五〇年まで在任）。三八年に新聞界代表として国民参政会（国民政府の国内外の重要施策に関する諮詢機関）参政員となり、四八年三月まで四期務めた(62)。四〇年一〇月に重慶中央日報社長に就任したが（四二年四月には掃蕩報社長も兼任）、いずれの新聞社の社長職も四二年一二月に辞している(63)。

日中戦争開戦後に陳は国民党に入党している。軍事委員会侍従室檔案によると、入党紹介者は蕭同茲、許孝炎、方少雲であったという。第三届国民参政員就任に際して作成された人物評（一九四三年時点）が国史館の軍事委員会侍従室檔案に現存している。

陳博生（甲）五十二歳　福建閩侯人　重慶老両路口金戒別四号

性格は温和で廉潔を守り規律ある生活を送っている。学があり特技能力にも秀でている。党に対しても忠実である。日本早稲田大学卒業。英国ロンドン大学中退。帰国後、新聞事業に従事し、北平晨報主筆を務めた。一九三六年の中央社日本特派員の時の仕事はすばらしく、今日では中国有数の日本通である。政治的関係では、最初研究系に属し梁啓超と親しかった。戦争勃発後、蕭同茲、許孝炎、方少雲等の紹介で国民党に入党した。抗戦当初、必勝の信念は必ずしも強くなかったが、次第に強固になった。外交上の主張は絶対的な親英米論者である（第三届参政員調査報告(64)）。

軍事委員会侍従室とは、軍事委員会委員長たる蔣介石の幕僚集団であり、以上の報告書は、陳の思想・経歴・忠誠に関する蔣政権上層部の調査結果である。ここで、国民党への忠誠が賞賛され、中国有数の日本通という評価を与えられていることが分かる。

2　和平運動

一九三七年一〇月に中国に帰国した陳は、国民党の幹部であり、のちに汪兆銘政権の財政部長となる周仏海のこの時期の日記（『周仏海日記』）[65]に幾度か登場する。陳は周仏海とたびたび面会し、日中戦争の善後策を協議した。話題は中日関係やメディア政策（『中央日報』の改組や宣伝政策）に関してであった[66]。時局の前途への悲観という点で、陳は周仏海と認識を共有し[67]、三八年六月二七日に汪兆銘が主催した和平主義者の会合は、陳のほか、周仏海、陶希聖、梅思平など和平運動への参加者のみで構成されていた。こうした状況から三八年時点で陳が汪派の和平運動の一員であったと見ることができる。

陳がなぜどのように和平運動に身を投じたのか、一九三八年末における汪派の重慶脱出に追随したか否か、そしていつ和平運動から離脱したのか、という点は、『周仏海日記』の三九年分が欠けているため不明である。しかし、三八年の周日記の記述から、日中戦争の先行きへの不安を汪・周と共有していたことは指摘できる。陳の汪派への関与は、別の一次史料からも確認できる。神尾茂『香港日記』では、三八年八月に「陳博生が汪兆銘の手から派遣されて、日本側の空気を探りに来てゐるとの説あり」と言及されている[68]。また、三九年一月に香港で『中華日報』（汪派機関紙）復興を手がけている様子が、毛慶祥（国民政府軍事委員会調査統計局）から蔣介石に報告されている[69]。

筆者は、本章の元になった拙稿において、「興味深いのは、一九四〇年一月初頭に陳が汪兆銘一派と行動をともにし、汪兆銘政権樹立（同年三月）のための対日協力政権首脳者の会議（青島会談）に関して、周仏海、梅思平と協議していることである[70]」と論じていたが、『周仏海日記』の中国語版に当たったところ、日本語訳の際に生じた翻刻ミスをもとにした間違った議論であることが判明した。具体的には、この部分は中国語では、博生ではなく柏生（林柏生）と書かれている。汪の側近で宣伝部長を務めることになる林柏生であれば、和平運動に追随している事実は確認できているし、まったく不思議ではない。おそらく日本語に訳す時の変換ミスがそのまま残ったものだと思われる。よって、陳が一九四〇年一月まで和平運動に参画していたという分析は撤回したい。

一九三八年時点の『周仏海日記』と毛慶祥の報告を総合すると、陳が和平運動にある時期まで参画していたと見ることはできる。先に引用した、軍事委員会侍従室檔案における「抗戦当初、必勝の信念は必ずしも強くなかった」という記述は、陳が和平運動にある程度参加していたことを踏まえた記述であろう。

ただし、最近出版された陳布雷（軍事委員会副秘書長。蔣介石の側近）の日記によれば、陳博生が一九三八年時点で蔣介石からの信任を受けていた様子も分かり、このあたりの状況の解明は精査の余地がある。[72]『大公報』に、一九三九年における国民参政会での動向記事や星期論文の寄稿などがあることや、前述の陳布雷の日記にも三九年に陳博生が重慶にいるとの記述が散見されることから、重慶で活動していたのではないかとの疑いもある。また、四五年七月の国民参政会において陳が筆頭者となり「懲辦附逆報館（反逆新聞社を懲罰せよ）」という意見書を提出し（翌日通過）、「新聞漢奸」を厳しく処分するよう提言したとの記事がやはり『大公報』にある。[73]しかし、自身が『中華日報』復刊に関わっていたのだとすると、こんな法案を出すのだろうかとの疑念が湧く。無論、陳のどの伝記にも和平運動に関わったとの記述はない。

3　戦時下の言論活動[74]

陳は、日中戦争中、『中央日報』や『大公報』に署名記事（一九三八年一月〜四二年六月）を掲載している。そのすべてが「敵情分析」であり、日本の政局や抗戦力に関する考察であった。

陳の敵情分析は日本の内政、経済、外交がテーマとなった。情報源として、経済統計や日本の新聞・雑誌が幾度か挙げられている。総じて言うと、日本政治、経済上の矛盾を指摘し、日本が行き詰まっていることを指摘することが敵情分析の目的であった。ただし、偏見を交えることはなく、比較的理性的かつ冷静な分析である。日本の肩を持つような言辞は一切ないが、逆に感情的に日本を貶めるような言論でもない。伝記によると、「彼〔陳〕の日本政情分析は、重慶時代、最高統帥部の対日政策決定上の重要参考資料[75]」との評価だったという。

内　政　陳は、当該時期の日本の政治状況をかなり高いレベルで理解している節がある。たとえば、平沼騏一郎内閣の組閣直後の『中央日報』掲載評論（一九三九年一月七日執筆）では、枢密院議長に就任して以降の平沼は穏健であり、同内閣は第一次近衛内閣の延長であると述べている[76]。これは、現在の研究水準からしても、妥当な平沼理解である。大命降下直後の諸外国（英仏）の新聞は平沼内閣を右傾、ファッショとして受け止めており、蔣介石も「極右勢力」と批判的な声明を発していた[78]。これらと比べると陳の分析のレベルの高さが分かるだろう[77]。日本政治に対する陳の知識は豊富であった。また、日本の政治の背景事情に関しても詳しく、近衛新党運動に対する批評においても、伊藤博文と立憲政友会、桂太郎と立憲同志会の故事を引き合いに出している[79]。近衛新党構想に関しては、大政翼賛会成立後も含め一貫して否定的だった[80]。しかも、右翼やファッショといった単純なレッテルを貼りつけて批判するのではなく、憲法の規定上でも日本の国情的にも一国一党は成立しえず、そもそも乱脈を極める諸勢力の政治統合は不可能という、分析的なものであった。

経　済　一九三八年から三九年初頭までの間、陳の敵情分析のほとんどは、日本経済に向けられた。そのなかで、満洲事変以降の膨張政策は国民の利益とならず、むしろ国民の負担の増大を招き国民生活の疲弊を招いていると喝破し[81]、このような矛盾の深化が日本国内に反戦思想の台頭を生むのではないかと分析した[82]。戦争による物資の欠乏や米国の対日禁輸措置による経済的影響などにも目が向けられた[83]。太平洋戦争開戦後は、日本船舶の損傷を統計に即して説明し、日本の継戦能力に疑問を呈した[84]。

外　交　日本の外交が行き詰まっているという批判は一九三九年八月以降激化していく。独ソ不可侵条約（一九三九年八月）に関しては、対ソ接近、孤立主義、対英接近、反英化（独伊との関係強化）の四つの選択肢を検討し、どれも難しいとして、日本外交は行き詰まっていると結論づけた。[85] 日米通商航海条約廃棄通告（一九三九年七月）に関しても、日本外交の袋小路の例証として挙げた。[86] 陳が日本外交にたびたび求めた注文は「侵略政策を改める以外に存亡の危機を救う道はない」のである。[87] そのため、日米交渉に関する論説では、侵略政策を改めなければ小手先で英米に媚びを売っても無駄だと断言し、[88] かつ、日本が一員である日独伊三国同盟には常に批判的であった。[89] 戦時下ということで日本の呼称は「敵人」「暴日」「日寇」という蔑称が用いられていたが、日本外交への批判は一方的な罵倒でなく、どこか忠告めいてすらいる。

第四節　戦後の陳博生と対日和約問題

陳博生は終戦直後の一九四五年八月末から九月に東京に来ている。中央通訊社を代表してミズーリ号の降伏文書調印式に列席するためである。帰国後、調印式の様子、敗戦直後の日本の印象、日本事情（食糧難や日本人の中国人への反省）について講演しており、その要旨が『中央日報』に掲載されている。[90] その後、一九四七年二～三月にも来日している（中国記者団の団長としての来日）。[91] この時、共同通信社と中央通訊社との間に配信記事交換協定を結んでいる。陳は一九四八年五月に中国新聞界の職域代表として立法委員に選出された。

終戦後、蔣介石は「以徳報怨（恨みに報いるに徳をもってする）」を宣言し、最終的に結ばれた日華平和条約（一九五二年四月）では対日賠償請求の放棄を行っている。しかし、一九四七～四八年の対日講和条約審議委員会の議事録を分析した段瑞聡によると、国府内の知日派のなかにも、琉球の国府譲渡、天皇制の廃止、経済資産の接収などの強硬論も根強く存在し、そうした強硬論が四八年に対日和約草案にまとめられたという。[92]

この対日講和条約審議委員会には陳も専任審議委員として携わっていた。しかし、陳は対日宥和論者であり、一九四七年ないし五一年に対日和約が問題になると以下の媒体で自らの意見を発表していた。

陳博生の対日講和問題に関する評論・講演

「可以対日訂立和約」『周末観察』（南京）第一巻第四期、一九四七年八月。

「対日和約問題」『明日東北』（瀋陽）第五期、一九四七年一〇月。

「対日和会的展望」『南京中央日報周刊』（南京）第二巻 第一〇期、一九四七年一二月。

「対日和約問題」『中央日報』（台北）一九五一年二月。

「関於対日和約問題――聯合国中国同志会第十六次座談会紀要」『大陸雑誌』（台北）一九五一年二月。

「発表三点意見」『中央日報』（台北）一九五一年五月一三日。

「対日和約与国際形勢――聯合国中国同志会第二十七次座談会紀要」『大陸雑誌』（台北）一九五一年八月。


一九四七年時点での対日和約問題に対する陳の主張は、日本の軍国思想の消滅とその国際的監視、および日本国民の再教育の必要性を前提としつつ、「以徳服人（徳をもって人を従わせる）」という方針に基づき寛大な措置を取り、天皇制存廃問題に干渉しないというものであった。[93] 戦後の数次にわたる日本視察の結果、日本国民の経済的困窮と食糧難を理解していた陳は、経済賠償の一環として中国で議論されていた、日本の工場設備の中国への接収に猛反対し、日本の軽工業の発展を助け、日本国民の生活を維持することこそが、日中両国の紛糾を永遠に防ぐために重要だと提言した。[94]

一九四七年は国共内戦こそ始まっていたものの、国民政府が敗北するとは予測されていなかった時期に当たる。台湾移転の窮状に陥る前でもあり、対日強硬派の対日要求は、日本の再建（強硬派は侵略国家としての再建と見た）の防止が根本にあり、賠償請求や天皇制廃止論など、日本に対して厳しい意見が続出した。そのなかでも、陳の立場が対日宥和的であったことは、一九四七年九月の『新聞協会報』における陳に関する紹介記事に「中国言論界でも有名な日本通で、対日問題について常に急進論者の多いなかで比較的穏健な主張を発表している」とあるように、日本でもよく知られていた[95]。

その後、陳が対日和約問題で発言を再開するのは、一九五一年であった。陳は、一九四七年の対日宥和論を五一年にも堅持しており、日本に対する賠償請求や領土要求などの報復処置を全面的に否定した[96]。以上の通り、戦後の陳の対日姿勢は徹底的な寛典論に終始した。

おわりに

1　陳博生の日本認識

陳博生は、早稲田大学卒業後、一貫して新聞・通信社畑を歩んだ人物である。政治への関与（国民参政会参政員、立法委員）も新聞記者の職域代表としてである。

一九一七年から三五年まで主に北京をはじめとした北方において活動していた陳は、三六年の中央通訊社入社以降は南方に活動の舞台を移した。以後、国府の遷台においても行動をともにしている。にもかかわらず汪兆銘の和平運動に参加した形跡が見られる点が不可解である。

また、マルクス主義を中国に最初に紹介した人物として石川禎浩の研究で言及されてきたが、陳にはそれとは違った側面もあった。日本通としての一面である。

日中戦争前夜の一九三六〜三七年において、陳は日本に対し一定の批判を行った上で、日本国内の穏健な中国通に期待する言論を発表していた。陳自身が東京にいたこともあり、穏健な中国通と交流があったことが推測される。しかし、その活動は実を結ばず日中全面戦争が勃発する。陳はそれを東京で迎えることになる。

一九三七年一〇月に南京に帰った陳は、国府とともに武漢、重慶へと移動していくが、『周仏海日記』には戦争の先行きに対し悲観論を口にする陳の姿が記されている。そのために一時汪兆銘の和平運動に関与していたようであるが、途中で袂を分かち、重慶における言論指導者の一人として、「敵情分析」を発表するようになる。日本の内政、経済、外交上の問題点を厳しく指弾しつつ、感情的に日本を批判するものでもなく、その敵情分析は、理性的かつ冷静な分析であった。重慶の高度政策決定にも、陳の分析は役立っていたようであり、まさに日本通の面目躍如であった。ただし、真に陳の言論を理解するためには、他の日本通中国人の敵情分析と比較する必要がある(97)。

戦後は、対日和約問題において対日宥和派の一人として活動した。これは見方によると、陳が戦前日本の外交評論家に求めていた「相手の立場に立って考えてほしい」との希望を自ら実践していた結果と見ることもできる。終戦後の対日和約をめぐる議論で、陳は敗者日本の立場に立った大乗的な解決案を提示していた。段瑞聡が言う通り、終戦後の国府では講和における対日強硬論（天皇制廃止論も含む）が一定の力を持っていたようであるが、陳はそれとは明らかに一線を画していた。

以上が、日中戦争前後における陳の日本分析である。陳の日本論は、一貫して穏健かつ対日宥和に終始したところにその特徴がある。戦時中の敵情分析が比較的冷静な点にも、その穏健性が現れている。「敵視」により日本を必要以上に過小評価することも過大評価することもなかった。対日関係の変化により論調の変化は無論あるものの、一貫した穏健性にこそその本質があったと考えるべきであろう。和平運動への参加は、日中の国力の差と両国が戦争を続けることが無益だという強い思いに起因したと思われる。確証はないが、その離脱は高宗武や陶希聖と同じく、汪らの和平運動に対する日本の不信義や加重な要求に直面し、対日講和よりも対日抗戦に立ち帰った結果ではなかろうか。過度に理想主義に走らず、かといって現実主義に終始しない。そうした穏健かつ理性的な側面が陳の対日認識の枠組みとして指摘できる。

こうした陳の穏健性は、吉野作造や太田宇之助といった穏健な中国通知識人との交流によって培われたものであった。陳の日本社会、日本軍部、日本の中国論壇への分析は今日的に見ても偏った認識ではなく、かなり正鵠を得たものであった。情報源は主に新聞・雑誌等のメディアと思われるが、偏見に陥ることなく冷静に分析されている。陳の書いたものや周辺史料のなかに、中国に侮蔑的・批判的な陸軍軍人や中国通との交流の形跡は確認できない。しかし、陳は理性ある穏健派との対話に終始した結果、日中両国の感情的なナショナリズムの発露に対しては十分な対応ができなかった。本章でも分析した日中戦争直前の日本の守旧的な外交評論家との不毛な議論や、対日復仇を求める戦後中国の対日講和論などは、その典型である。敵愾心に対し理性をもっていかに抗するかという問題は陳だけの問題ではないが、彼も相互不信の連鎖に心を痛めた知識人であったのである。

こうした理性的な陳の日本分析は蔣介石の対日政策にとって有益な判断材料となった可能性があるが、実際にどこまで影響を及ぼすことができたのかという点は突き詰めることができなかった。この点は今後の課題としたい。

2　晩年と人物評価

国共内戦終結後の陳の動向に関して最後に述べたい。陳は、国共内戦において中華民国政府（国府）と行動をともにし台湾に移住している。しかし、立法委員就任後、陳は言論の自由をめぐって蔣介石と対立し失脚することになる。その原因は「出版法」修正をめぐる問題であった。問題の根幹は、戦時に行われた言論統制を平時にも敷衍するかどうかという点であった。この問題に詳しい中村元哉によれば、陳は一九四八年七月一三日に開かれた第一回出版法草案初歩審査会議において、「出版法」はあくまで内戦時期に限るべきであって、平時には廃止すべきことを訴えた。出版法の修正審議は国府遷台後に持ち越し、一九五二年に再度問題になった。[98] 松田康博によれば、陳は、「出版法」修正に最後まで反対し、その結果、国民党から除名処分を受けた。[99] これについて松田は、「当時の除名処分とは、政治的前途を失うのみならず、これに続いて『異議分子』や『共産スパイ（『匪諜』）』のレッテルを貼られかねない深刻な処罰であった[100]」と述べている。実際、陳が国防部保密局（戦後における国府の特務機関）の監視対象であったことを示す史料が国史館に残されている。[101]

確かに一九五二年から五七年の死去までの陳の記録はほぼないに等しい。また、以上の出版法審議での活動や党籍剝奪に関して、陳の伝記には一切書かれていない。

言論の自由をめぐって蔣介石と対立し党籍を剝奪されたことが尾を引いたのか、現在では大陸中国でも台湾でも陳は忘れられた人物になってしまった。マルクス主義を中国に最初に紹介した人物でありながら、のちに反共主義者となり台湾に渡ったために、大陸でも再評価が難しくなった。裴桐の研究でも、このあたりは触れられていない。また、台湾は伝記がいくつか出ているように再評価が容易な土壌ではあるが、中華民国史観が見直されるようになったとしても、台湾史の論理に回収される人物ではないため、今のところ研究されていない。本章が、陳の日中戦争前後の活動・言論を跡づけることにより、石川禎浩の研究に続く、陳の再評価を促す一助になれば幸いである。

注

（1） 近年、若手研究者が、民国期中国の日本研究団体および機関誌の分析をさかんに行うようになり、その動向が注目される。

具体的には、潘吉玲「中国の日本研究専門雑誌『日本評論』およびその前身雑誌について――一九三〇年代を中心に」『中国研究月報』第八六二号、二〇一九年や高柳峻秀「中国人の日本留学と『日本研究』――団体と雑誌を中心に（一九一五～一九三二）」（孫安石・大里浩秋編『明治から昭和の中国人日本留学の諸相』東方書店、二〇二二年）などである。

（2）王潤沢『張季鸞与「大公報」』北京：中華書局、二〇〇八年。張継木『張季鸞抗戦言論研究』武漢：華中師範大学出版社、二〇一四年など。

（3）石川禎浩『中国共産党成立史』岩波書店、二〇〇一年、二七～四六頁。

（4）松尾尊兊「吉野作造と石橋湛山の中国論・断章」『近きに在りて』第三二号、一九九七年。

（5）中村元哉『戦後中国の憲政実施と言論の自由　一九四五―四九』東京大学出版会、二〇〇四年、九一頁。

（6）松田康博『台湾における一党独裁体制の成立』慶應義塾大学出版会、二〇〇七年、一四六頁。

（7）裴桐「民国報人陳博生新聞活動与思想研究」重慶大学修士論文、二〇一七年五月。裴桐・斉輝「抗戦時期報人陳博生新聞実践活動初探」『新聞春秋』（北京）二〇一七年第四期、二〇一七年一二月。

（8）星期論文とは、民国期中国の新聞で週一回（どの曜日になるかは新聞によるが土日のいずれかが多い）掲載された、その時々の時事問題についての有識者の解説論文である。『中央日報』では「毎週専論」という名称であったが、性格は同じである。

（9）葉明勲・黄雪邨「追憶陳博生先生」『伝記文学』（台北）第三九巻第一期、一九八一年七月、および、林徵祁「陳博生」『中華民国名人伝』第七冊、台北：近代中国出版社、一九八八年六月。なお、葉と林は、陳の伝記を複数執筆しているが、内容に重複が多い（事実上増補版に近いと思われる）ため、割愛した。

（10）前掲、葉・黄「追憶陳博生先生」、五一頁。進士となったという父親について、房兆楹，杜聯喆合編『増校　清朝進士題名碑録附引得』北京：哈仏燕京学社、一九四一年、を調査したところ、福建省閩県出身で光緒年間における同格の合格者として「陳伯侯」（光緒二四（一八九八）年合格）が確認できた。

（11）「陳博生先生――第一任総編輯」『中央社六十年』台北：中央通訊社、一九八四年、二九一頁。

（12）『卒業生氏名』第一高等学校、一九三六年など。

（13）当時の旧制大学は、高等学校または大学予科卒業を入学要件とする学部（学士号授与）と、中学卒業のみで入学できる専門部（旧来の専門学校の名残）に分かれていた。第一高等学校卒業だとすると専門部を卒業したというのは不可解である。高等学校は中退、もしくは未入学と見なすのが妥当である。
(14) 「日支新聞記者大論戦」(水上茂編『日支遂に敵か!』第一出版社、一九三七年)、一七頁。
(15) 『会員名簿』早稲田大学校友会、一九四三年、四一二頁。ただし、名前が「陳傅賢」と誤記されている。
(16) 「太田日記」一九四五年九月六日条。
(17) 詳細は、本書第3章を参照のこと。
(18) 一九一九年説(晨報社入社直後)と一九二八年説(晨報社退社直後)の二説がある。ただし、二度留学したとの記録もある。軍事委員会侍従室檔案にも退学の記載があるので、留学したことは確かだが、時期の確定は困難である。
(19) 前掲、葉・黄「追憶陳博生先生」、五一頁。
(20) 同右。
(21) 原正人『近代中国の知識人とメディア、権力——研究系の行動と思想、一九一二〜一九二九』研文出版、二〇一二年。
(22) 武暁桐「日刊紙『晨報』の性格について——民国メディア史研究の基礎作業として」『国際文化研究』第二二号、二〇一六年。同「『晨報』における学生運動に関する言論——一九一九年五四運動から一九二八年北伐まで」同、第二三号、二〇一七年。同「一九二八年以後の『晨報系』新聞と政治状況の関係について」『中国近現代文化研究』第二〇号、二〇一九年。
(23) 武暁桐「『晨報系』新聞の研究(一九一六—一九三七年)」東北大学博士学位論文、二〇二〇年。
(24) 前掲、石川『中国共産党成立史』、二七〜四六頁。
(25) 李雷波「抗戦前北京〝晨報〟編輯出版系統演変考実」『民国研究』(北京)、二〇一四年第一期。
(26) なお、『晨報』時代、陳が力を入れたキャンペーンの一つに金フラン問題がある。金フラン問題に関しては、阿部晋也「金フラン論争についての一考察——曹錕の再評価と民衆運動」『大正大学大学院研究論集』第四〇号、二〇一六年を参照。
(27) 高郁雅『北方報紙輿論対北伐之反応——以天津大公報、北京晨報為代表的探討』台北:学生書局、一九九九年。
(28) 陳博生「支那は日本に何を望むか」日本外交協会講演(一九三七年四月)JACAR(アジア歴史資料センター):Ref. B02030914300、二一八〜二一九頁。
(29) 社論「承認蘇俄即時実行」(淵泉)『晨報』(北京)一九二四年二月一六日。
(30) 詳しい経緯は不明だが、『晨報』の社説は社論「南北妥協果可能耶」(淵泉)『晨報』(北京)一九二七年二月一五日を最後に、その停刊まで社論署名制を止める。そのため、以後の社論の執筆者は確認できない。しかし、総編集である陳博生の意向は強く作用していたものだと推測できる。
(31) 社論「中国之赤禍」『晨報』(北京)一九二七年一二月二六日。社論「中国之癌」『晨報』(北京)一九二八年一月一七日。
(32) 前掲、葉・黄「追憶陳博生先生」、五二頁。
(33) 前掲、武「『晨報系』新聞の研究(一九一六―一九三七年)」。なお、前掲、林「陳博生」、二四九頁では、陳が赴任した張学良系メディアを『瀋陽日報』としている。
(34) 中原大戦とは、一九三〇年四月から一一月初頭に、蔣介石率いる中央軍と反蔣介石派の軍人・政治家間で起きた中国の内戦である。反蔣派は七月に北平で国民党中央党部拡大会議を開き、九月九日には閻錫山を主席とし、汪兆銘らを政府委員として北平国民政府を樹立した。当初反蔣派が優勢であったが、次第に中央軍が巻き返すようになり八月末頃には戦線は膠着状態に陥った。このため、大戦中中立を保っていた張学良(奉天派)の帰趨に注目が集まったが、張は九月一八日に中央擁護の和平通電を発し、直ちに平津地方に進駐した。これを契機として反蔣派は瓦解し、相次いで下野を通電し、一一月には大勢が決した。戦後、張学良は国民政府の陸海空軍副司令に就任した。陳進金『地方実力派与中原大戦』新店:国史館、二〇〇二年。
(35) 以上、前掲、葉・黄「追憶陳博生先生」、五二頁。しかし、『北平晨報』を引き継いだ田雨時の回顧によると、陳の辞職は日本側の意向ではなく、宋哲元が股肱の部下である田に『北平晨報』を掌握させるために起きた事件であったようである。なお、田は陳の留任を求めたが、陳は編集部全員の留任を強硬に主張し、それが実現しなかったため陳は辞職した。また、日本軍による北平晨報社長排撃は、正確には一九三七年三月の出来事であり、排撃された社長は陳ではなく田であるという。田雨時「我辨北平晨報」『伝記文学』(台北)第二六巻第四期、一九七五年四月。同「継陳博生主持北平晨報始末」『伝記文学』(台北)第三九巻第二期、一九八一年八月。
(36) 陳一人の派遣ではなく、スタッフが一名いた。燕京大学出身の劉尊棋という人物で英文筆記を担当した(前掲、林「陳博生」、二五三頁)。
(37) 『中央社六十年』台北:中央通訊社、一九八四年。馮志翔『蕭同茲伝』台北:伝記文学出版社、一九七五年。周培敬「蕭同茲与中央社:為蕭同茲先生百齢冥誕而作」『伝記文学』(台北)第六五巻第四期第七篇、一九九四年一〇月。
(38) 前掲、『中央社六十年』一四~一五頁によると、ロイター社を中心とした外国通信社が清末以来、中国国内の英語・中国語のニュースの配信権を独占しており、中国の新聞は中国国内のニュースであっても外国通信社の配信に頼っていた。中央通訊社は、一九三二年七月にロイター社との交渉により同社の南京と上海の電信設備を接収したのを皮切りに、以後八年をかけて全国の発稿権を回復した。

(39) 上海大使館附武官（喜多誠一）から参謀次長宛、一九三六年六月一八日（外務省記録「外国新聞記者、通信員関係雑件／支那人ノ部」JACAR（アジア歴史資料センター）：Ref. B02031014800、外務省外交史料館。

(40) 「中国近代報刊 大公報」http://tk.dhcdb.com.tw/tknewsc/tknewskm（二〇二〇年二月二九日確認）。同DBは日本では契約している図書館などがないため使えないが、台湾の中央研究院内の各図書館で利用が可能である。

(41) 「有田対中央社記者談話 中日関係必須調整 但要経長期間忍耐 同意張外長在二中全会報告 冀東偽組織可取消」『大公報』（上海）一九三六年七月一七日。

(42) 社評「読中央社駐日記者第一電」『大公報』（上海）一九三六年七月一八日。

(43) 「日本知識界対陝変 已有比較確実認識 認此時対中国応表善意」『大公報』（天津）一九三六年一二月一九日。

(44) 「日本改変対華政策促進経済文化提携 東報 預料 林内閣将放棄政治要求 進行純経済性質的合作」『大公報』（天津）一九三七年二月二二日。

(45) 「行将来華之児玉 縦談改善中日関係 政治上尊重中国領土主権 経済上厳格保持互恵平等 対此行結果懐熱烈期望」『大公報』（上海）、一九三七年三月四日。

(46) 陳博生「東京六個月」（一九三六年一二月二二日執筆）『国聞周報』（天津）第一四巻第三期、一九三七年一月。

(47) 陳博生「汪兆銘と今後の中日関係」『日本評論』一九三七年二月号。

(48) 陳博生「日本の支那評論家」『文藝春秋』一九三六年一二月号、一八三頁。

(49) 「日本的対華国策——従軍事的転向到外交的 従政治的転向到経済的」『大公報』（天津）一九三六年九月三日。

(50) 「日本的対華国策」は、当該時期の日本の対華政策を分析したものであるが、両広事変により広東・広西に地盤を持つ西南派が潰滅したことで日本国内に国民政府の統一実現に期待を持つ論者（高木陸郎、十河信次、太田宇之助、石丸藤太）が出現していることを好意的に紹介したものである。

(51) 前掲、陳「東京六個月」。

(52) 同論争に関しては、米谷匡史「戦時期日本の社会思想——現代化と戦時変革」『思想』第八八二号〈一九三〇年代の日本思想〉、一九九七年、および、西村成雄「日中戦争前夜の中国分析——『再認識論』と『統一化論争』」（岸本美緒編『岩波講座「帝国」日本の学知　第三巻　東洋学の磁場』岩波書店、二〇〇六年）を参照。

(53) 陳博生「王寵恵氏と日華両国の前途」『日本評論』一九三七年四月号。
(54) 陳博生「日本近事」『憲兵雑誌』(南京)第四巻第一二期、一九三七年五月。同評論について筆者は以前の論文では、日中戦争勃発後のものと判断していたが、書誌情報を精査した結果、日中戦争前のものと判明した。
(55) 前掲、陳「支那は日本に何を望むか」。
(56) 陳博生「隣邦中華民国の日本への希望(上・下)」『中外日報』(一九三七年三月二七・二八日)でも同様の主張を行っている。
(57) 前掲、「日支新聞記者大論戦」。
(58) 「私の信念としてはつまり今吾々は先づ政府の外交は措いて吾々両国の国民として成るべく接触の機会を多く拵へて、さうしてお互ひ有りの儘の姿を知り合ふ、認識するといふやうな事がどうしても必要であると私は信じてゐる。〔中略〕今まで両国の国民的接触の機会が余り少ない、殊に満洲事変以後は殆ど交際を絶つてゐた。それぢや不可ない。矢張人間といふものはお互ひに交際して、さうして初めて相手方の心持が解つて来る。さうすると種々な困難な問題があつても、それを協力し合つて打開して行つたならば旨く行けると思ひます」(同右、六九〜七〇頁)。
(59) 「日支新聞記者座談会」に出席していた尾崎秀実はのちに回顧して、「支那人の日本に対する関心といふものは一種特別な理由をもつて、急速に近年高まつて来たのであるが、併しながらそれにも拘らず、日本に対する正確な認識といふものについては非常に欠如してゐたといふことを断言し得るのである。この夜の会合に於いて我々は両国の知識人の間に於てすら、いかに深い溝が存在してゐるかといふことを深く感じたのであつた」と述べている。尾崎秀実『現代支那論』岩波新書、岩波書店、一九三九年、四〜五頁。
(60) 「陳博生返国/昨日到滬」『大公報』(上海)一九三七年一〇月一七日。
(61) 前掲、外務省記録「外国新聞記者、通信員関係雑件/支那人ノ部」内に「岡本季正上海総領事から広田外務大臣、一九三七年一〇月一八日、公信第二〇七二号、陳博生ノ帰国ニ関スル件」という史料の照合票(文書は現存せず)が残っている。
(62) 斎藤道彦「国民参政会と国共関係」同編著『中国への多角的アプローチ二』中央大学出版部、二〇一三年。
(63) 「中央執行委員会第二〇〇次会議紀録」『中国国民党第五届中央執行委員会常務委員会会議紀録』第一四巻、「中央執行委員会第二一六次会議紀録」同第二〇巻、中国国民党文化伝播委員会党史館蔵。
(64) 軍事委員会侍従室檔案「陳博生」、典蔵号:129-030000-1268、国史館蔵。

(65) 周仏海（蔡徳金編、村田忠禧ほか訳）『周仏海日記』みすず書房、一九九二年（以下、『周仏海日記』とし、日付を記す）。

(66) メディア対策については、『周仏海日記』一九三八年五月一〇日条、一〇月一日条、同一四日条、一一月七日条など。また、対日関係については、『周仏海日記』一九三七年一〇月二八日条、三八年六月二三日条など。

(67) 周と陳が戦争の先行きを不安視する点で一致していたことは、『周仏海日記』一九三八年六月一三日、同一八日条、同二七日条、一一月一五日条などに書かれている。

(68) 神尾茂『香港日記』私蔵版、一九五七年、一九三八年八月二六日条。なお、本章の元になった拙稿（注70）では、引用日時と内容を誤記していたため、ここに訂正する。

(69) 毛慶祥から蔣介石、機秘（乙）第一二六七号（一九三九年一月一四日）、蔣中正文物史料「一般資料――呈表彙集（八六）」典蔵号：002-080200-00513-012、国史館蔵。

(70) 島田大輔「日中戦争期中国の日本通ジャーナリストの対日認識――陳博生（中央訊社東京特派員・総編輯）の軌跡」『メディア史研究』第四八号、二〇二〇年、一〇七頁。

(71) 蔡徳金編注『周仏海日記』上下、北京：中国社会科学出版社、一九八六年。

(72) 『陳布雷従政日記』（一九三五―一九四八）台北：民国歴史文化学社、二〇一九年。同日記によると、蔣の命令により陳は一九三八年三月三日に張季鸞とともに週一回の官邸会議に参加を求められている。また同年九月二日には陳布雷や張季鸞とともに蔣に面会し国際連盟開会前の宣伝方針についての諮問を受けている。このような状況から蔣介石からの信任も陳は得ていたのである。陳布雷の日記には、陳博生が汪派と関係していることに関する記述はない。

(73) 「懲辦附逆報館　陳博生等提案全文」『大公報』（重慶）一九四五年七月二〇日。「懲戒漢奸案原則通過　陳博生発言厳懲附逆報館」『大公報』（重慶）一九四五年七月二一日。

(74) 抗戦期の重慶における言論に関しては、中村元哉「戦時言論統制と内外情勢」石島紀之ほか編『重慶国民政府史の研究』東京大学出版会、二〇〇四年、曹立新『在統制与自由之間――戦時重慶新聞史研究（一九三七―一九四五年）』桂林：広西師範大学出版社、二〇一二年を参照。

(75) 前掲、葉・黄「追憶陳博生先生」、五六頁。

(76) 陳博生「近衛退却与平沼上白」『中央日報』（重慶）一九三九年一月八日。

(77) 萩原淳『平沼騏一郎と近代日本』京都大学学術出版会、二〇一六年。

(78)「平沼内閣と各国の観測」『東京朝日新聞』一九三九年一月五日。
(79)陳博生「(毎週専論)近衛的新政治体制」『中央日報』(重慶)一九四〇年九月九日。立憲政友会(伊藤)と立憲同志会(桂)への言及であるが、元首相が「政治新体制」を唱えて政治運動を起こした先例として述べられている。
(80)陳博生「(星期論文)敵人政治的貧血症」『大公報』(重慶)一九四〇年六月三〇日。同「(星期論文)近衛新党的前瞻」同、同年八月二五日。前掲、同「(毎週専論)近衛的新政治体制」。同「(毎週専論)近衛松岡的魔術」同、四一年三月一〇日。同「(毎週専論)一団漆黒的近衛内閣」同、同年四月七日。
(81)陳博生「(星期専論)日内政上所潜伏之危機」『武漢日報』(武漢)一九三八年一月三〇日。
(82)陳博生「(星期論文)敵人的苦悩」『大公報』(重慶)一九三八年一二月二五日。同「(星期論文)平沼内閣的動向」『大公報』(重慶)一九三九年三月五日。
(83)陳博生「(毎週専論)松岡外交的悲鳴」『中央日報』(重慶)一九四一年二月一〇日。同「(毎週専論)東條政権的危機」『中央日報』(重慶)一九四二年六月二九日など。
(84)陳博生「(毎週専論)日寇的船荒与作戦力」『中央日報』(重慶)一九四二年五月二五日。
(85)陳博生「(星期論文)陥在死角上的敵人外交」『大公報』(重慶)一九三九年八月二七日。
(86)陳博生「(星期論文)敵人是没有出路的」『大公報』(重慶)一九三九年一〇月八日。
(87)陳博生「(毎週専論)暴日可以得到朋友嗎?」『中央日報』(重慶)一九四一年五月五日。同「(毎週専論)近衛軍松岡束手無策」『中央日報』(重慶)一九四一年五月二六日。
(88)前掲、陳「(毎週専論)近衛軍松岡束手無策」。
(89)陳博生「(毎週専論)侵略陣線的三角同盟(上・下)」『中央日報』(重慶)一九四〇年一〇月七・八日。同「(毎週専論)敵人政治的紅球」『中央日報』(重慶)一九四〇年一二月九日。
(90)「東京帰来,陳博生氏在中政堂談片」『中央日報』(重慶)一九四五年九月一四日。
(91)「赴日記者団名単,陳博生担任団長」『中央日報』(南京)一九四七年二月一六日。「中委挙行談話会,鄭彦芬木報告氾亜会議,陳博生報告日本現況」同、一九四七年四月一五日。
(92)段瑞聡『蔣介石の戦時外交と戦後構想 一九四一―一九七一年』慶應義塾大学出版会、二〇二一年、第五章、第六章。
(93)陳博生「対日和会的展望」『南京中央日報周刊』(南京)第二巻第一〇期、一九四七年一二月。

(94) 陳博生「対日和約問題」『明日東北』(瀋陽)第五期、一九四七年一〇月。
(95)「新聞界から陳氏等――中国職域代表決定」『新聞協会報』第三九九号、一九四七年九月八日、二頁。
(96) 陳博生講演「関於対日和約問題――聯合国中国同志会第十六次座談会紀要」『大陸雑誌』(台北)一九五一年二月。陳博生「発表三点意見」『中央日報』(台北)一九五一年五月一三日。
(97) 陳の位置づけを考えるために、他の論者との比較が必要である。比較対象として考えているのは龔徳柏(『救国日報』社長)である。龔は抗日色のきわめて強い日本通であり、抗戦期の敵情分析や終戦後の対日和約をめぐる議論でも、常に対日強硬論に立った(龔の対日認識を紹介した論考として、今井駿「龔徳柏の抗日論」同『中国革命と対日抗戦』汲古書院、一九九七年、同「日中戦争期の龔徳柏の対日観――『中国必勝論』から『日本之末路』へ」(一・二)『近きに在りて』第三七・四〇号、二〇〇〇～〇一年がある)。もちろん、当時の代表的日本通であった張季鸞、胡政之、王芸生との比較も必要である。
(98) 前掲、中村『戦後中国の憲政実施と言論の自由』、九一頁。
(99) 松田は、『黄通先生訪問紀録』台北:中央研究院近代史研究所、一九九二年、三一九頁を典拠としている。
(100) 前掲、松田『台湾における一党独裁体制の成立』、一四六頁。
(101) 毛人鳳(国防部保密局長)から蔣経国(国防部政治部主任)、一九五〇年九月二八日、蔣経国総統文物「国防部総政治部任内文件」、典蔵号:005-010100-00051-015、国史館蔵。なお、同檔案は二〇一二年八月一日に機密解除されたものである。

終章　太田宇之助と日中現代史

第一節　太田の中国認識の軌跡

本書は、従来光が当たってこなかった中国専門記者の中国認識について、一九一〇年代から五〇年代にかけて活躍した太田宇之助を中心として明らかにしたものである。

太田の中国認識はどのような位相にあるのだろうか。それを考える上で示唆を与えるのが、第2章第三節第1項で示した一九三〇年代の中国認識の三極構造である。三極構造とは、すなわち、①東洋的支那論（支那通）、②中国統一援助論（中国再認識論）、③マルキシズムである。この三極構造は、厳密に考えると無理が生じる部分もないわけではないが、日中戦争前後の中国論を考える上で、比較的妥当な図式といえる。

太田の中国認識は、三極の一極である中国統一援助論の代表として位置づけられる。従来、中国統一援助論は、矢内原忠雄や佐藤尚武を例として説明されてきたが、彼らは非中国プロパーであり、かつ、短期間の主張に過ぎず、代表者として適任とはいえない。中国統一援助論は、太田の事例から分かる通り、同時代の中国人からも高く評価されるものであるが、太田の中国認識の歩みを見る限り、一九一〇年代から試行錯誤を経て形成されたものである。矢内原や佐藤では見えてこない、中国統一援助論の形成過程を見ることができるのが、太田宇之助を研究する一つの意義である。そして、太田の中国認識の軌跡には、マルキストと支那通の中国認識からは分からない中国通のあり方が現れている。

以下、本書で明らかになった太田の中国認識の軌跡を、各章をふり返りながら総括していきたい。太田の中国認識の大きな転機は、満洲事変、盧溝橋事件、支那派遣軍総司令部嘱託への招聘、終戦など外的要因が大きい。本書の章立てもこうした転機に沿っている。そのうえで全体として太田をどう評価するかという問題は次節で考えてみたい。

第1章では、一九一〇年代から満洲事変にかけての太田の中国認識の変遷を分析した。一九一〇年代と二〇年代の太田の活躍の場は主に『大阪朝日新聞』『東京朝日新聞』紙上であった。本章が対象とする一三年のうち九年間を特派員として中国大陸で過ごしており、太田の中国専門記者としての出発点となった時期である。この時期太田は、南北和議に対する期待と失望、聯省自治論、国民革命への期待といった思考の変遷を辿っている。大学在学中に中国革命に参加した経験を有する太田は、当時『大阪朝日新聞』の筆政を担当した鳥居素川に気に入られ、入社後、地方回りに出ることなく北京勤務となり、以後、中国駐在と本社の中国関連ポスト（支那部あるいは東亜問題調査会）を往還する、純粋な中国専門記者として育成されることになった。

一九二〇年代の太田は、当初北京・広東政府の南北和議を、和平実現の展望を抱きつつ注視していたが、和議が破綻すると聯省自治論者に転じていった。太田が一九二〇年代初頭に聯省自治を強固に信じたことは、聯省自治が民主的手段を経ることに対する共感とともに、中央集権による中国統一に対する悲観がその根底にあった。これは、中国国民革命に期待を寄せるようになっても太田には残り、北伐の最終段階に至っても聯省自治論を主張することに繋がった。

また、当該時期の太田の中国論として特筆すべき点は、五・四運動における中国ナショナリズムに深い洞察・理解を示し、雑誌『日華公論』のような日華文化提携の試みを支持し、早い段階で中国の不平等条約の撤廃を主張していることである。中国ナショナリズムに対する同情は太田の生涯を通じて見られるが、初期からその萌芽はあったのである。満蒙特殊権益に対しても、『東京朝日新聞』の先輩大西斎のように「死活的利益」として固執する視点は見られなかった。大西は、一九二〇年代末（北伐完了）に至るまでは、太田以上に国民革命・国民政府を楽観視していたにもかかわらず、満蒙問題がデッドロックとなり、対中国強硬論に転じることになってしまったのである。両者の対照的な中国観は、中国専門記者の認識の多様性を示すものと見ることができよう。

第2章では、満洲事変から日中戦争直前までの太田の中国認識を、本人の認識の推移、他者との比較、中国からの評価の三点から明らかにした。当該時期、太田宇之助は論壇の寵児であり、満洲事変後の日中関係改善を期して、国民政府による全国統一とそれへの日本からの援助の必要性を訴える論陣を張った。同時代日本の中国評論と比較すると、太田は中国再認識論者であり、かつ、その先駆者でもあった（先駆性と一貫性の観点から、再認識論ではなく「中国統一援助論」と呼ぶのが相応しい）。また、外交檔案、雑誌、新聞などから、同時代中国の太田評価を総合すると、国民政府に近い立場の中国知識人からは非常に高く評価されており、太田を「良識的中国通」として理想化し、太田の議論を援用して日本の中国政策を批判する言論が横行した。

ただし、太田は国内政治、特に陸軍に対しては批判を表明することはなかった。記者という立場のため仕方ないが、既成事実化した事象に抗うことはできなかった。とはいえ、同時代のジャーナリストとは異なり、積極的に時局追従することもなかった。結果的に、中国側の一部（抗日民族統一戦線に近い立場）からは、日本の中国侵略を弁護していると見なされてしまうこともあった。

ところで、満洲事変を境に中国認識が激変したのは、大西だけでなく太田も同様であった。満洲事変によって、中国ナショナリズムの強さを再認識した太田は、国民政府による中国統一を至当とし、日本がこれに積極的に援助することによって、日中提携を実現することを持論とし、言論を展開した。ただし、太田の中国統一援助論は一朝一夕にできたものではなく、中国統一の好材料を看取するたびに徐々に強化されたものであった。満洲事変直後は、大西斎と同様中国政治を崩壊状態と見なし、その自力更生に疑問を持った。しかし中国統一悲観論というある程度共通の認識を有しながら、大西が中国批判に陥っていくのに対し、太田は、もし自力で更生できないならば日本が中国の統一を援助すべきだと訴え続けた。

太田は、中国の統一は日本の利益となると早い段階から捉えていた点で、異色であった。この点は、『東京日日新聞』の吉岡文六と好対照をなした。一九三五年時点の吉岡は中国の統一は対日復讐に繫がると見ていた。一九三六年五月の両広事変の解決は、太田、大西、吉岡の三人の中国専門記者に、国民政府の統一事業の進展に対する確信を共通してもたらした。太田はこれにより中国統一援助論を強固なものとしていき、日中経済提携を盛んに唱えるようになった。太田は、一九三七年一月以降に盛んになる中国再認識論の先駆者となっていく。しかし、大西と吉岡は、国民政府の中国統一に対し警戒感をもって迎えることになった。

中国統一に希望を見出し、その積極援助を訴える太田は、同時代の中国で大いに歓迎された。特に太田を積極的に紹介したのは『大公報』であり、国民政府に近い立場の人々が太田に関心を寄せた。時には、太田を引照基準として、日本の中国侵略批判を行うことすら行われた。太田が中国側から評価が高かった事実は、日中戦争中に陸軍が太田を招聘する理由ともなり、また汪兆銘が太田を信任した理由ともなり、戦後期に国府系メディアに太田が就職する背景ともなっていくのである。

第3章では、日中戦争が太田に与えたインパクトと、それが汪政権積極育成主義と全面和平論に転化していく様相を解明し、そうした持論が支那派遣軍総司令部嘱託、さらには東亜聯盟中国総会顧問への就任に結びつく過程を分析した。第2章で分析した対中国宥和派から、陸軍・汪兆銘政権の協力者への転身は、その事実だけ見れば転向と受け止められるかもしれない。しかし、太田が推進した汪政権強化策を仔細に検討すれば、太田の真意が、汪政権を傀儡政権ではなく自主独立政権として育成すること（その過程で日本に徹底的な自己犠牲を強いること）にあり、重慶の蔣介石政権との争点を消滅させ、国共分離を促し全面和平に持ち込むことであったことが分かる。つまり、所与の状況のなかで最善策を追求した結果、太田はあえて火中の栗を拾おうとしたのである。こうした太田の真意は、現在顧みられていない。

太田は、労農大衆層の抗日運動とそれを指導する中国共産党に対し一切評価を与えておらず、中国統一の主体として、国民党政権を想定し続けたのである。そして、太田には、汪政権の強化を通じて、重慶との和平を達成する目論みがあった。大西と吉岡の中国認識も、最終的には汪政権育成策に収斂していくが、そこに至る道筋は三者三様であった。吉岡は、蔣の独裁手法への高評価に基づき、汪国民党助成を基軸とした汪政権強化策を主張した。太田と吉岡は協力し、「思想戦指導要綱」を成立させた。しかし、全面和平を前提とした太田と異なり、蔣政権の打倒を訴えるものであった。大西は汪政権の独立自主を尊重しながら、重慶政権の撃滅を主張していた。第二次、第三次近衛声明への共鳴など、太田と共通の背景を持ちながら、大西は全面和平の否定などの点では吉岡に近い考えを持っていたのである。ただし、汪国民党の助成などを特に主張していない点は、太田や吉岡とは異なる。

汪政権樹立前後から終戦に至るまで、太田の関心は、汪政権の強化によって全面和平を成し遂げることで一貫している。汪政権の強化を成し遂げるために太田が尽力したのが、汪国民党の育成、東亜聯盟運動、新国民運動などであった。太田は汪政権強化のために意見書を次々と草し、汪兆銘は太田を深く信頼した。太田こそ、汪政権強化策のキーパーソンであった。ただし、太田が意図した通りに汪政権強化策が実現できたわけではない。南京においても蘇州においても、太田は自らの見解を実施するための権力的基盤を欠いていた。太田に好意的な総軍幕僚や軍事顧問（板垣征四郎、辻政信、影佐禎昭など）がまだ南京に残っていた時代は、彼らの支持を背景として、南京における政策策定への関与が可能であったが、その時期ですら、東京、すなわち陸軍中央部の反対に阻まれる結果となった。したがって、太田の奔走が報われることは少なかった。

第4章では、一九四三年四月以降の江蘇省経済顧問時代の施策を、同年一月に発動された対華新政策の視点で読み解くことにより、太田の理念や重光葵との連帯関係、そして現地陸軍機構との対立構造の解明を行った。太田は一貫して対華新政策（特にその理念的側面）の信奉者であり、江蘇省経済顧問時代の施策や活動はすべてこの点から説明ができる。この分析の結果、太田は対華新政策に関して重光葵駐華大使・外相の同志であり、重光は中央（東京・南京）において、太田は地方（蘇州）において、対華新政策の理念実現を図っていたという構造が明らかになった。また、太田が江蘇省で直面した陸軍現地機構（江蘇省連絡部）との対立に関しても、対華新政策を通じて分析することにより、戦略物資の確保という経済的側面だけを追い求める連絡部に対して、汪政権強化という政治的・理念的側面こそが第一義と考えた太田との対立構図があったことが、対華新政策を軸にするとはっきりと見てとれる。

太田が立案した経済施策はおおむね対華新政策に基づくものであった。江蘇省の米糧政策に対しては、連絡部の容喙を受けながらも一定の成果を挙げている。しかし、対華新政策をないがしろにする内政干渉を繰り返す江蘇省連絡部との軋轢は激化の一途を辿り、最終的に太田は、連絡部の廃止と経済顧問の権限強化を骨子とした現地機構改革案を一九四四年末に起草するに至る。現地機構改革案は、対華新政策の徹底を目指したものであり、一九四五年三月以降南京・東京の要路者に陳情したが、重光を除いて相手にされることはなかった。そして、当の重光も対華新政策への固執による繆斌工作への反対姿勢により外相辞職を余儀なくされ、太田も無力感のなかで終戦を迎えることになった。

第5章では、太田の戦後の動向について分析した。戦後期において太田の活躍できる場所はさらに少なくなっていった。太田は終戦後も政策立案への関与を望み、中国問題を専門とする代議士への転身を目論み、日本社会党から出馬したが落選し、左翼全盛の状況にある論壇からは退場を余儀なくされた。一八年という長きにわたって奉職した『内外タイムス』でも、台湾人社長蔡長庚の「黄色化」および言論軽視を軸とした紙面制作を押しとどめることができなかった。社内で不遇だったのは一九三〇年代も同様であり、その時は論壇に積極的に進出して中国論壇の寵児となった太田であったが、戦後においては、論壇から原稿の依頼が途絶えていた。戦前期においては、聯省自治論にしても中国統一援助論にしても汪政権強化にしても、中国に対する持論が定まっており、積極的な言論を展開したが、戦後の太田は中立的分析に終始し、その中国分析に精彩を欠いた。そもそも、戦前期から中国共産党を評価していなかったことから、国共内戦における中華民国政府の敗退と遷台、および中華人民共和国の成立は、太田にとって予期できない展開だった可能性もある。太田は一九八六年に九四歳で亡くなるまで長命を保ったが、戦後は徐々に世間から忘却されていったのである。

しかし、太田が自宅敷地を中国人留学生寮のために東京都に寄贈するという遺言を残し、それが東京都太田記念館として結実した事実は、特筆すべきであろう。太田記念館は、石原都政の決定で純粋な中国人留学生寮ではなくなってしまったものの、それでも今日まで数百人単位の中国人留学生を受け入れている。卒寮生の多くは、日中の架け橋として活躍しており、「太田精神」が守られている。日中友好に関する太田の念願は、その没後芽吹くことになったのである。

第二節　太田をどう評価するか

太田宇之助が目にした中国は常に分裂した中国であった。一九一七年の南北政府分立に始まり戦後に至るまで、中国国内の政治対立や日本の策動などで、常になんらかの地方政権、あるいは反中央武装勢力が存在していた。中国が単一国家として完全に統一された時期はほとんどないといっていいだろう。しかし、太田はそのような状況において、常に中国統一の重要性と必要性を説いた。そして、太田は日中の平等互恵関係樹立に心を砕き、日中戦争に直面しても、理想を掲げて現地に飛び込み、日中全面和平を達成しようと奔走した人物である。太田が中国に対する偏見を持たず、対中国強硬論に陥らなかったのは、第一に、両国の問題を日本本位に考えなかったこと、第二に、中国を特殊国家ではなく普遍国家として日本と同等の国と捉えたこと、第三に、常に双方の利益を考え、「互信互譲」の精神を遵守したことに、理由があると考える。しかし、朝野の中国蔑視は根強く、太田の中国認識が広く受容されるには至らなかった。だが、蔑視を超克した中国理解のあり方を一貫して示した太田は、近代日本の中国認識の多様性と可能性を考える上で重要な人物である。

分裂状態にある中国のなかで、太田が前提とし続けたのは、国民党政権が統治する中国であった。太田は中国国民党、そして、国民政府を対手にし続けた。戦前期の太田の中国統一援助論は、国民政府を対手として関係改善を模索するための一つの筋道でもあった。だからこそ、国民政府の統治を（消極的であれ積極的であれ）支持する中国国内の知識人の一群に太田の論説は好意的に受け入れられたのである。そして、戦前・戦中期の中国国内においては、国民党政権を是認する意見の方が多数派であったのである。

尾崎秀実の中国論は、中国共産党の台頭を予見したという意味で今日高い評価を与えられている。尾崎の中国論が同時代の中国国内でどのように受容されたのか、筆者の調査では追い切れなかったものの、おそらく、抗日民族統一戦線に近い立場の人々からは好意的に受容されただろうことは推測しうる。ただし、それは多数派の議論ではなかったのである。

太田のある程度一貫した国民党中心論は、一九三五年における聯省自治論の放棄により中国統一援助論として昇華し、日中戦争下においても、汪政権強化論および全面和平論として発展していった。国民党を基盤とした汪政権を独立自主の政権に育成し、重慶政権に抗日の名目を逸しさせ、重慶政権と汪政権の合同（あわせて国共分離）を達成させることが目指された。その目的のために太田は、日本に犠牲を強いる汪政権強化策を献策し続けたのである。国民党政権の中国と日本との間に平等互恵関係を樹立させるという理想は、戦時情勢のなかで変質した面もありはしたものの、戦前から連続する太田の宿願だったのである。

そのような太田にとって中華人民共和国の成立と中華民国政府の遷台はどのような意味を持ったのであろうか。太田の長女、縫田曄子は、「父にとって中国とは終生中華民国のことでした」という証言を残してる。[1]中華人民共和国は太田が忌避し続けた中国共産党による統一中国であった。戦後の日本では、蔣介石恩義論に基づく親台派と、中共礼賛派が大きな勢力を占めていたものの、太田はどちらにも与することはなかった。結局、太田の戦後中国評論は中立的分析に終始した。戦後期の日記の公開がなされれば、より精緻な分析が可能になるだろうが、評論ベースの分析では本書の示したような結論に辿り着かざるをえない。

しかし、太田にも限界があった。自らの主張を実行に移す政治力、実力を欠いていたことである。また、いったん醸成された既成事実を批判せず、その既成事実を所与の前提として立論していったため、その中国認識はある意味では一貫していたが、ある意味では変質を余儀なくされていた。たとえば、一九四三年一〇月の日華同盟条約とそれに伴う租界返還に対し、太田は年来の主張が実現したと日記で述べているが、[2]この言葉は額面通りに受け取っていいのだろうか。経済顧問時代の太田は、汪政権を独立自主の政権へ転換させようと策をめぐらせる一方、同政権に対し日本陣営の一員として戦争協力を求めていくという二面的立場にあった。これは、日中戦争において、日本の勝利と汪政権の自主権確立を同時に追求した結果である。対華新政策を形骸化させ汪政権の傀儡化を画策しているとして太田が敵視した現地陸軍機構と比べれば、太田がリベラルな立場に立っていたのは間違いない。しかし、それはあくまで相対的な話であり、戦前に蔣介石政権に対する統一援助を訴えていた太田からは、変質していることは間違いないだろう。このような矛盾した言動が当人によって違和感なく語られるのは、太田が戦時下で繰り返し塗り替えられる既成事実を受け入れ、そのなかで最善を追求した（あるいは、意識的にも無意識的にも自己正当化を行った）結果である。太田が満洲事変や華北分離工作で醸成された既成事実を批判しないのも、同様の文脈である。

以上の太田の中国認識の得失を踏まえ、日中戦争中の支那派遣軍や汪兆銘政権への協力をどう考えるのか。これは太田を評価する上では避けては通れない問題である。筆者は、日記と署名記事・評論を中心とした太田の発言史料を用いて、太田の意図を内在的に分析し、その穏健性と戦前期からの連続性、全面和平に対する太田の信念を明らかにした。筆者としては、太田は、戦争状態という状況のため、陸軍や汪政権への協力といった戦術上の転換は行ったが、日中提携（全面和平）という根本方針を保持し続けたと考えている。確かに既成事実への無批判による変質はあったが、そこを過度に批判するのは、公平とはいえまい。太田の自由主義的、理想主義的な中国認識と、常に中国の立場に寄り添った活動は、同時代の中国専門家とは一線を画すものであり、再評価されてしかるべきである。

第三節　今後の課題

本書は中国専門記者太田宇之助の中国認識を一九一〇年代から五〇年代にわたり分析してきた。本書によって、太田の人物像や自由主義的・理想主義的な中国認識については、かなりの部分が解明された。しかし、太田に焦点を絞った結果明らかになったことがある反面、残された課題も存在する。

第一に、太田の中国認識が、いつ、どの段階で、何を契機に変化したのか、どのような事象の総体を見て認識が変わったのか、といった思想の構造性を踏まえた内在的分析を十分行うことができなかったことである。現在整理中の横浜開港資料館所蔵の「太田宇之助関係文書」には一九二五年以降没年までの太田の日記が公開されないまま保存されているという(3)。筆者は、すでに公開されている一九四〇年代の「太田日記」と彼の記事・評論を組み合わせた第3章・第4章で考察を展開したが、そこから類推しても未公開の日記が太田の思想の全体像の解明に必須なことは明らかである。特に、一九三〇年代の太田の中国認識をより精緻に分析するには、この日記の公開を待ち、他稿を期したい。加えて、戦後期に関しては、回顧録と署名評論だけではトレースするのが困難であった太田の戦後中国認識も、日記公開後にさらに研究を深めたい。

第二に、太田宇之助を同時代の中国通のなかに位置づける作業が残されている。その達成のためには他の論者の署名評論を太田と同じように分析する作業が不可欠である。本書では、同じ中国専門記者である大西斎と吉岡文六を比較しつつ論じたが、もっと比較対象を増やしていく必要がある。しかし、太田のように私文書も署名評論も長期間にわたり豊富に残した人物は稀であり、比較対象の選別は困難である。先の三極構造の一極を占めるマルキストである尾崎秀実についても、本書では十分論じられなかった(4)。尾崎の太田との比較も他日の課題となるだろう。

これに関連して、朝日新聞の中国関係社論との比較も必要になる。ただし、一九三六年五月に東西の朝日新聞社説が統一される以前は、『大阪朝日新聞』と『東京朝日新聞』はそれぞれ社論があり、中国に対する見方も必ずしも統一されていたわけではなかった（満洲事変に対する対応が代表的である）。朝日新聞の中国社論に関しては、後藤孝夫による辛亥革命から満洲事変までの時期の『大阪朝日新聞』に関する優れた研究があるが(5)、別時期の『大阪朝日新聞』や同時期およびそれ以外時期の『東京朝日新聞』の中国論についてはいまだ研究が進んでいない。朝日新聞社の中国論をまとめることは、もう一本博士論文を書くに等しい労力が必要であり、朝日新聞の社論のなかでの太田の位置づけの解明は、将来の課題としたい。

第三に、日本の中国専門記者だけでなく、中国側の日本通ジャーナリストとの相互交流や認識の交錯などについて、より精緻な分析を行うことである。本書では、『大公報』の張季鸞や中央通訊社の陳博生を取り上げ、陳については補章でも詳述した。しかし、これらの作業はほんの端緒に過ぎず、近代における日本と中国の相互認識のあり方を立体的に考察するためには、中国の日本通の分析をより積極的に行っていく必要がある。本書から派生する課題は尽きないのである。

注

(1) 筆者による縫田曄子氏への聴きとり、二〇一八年一一月三日。
(2) 「太田日記」一九四三年一〇月三一日条。
(3) 中武香奈美「太田宇之助日記　解説」『横浜開港資料館紀要』第二〇号、二〇〇二年、五一頁。
(4) 筆者は本書に先だって、「太田宇之助と尾崎秀実――一九三〇年代における東京朝日新聞社中国専門記者の中国認識」(朱琳・渡辺健哉編『近代日本の中国学――その光と影』勉誠社、二〇二四年)を上梓しているが、同稿における尾崎の記述は、基本的に先行研究に大幅に依拠したものであり、筆者独自の分析ではない。
(5) 後藤孝夫『辛亥革命から満州事変へ――大阪朝日新聞と近代中国』みすず書房、一九八七年。

太田宇之助年譜

時期	西暦	元号	年	月	満年齢	経歴	備考
幼年・学生時代	1891	明治	24	10	0	兵庫県揖保郡網干町（現兵庫県姫路市）に，乾物商の四男として生まれる.	
	1902	明治	35	3	10	網干町立網干小学校尋常科卒業.	
				4	10	網干町立網干小学校高等科入学.	高等小学校在学中，父母相次いで死去.
	1906	明治	39	3	14	高等小学校卒業（4年次まで在学）.	
				4	14	兵庫県立姫路中学校入学.	父方の従兄弟の山本真蔵（大地主・年長）が，宇之助の中学入学の金銭援助を申し出る．在学中は，従兄弟の妾宅（姫路）に住む.
	1908	明治	41	秋	16	兵庫県立姫路中学校中退（3年次修了）.	理由は，従兄弟の援助（と妾宅の番犬という境遇）に気兼ねしたことと，親友の苦学境遇に憧れたため.
	1909	明治	42	4	17	関西学院普通科（旧制中学）3年次に編入.	在学中，新聞配達，牛乳配達などで苦学.
	1909-1910	明治	42-43			海軍兵学校の試験に失敗（身体衰弱のため）.	兵学校を受験したのは，在学中の学資が不要のため．猛勉強をしたものの，苦学ゆえの栄養失調のために体力試験の時点で不合格に.
	1910	明治	43	3	18	関西学院普通科を退学.	理由は，病気その他で生じた遅れを取り戻し早く卒業できる学校（高学年での編入を認めてくれる学校）に移るため.
					18	私立京都中学校5年次に編入.	京都中学在学中も苦学.
	1911	明治	44	3	19	私立京都中学校卒業.	
				3-7	19	高校受験準備の時期，姫路近郊の荒川尋常小学校で代用教員を務める（4か月間）.	

時期	西暦	元号	年	月	満年齢	経歴	備考
幼年・学生時代	1911	明治	44	9	19	（京都）第三高等学校仏語学科入学.	三高在学中は，大阪朝日新聞京都支局長の後醍院正六の伝手で匿名の篤志家から月50円の援助を受ける．後に篤志家の正体が後藤新平だと発覚（朝日新聞入社後に謝恩訪問）.
	1912	明治	45	3	21	乾性肋膜炎（結核性）を発症，休学.	
	1912	大正	1	9	21	三高を退学.	
	1913	大正	2		22	神戸市立図書館に事務員として就職.	後醍院から紹介された岸元吉大朝神戸支局長の伝手で伊達友俊図書館長に．なお，太田は一時期岸支局長宅に寓居.
						図書館在勤の間，『早稲田大学講義録』（通信講座）で独習.	通信講座を2年間受講して試験を通過すれば，早大に編入できた.
	1915	大正	4	9	24	試験に合格し，早稲田大学専門部政治経済学科2年次に編入.	
						早大に在籍しながら，国木田収二（元読売新聞編輯局長．作家国木田独歩の実弟）のもとで書生となる.	国木田とは，伊達神戸市立図書館館長からの紹介で知り合う（国木田が神戸新聞編集長を務めていた縁）.
	1916	大正	5	4	25	中華革命軍海軍総司令の王統一の秘書（中華革命軍海軍総司令秘書）として，中国第三革命に参加．王麾下の部隊は，上海で政府軍の軍艦「策電」奪取を試みるも失敗する.	王統一海軍総司令は，国木田の義兄弟．参加は国木田の指示だが太田の決断でもある．なお，革命失敗後，王統一は京都等持院附近で亡命生活．また，陳其美陸軍総司令は同年6月に暗殺された.
	1917	大正	6	6	26	早稲田大学卒業.	
新聞記者専従時代	1917	大正	6	6	26	大阪朝日新聞に入社（通信部に配属）.	当時入社試験なし．太田が勝本鼎一（実業家（鉄成金）勝本忠兵衛の息子．忠兵衛は大阪朝日編集局長の鳥居素川と懇意）と親友だった縁で，鳥居に認められ入社．入社論文として「支那革命行」（第三革命の体験記）を鳥居に提出し，評価を受ける.

時期	西暦	元号	年	月	満年齢	経歴	備考
新聞記者専従時代	1917	大正	6	9	26	北京通信部助手として中国赴任.	神尾茂（北京通信員）の助手として赴任．だが，神尾が本社支那部長として帰朝し，中国事情に疎い中島為喜が後任となると，太田の仕事の比重が増えるように.
	1918	大正	7	9	27	池田栄子（姫路中学時代の同級生の妹・幼なじみ）と結婚.	仲人は王統一夫妻が務め，京都の平安神宮で挙式.
	1919	大正	8	2	28	上海通信員に転勤.	上海通信員時代は五・四運動などを目撃.
	1920	大正	9		29	長男新生（あらお）誕生.	新生は1943年に外交官試験を突破して外交官となり，ヒューストン総領事，オランダ大使館公使，リビア大使などを歴任する.
	1922	大正	11	1	30	長女曄子（ようこ）誕生.	戦後曄子（縫田清二と結婚し縫田姓に）はNHK解説委員（女性初），東京都民生局長（東京都初の女性局長），国立婦人教育会館初代館長，市川房枝記念会理事長などを歴任した.
	1923	大正	12	4	32	東京朝日新聞に転勤（大阪朝日から転属）．支那部次長となる.	
	1925	大正	14	1	34	北京通信員に転勤.	北京駐在中，重光葵，中江丑吉，清水安三，岡村寧次，板垣征四郎，土肥原賢二，松井石根などと懇意になる.
	1928	昭和	3	4	37	東京本社へ転勤.	
				7	37	1年2か月間，欧米視察旅行（主に，ソ連，英国，米国）．各国の内政および対中政策を研究．1929年9月帰国.	
	1929	昭和	4	9	38	上海支局長（初代）として赴任.	支局員として尾崎秀実が在籍．上海事変，天長節爆弾事件などに際会.
	1932	昭和	7	9	41	東京本社帰任．編集局勤務となる.	

時期	西暦	元号	年	月	満年齢	経歴	備考
新聞記者専従時代	1934	昭和	9		43	東京市杉並区久我山に自宅を建てる．中国人留学生を住まわせ，援助．	
				9	43	新設された，東朝東亜問題調査会主査（中国関係）に就任．「部長待遇」となる．	
	1935	昭和	10	12	44	社命（東亜問題調査会の事業）による「全支時局の視察調査」の一環で，華中方面（上海・南京）を調査．蔣介石，張群，孔祥熙，黄郛らと会見する．	調査記録は，朝日紙面掲載ののち，朝日新聞社編『現地に支那を視る――最近支那時局の再検討』（朝日新聞社，1936年）として刊行．
	1936	昭和	11	10	45	中国統一援助論をパンフレット『新支那を説く』として第百書房より刊行．	
	1937	昭和	12	3	46	論文集『新支那の誕生』を日本評論社より発行．	
	1939	昭和	14		48	論説委員兼任となる．	
				12	49	東京朝日新聞東亜問題調査会の刊行物『朝日東亜リポート7　中国国民党と汪兆銘コース』（朝日新聞社）の執筆を担当．	
在華顧問・嘱託時代	1940	昭和	15	7	49	招聘を受け，支那派遣軍総司令部嘱託（将官待遇）に就任．	朝日新聞論説委員は従来通り（東京－南京を往復）．
	1941	昭和	16	7	50	汪兆銘政権の依頼で東亜連盟中国総会顧問に就任し，中国残留．	総軍嘱託は解任．朝日での肩書は「中支特派員」兼任となる．
	1943	昭和	18	4	52	汪政権の経済顧問兼江蘇省政府経済顧問に招聘．同時に，朝日新聞社を退社．	主に蘇州に駐在（東亜連盟中国総会顧問も兼任）．米糧政策を中心とした経済政策に関わる．しかし，次第に江蘇省陸軍連絡部との関係が悪化．
	1945	昭和	20	3	54	軍米問題の陳情のため，日本へ出張．戦線悪化の中，中国帰任の機会を逃したまま終戦を迎える．	経済顧問の辞表提出は同年8月9日．
戦後の生活	1945	昭和	20	11	55	結党直後の日本社会党に入党．	

時期	西暦	元号	年	月	満年齢	経歴	備考
戦後の生活	1947	昭和	22	2	56	中国系日刊紙『中華日報』の顧問となる.	顧問就任は, 沈覲鼎（中国駐日代表団主席顧問）の肝煎り.
				4	56	第23回衆議院議員選挙に社会党公認候補として出馬（兵庫4区）. 落選する.	落選後, 社会党離党.
	1949	昭和	24	6	58	『中華日報』は経営難から読売新聞系列紙となり『内外タイムス』と改名. 太田はその主筆となる.	この後, 主筆, 顧問, 役員兼論説委員長と役職は変遷するが, 退職までの20年間, 『内外タイムス』に関わる.
	1969	昭和	44	3	78	内外タイムスを退社.	
	1977	昭和	52	4	86	戦前戦後の論文をまとめた論集『中国と共に五十年』を社団法人世界情勢研究会出版局より刊行.	
	1981	昭和	56	9	90	自伝『生涯——一新聞人の歩んだ道』を行政問題研究所出版局より刊行.	
	1983	昭和	58		92	中国人留学生寄宿舎用地として, 杉並区久我山の自宅敷地（2,000平米）を自らの没後東京都に寄贈する契約を締結.	現在も東京都太田記念館として留学生に利用されている.
	1986	昭和	61	9	94	死去.	

参考文献

Ⅰ　未公刊史料

1　外務省外交史料館

外務省記録「外国新聞記者、通信員関係雑件／支那人ノ部」。

外務省記録「支那事変関係一件」第三巻。

外務省記録「帝国ノ対支外交政策関係一件」第二巻。

2　防衛省防衛研究所戦史研究センター史料室

「汪兆銘政権資料（第二案）」。

「陸支密大日記」第三一号　三／三。

「陸支密大日記」第三七号　二／二。

3　国会図書館憲政資料室

「今井武夫日記」（「今井武夫関係文書」）。

「太田宇之助宛辻政信書簡」（「憲政資料室収集文書」）。

「丹波秀伯氏の談話」（「緒方竹虎伝記編纂資料」）。

「松本重治宛太田宇之助書簡」（「松本重治関係文書」）。

GHQ/SCAP Records, Civil Intelligence Section, Box 8620, Folder, 2, RG 331, NACP.
GHQ/SCAP Records, Civil Intelligence Section, Box 8625, Folder, 43, RG 331, NACP.

4　憲政記念館

「重光葵宛太田宇之助書簡」(「重光葵関係文書」)。

5　農林水産政策研究所図書館

大東亜省支那事務局農林課『昭和一八・一九・二〇年度中支食糧収買対策ニ関スル綴』。

6　東洋大学図書館

「編輯会議録」(一九四三年一〇月二三日)(「千葉雄次郎関係文書」)。

7　日本新聞博物館

「太田宇之助関係文書」(羽島コレクション)。

8　中央研究院近代史研究所檔案館

外交部檔案「日本対華政策」。
外交部檔案「駐日代表団僑務処工作報告」。
外交部檔案「駐日代表団一般業務報告」。

9　国史館

蔣経国総統文物「国防部総政治部任内文件」。
蔣中正文物史料「一般資料—呈表彙集(八六)」。
軍事委員会侍従室檔案「陳博生」。

外交部檔案「駐日代表団第三第四組工作報告」。

外交部檔案「駐日代表団工作報告（二）」。

外交部檔案「駐日代表団僑務処工作報告」。

外交部檔案「駐日代表団一般業務報告」。

10　中国国民党文化伝播委員会党史館

「中国国民党第五届中央執行委員会常務委員会会議紀録」。

「中国国民党中央改造委員会第三三三次会議紀録」。

「中央執行委員会第二〇〇次会議紀録」。

「中央執行委員会第二一六次会議紀録」。

Ⅱ　公刊史料・社史・校史・全集

1　日本語

『朝日民衆講座第七輯　済南事変の真相』東京・大阪朝日新聞社、一九二八年。

朝日新聞百年史編集委員会編『朝日新聞社史〈大正・昭和戦前編〉』朝日新聞社、一九九五年。

――『朝日新聞社史〈昭和戦後編〉』朝日新聞社、一九八八年。

網干小学校編『百年史』網干小学校、一九七一年。

石原莞爾（角田順編）『石原莞爾資料――国防論策篇〈増補版〉』原書房、一九八四年。

伊藤隆・渡辺行男編『重光葵手記』中央公論社、一九八八年。

今井武夫『日中和平工作――回想と証言　一九三七―一九四七』みすず書房、二〇〇九年。

太田宇之助『新支那を説く』第百書房、一九三六年。

――――『新支那の誕生』日本評論社、一九三七年。

――――『中国と共に五十年』世界情勢研究会出版局、一九七七年。

――――『生涯――一新聞人の歩んだ道』行政問題研究所出版局、一九八一年。

太田宇之助（望月雅士翻刻）「太田宇之助日記」昭和一五～二〇年『横浜開港資料館紀要』第二〇号～二八号、二〇〇二～一〇年。

大西斎『支那の現状（朝日常識講座(三)）』（朝日新聞社、一九二八年。

緒方竹虎述『明治末期から太平洋戦争まで』朝日新聞社史編修室、一九五一年。

尾崎秀実『現代支那論』岩波新書、一九三九年。

『尾崎秀実著作集』全五巻、勁草書房、一九七七～七九年。

『会員名簿』早稲田大学校友会、一九四三年。

海外放送研究グループ編『ＮＨＫ戦時海外放送』原書房、一九八二年。

影佐禎昭「曾走路我記」（『現代史資料一三　日中戦争　五』みすず書房、一九六六年）。

嘉治隆一『緒方竹虎』時事通信社、一九六二年。

神尾茂『香港日記』私家版、一九六二年。

川嶋右次・藤本鎚重編『網干町史』網干町史刊行会、一九五一年。

関西学院百年史編纂事業委員会編『関西学院百年史　一八八九―一九八九』通史編一、関西学院、一九九七年。

「城戸又一」『別冊新聞研究　聴きとりでつづる新聞史』第二四号、一九八八年。

清沢洌『暗黒日記』一、ちくま学芸文庫、二〇〇二年。

憲政記念館編『重光葵関係文書目録』憲政記念館、一九八七年。

『国際戦を呼ぶ爆弾支那』東京日日新聞社、一九三五年。

財団法人京都高等学校理事会編『京都中学校の歴史――わが母校よ永遠なれ』財団法人京都高等学校理事会、二〇〇三年。

蔡長庚『練功秘法　唐手道の真髄』内外タイムス社、一九六六年。

重光葵記念館編『重光葵外交意見書集』第二巻、現代史料出版、二〇〇七年。

渋谷敦『無冠の帝王――ある新聞人の生涯』清風書房、一九六八年。

衆議院事務局編『第二三回衆議院議員総選挙一覧』衆議院事務局、一九四八年。

蔡徳金編『周仏海日記』みすず書房、一九九三年。

『〝親日〟支那を暴く　日支提携はどうなる?』大阪毎日新聞社・東京日日新聞社、一九三五年。

『図録　ジャーナリスト太田宇之助の見た中国と孫文』孫文記念館、二〇一九年。

青年書房編『汪兆銘を語る』青年書房、一九三九年。

『卒業生氏名』第一高等学校、一九三六年。

田中香苗回顧録刊行会『回顧　田中香苗』田中香苗回顧録刊行会、一九八七年。

田村真作『繆斌工作』三栄出版社、一九五三年。

趙如珩『中国教育十年』大紘書院、一九四三年。

辻政信『亜細亜の共感』亜東書房、一九五〇年。

東亜同文書院大学史編纂委員会編『東亜同文書院大学史』滬友会、一九八二年。

東亜問題調査会編『朝日東亜リポート七　中国国民党と汪兆銘コース』朝日新聞社、一九三九年。

鳥居素川『支那は支那なり』大阪毎日新聞社、一九二七年。

長野朗『支那は何処へ行く?』支那問題研究所、一九二七年。

中村義他編『近代日中関係史人名辞典』東京堂出版、二〇一〇年。

縫田曄子『語りおろし　情報との出合い』ドメス出版、一九九九年。

畑俊六（伊藤隆編）『〈続・現代史資料四　陸軍〉畑俊六日誌』みすず書房、一九八三年。

波多博『中国と六十年』私家版、一九六五年。

波多野乾一『現代支那』大阪屋号書店、一九二一年。

防衛庁防衛研修所戦史室編『戦史叢書　北支の治安戦〈二〉』朝雲新聞社、一九七一年。

――『戦史叢書　支那事変陸軍作戦〈三〉』朝雲新聞社、一九七五年。

報知新聞社・社史刊行委員会編『世紀を超えて――報知新聞百二十年史』報知新聞社、一九九三年。

堀場一雄『支那事変戦争指導史』時事通信社、一九六二年。

松本忠雄編『次に支那を支配するもの』高山書院、一九三七年。

水上茂編『日支遂に敵か！』第一出版社、一九三七年。

「宗方小太郎日記」大正七～一一年。『神奈川大学人文学研究所報』第五七～五九号、二〇一七～一八年。

望月雅士・中武香奈美「インタビュー記録　太田宇之助父娘と中国——太田宇之助長女、縫田曄子氏に聞く」『横浜開港資料館紀要』第三八号、二〇二二年。

森秀樹編著『朝日新聞と東亜の人びと』スバルインターナショナル、一九八八年。

『矢内原忠雄全集』全二九巻、岩波書店、一九六三～六五年。

山浦貫一編『森恪』原書房、一九八二年。

山﨑眞紀子・石川照子・須藤瑞代・藤井敦子・姚毅『女性記者・竹中繁のつないだ近代中国と日本——一九二六～二七年の中国旅行日記を中心に』研文出版、二〇一八年。

山本真蔵日記を読む会編『山本真蔵日記』山本真蔵日記を読む会、二〇一七年。

『吉野作造選集』第九巻、岩波書店、一九九五年。

吉岡文六『蔣介石と現代支那』東白堂書房、一九三六年。

——『蔣政権はどうなる——支那は赤化するか』第一国民会出版部、一九三七年。

早稲田大学大学史編纂所編『早稲田大学百年史』第二巻、早稲田大学出版部、一九八一年。

早稲田大学大学史資料センター編『二〇一六年度春季企画展「早稲田の通信講義録とその時代　一八八六—一九五六」図録』早稲田大学大学史資料センター、二〇一六年。

2　中国語

蔡徳金編注『周仏海日記』上下、北京：中国社会科学出版社、一九八六年。

『陳布雷従政日記』（一九三五—一九四八）台北：民国歴史文化学社、二〇一九年。

房兆楹，杜聯喆合編『増校　清朝進士題名碑録附引得』北京：哈仏燕京学社、一九四一年。

馮志翔『蕭同茲伝』台北：伝記文学出版社、一九七五年。

『黄通先生訪問紀録』台北：中央研究院近代史研究所、一九九二年。

江蘇省立経済研究所『田賦徴実研究』蘇州：江蘇省立経済研究所、一九四四年。

林徵祁「陳博生」『中華民国名人伝』第七冊、台北：近代中国出版社（一九八八年六月）。

田雨時「我辨北平晨報」『伝記文学』（台北）第二六巻第四期、一九七五年四月。

――「継陳博生主持北平晨報始末」『伝記文学』（台北）第三九巻第二期、一九八一年八月。

太田宇之助・中国文化教育館訳『請看今日之中国』上海：中庸書店、一九三七年。

王行「読『新支那の誕生』後有感」『復興月刊』（上海）新中国建設学会、第五巻第八期、一九三七年。

葉明勲・黄雪邨「追憶陳博生先生」『伝記文学』（台北）第三九巻第一期（一九八一年七月）。

葉明勲『記陳博生先生』台北：財団法人大同文化基金会（一九九一年一一月）。

中央社六十週年社慶籌委會編『中央社六十年』台北：中央通訊社、一九八四年。

周培敬「蕭同茲与中央社：為蕭同茲先生百齢冥誕而作」『伝記文学』（台北）第六五巻第四期第七篇、一九九四年一〇月。

Ⅲ　新聞・雑誌（記事名は煩雑になるため省略）

1　新聞（日本語）

『朝日新聞』、『大阪朝日新聞』、『中外日報』、『中華日報』、『中華日報従業員組合斗争ニュース』、『東京朝日新聞』、『内外タイムス』。

2　雑誌（日本語）

『エコノミスト』、『外交時報』、『改造』、『我観』、『経済往来』、『経済倶楽部講演』、『経済情報（政経篇）』、『経済知識』、『現地報告』、『講演』、『国際知識』、『国際知識及評論』、『国本』、『時局月報』、『支那』、『新女苑』、『新聞協会報』、『進路』、『政界往来』、『青年教師』、『世界知識』、『大亜細亜主義』、『太平』、『ダイヤモンド』、『大陸』、『中央公論』、『東亜』、『東亜パンフレット』、

『東日時局情報』、『東方時論』、『東方文化聯盟会誌』、『東洋』、『東洋経済新報』、『日華公論』（天津）、『日本評論』、『文藝春秋』、『北京週報』（北京）、『母校通信』、『丸』、『野性時代』、『雄弁』、『ラヂオ講演講座』。

3　新聞（中国語）

『大公報』（天津・上海・重慶）、『江蘇日報』（蘇州）、『武漢日報』（武漢）、『中央日報』（南京・重慶）。

4　雑誌（中国語）

『報学』（台北）、『大陸雑誌』（台北）、『東方雑誌』（上海）、『復興月刊』（上海）、『貫通雑誌』（南京）、『国聞周報』（天津）、『国際両周報』（上海）、『江蘇経済』（蘇州）、『両儀』（武漢）、『明日東北』（瀋陽）、『南京中央日報周刊』（南京）、『時代文選』（上海）、『外交月報』（北京）、『憲兵雑誌』（南京）、『新世紀』（上海）、『中報周刊』（南京）。

Ⅳ　研究書・論文

1　日本語

浅田喬二「日本帝国主義による中国農業資源の収奪過程」（同編『日本帝国主義下の中国――中国占領地経済の研究』楽遊書房、一九八一年。

――『日本知識人の植民地認識』校倉書房、一九八五年。

味岡徹「南北対立と連省自治運動」中央大学人文科学研究所編『五・四運動史像の再検討』中央大学出版部、一九八六年。

阿部晋也「金フラン論争についての一考察――曹錕の再評価と民衆運動」『大正大学大学院研究論集』第四〇号、二〇一六年。

有山輝雄『近代日本ジャーナリズムの構造――大阪朝日新聞白虹事件前後』東京出版、一九九五年。

――『占領期メディア研究――自由と統制・一九四五年』柏書房、一九九六年。

安藤彦太郎「戦時期日本の中国研究」小島晋治・大里浩秋・並木頼寿編『二〇世紀の中国研究――その遺産をどう生かすか』研

文出版、二〇〇一年。

家近亮子『蔣介石と南京国民政府』慶應義塾大学出版会、二〇〇二年。

――『蔣介石の外交戦略と日中戦争』岩波書店、二〇一二年。

石川禎浩『中国共産党成立史』岩波書店、二〇〇一年。

今井駿「龔徳柏の抗日論」（同『中国革命と対日抗戦』汲古書院、一九九七年）。

――「日中戦争期の龔徳柏の対日観――『中国必勝論』から『日本之末路』へ」（一・二）『近きに在りて』第三七・四〇号、二〇〇〇～〇一年。

今井清一／藤井昇三編『尾崎秀実の中国研究』アジア経済研究所、一九八三年。

岩谷將『盧溝橋事件から日中戦争へ』東京大学出版会、二〇二三年。

臼井勝美『新版　日中戦争――和平か戦線拡大か』中公新書、二〇〇〇年。

内田尚孝『華北事変の研究――塘沽停戦協定と華北危機下の日中関係一九三二～一九三五年』汲古書院、二〇〇六年。

王京「一九三〇、四〇年代の日本民俗学と中国」神奈川大学二一世紀COEプログラム「人類文化研究のための非文字資料の体系化」研究推進会議、二〇〇八年。

小笠原強「日中戦争期における汪精衛政権の政策展開と実態――水利政策の展開を中心に」専修大学出版局、二〇一四年。

――「汪精衛政権下の日本人顧問――顧問の配置とその影響」『専修史学』第五九号、二〇一五年。

岡本隆司『近代日本の中国観――石橋湛山・内藤湖南から谷川道雄まで』講談社選書メチエ、二〇一八年。

尾崎護『吉野作造と中国』中公叢書、二〇〇八年。

小野信爾「〈策電〉艦襲撃事件――第三革命と日本海軍傭兵」（同『青春群像――辛亥革命から五四運動へ』汲古書院、二〇一二年）。

小野寺史郎『戦後日本の中国観――アジアと近代をめぐる葛藤』中公選書、二〇二一年。

何義麟「戦後台湾における日本語使用禁止政策の変遷――活字メディアの管理政策を中心として」（古川ちかし他編『台湾韓国沖縄で日本語は何をしたのか』三元社、二〇〇七年）。

――「戦後台湾人留学生の活字メディアとその言論の左傾化」（大里浩秋編『戦後日本と中国・朝鮮――プランゲ文庫を一つの手がかりにして』研文出版、二〇一三年。

――――「ＧＨＱ占領期における在日台湾人のメディア経営とその言論空間」『日本台湾学会報』第一七号、二〇一五年。

影山好一郎『第一次上海事変の研究――軍事的勝利から外交破綻の序曲へ』錦正社、二〇一九年。

桂川光正「東亜聯盟小史」（古屋哲夫編『日中関係史研究』吉川弘文館、一九八四年）。

金山泰志『明治期日本における民衆の中国観――教科書・雑誌・地方新聞・講談・演劇に着目して』芙蓉書房出版、二〇一四年。

金子貴純「塘沽停戦協定成立以降における陸軍の『偽装親日論』と外務省の対中政策」『外交史料館報』第三三号、二〇二〇年。

賀茂幸男『太田陸郎伝――民俗学者太田陸郎を語る玄圃梨の記』私家版、一九九二年。

紀旭峰「戦前期早稲田大学のアジア人留学生の軌跡――中国人と台湾人留学生数の動向を中心に」（李成市・劉傑編『留学生の早稲田――近代日本の知の接触領域』早稲田大学出版部、二〇一五年）。

久保亨「同時代日本の中華民国認識――矢野仁一の中国認識を中心に」（久保亨他編著『中華民国の憲政と独裁　一九一二―一九四九』慶應義塾大学出版会、二〇一一年）。

児野道子「孫文を繞る日本人――犬養毅の対中国認識」平野健一郎編『近代日本とアジア』東京大学出版会、一九八四年。

栗田直樹『緒方竹虎――情報組織の主宰者』吉川弘文館、一九九六年。

小泉憲和『重光葵と昭和の時代――旧制五高で学んだ外交官の足跡』原書房、二〇一〇年。

後藤孝夫『辛亥革命から満州事変へ――大阪朝日新聞と近代中国』みすず書房、一九八七年。

小林文男「戦前日本知識人の中国認識――日中戦争をめぐる矢内原忠雄の対応を中心に」（阿部洋編『日中関係と文化摩擦』厳南堂書店、一九八二年）。

小林元裕『近代中国の日本居留民と阿片』吉川弘文館、二〇一二年。

小山俊樹『評伝森恪――日中対立の焦点』ウェッジ、二〇一七年。

斎藤貴男『増補　空疎な小皇帝――「石原慎太郎」という問題』岩波現代文庫、二〇二三年
斎藤道彦「国民参政会と国共関係」（同編著『中国への多角的アプローチ二』中央大学出版部、二〇一三年）。

嵯峨隆『アジア主義と近代日中の思想的交錯』慶應義塾大学出版会、二〇一六年。

酒井一臣「大国による中国管理論」（同『近代日本外交とアジア太平洋秩序』昭和堂、二〇〇九年）。

笹川裕史「噴出する不満、たじろぐ政府――食糧負担の配分問題」（笹川裕史・奥村哲『銃後の中国社会――日中戦争下の総動員と農村』岩波書店、二〇〇七年）。

柴田哲雄『協力・抵抗・沈黙――汪精衛南京政府のイデオロギーに対する比較史的アプローチ』成文堂、二〇〇九年。

渋谷玲奈「戦後における『華僑社会』の形成――留学生との統合に関連して」『成蹊大学法学政治学研究』第三二号、二〇〇六年。

島田大輔「占領期『中華日報』『内外タイムス』の研究　一九四六―一九五三（上）――経営と紙面分析」『メディア史研究』第四一号、二〇一七年。

――「占領期『中華日報』『内外タイムス』の研究　一九四六―一九五三（下）――一九五〇年代における『内外タイムス』の台湾進出」『メディア史研究』第四二号、二〇一七年。

――「新聞記者における国民革命認識と対満蒙強硬論の形成――東京朝日新聞大西斎の満洲事変に至る転回」『歴史評論』第八一一号、二〇一七年。

――「ある中国専門記者の誕生――一九一〇～二〇年代の太田宇之助の中国経験と中国認識」『メディア史研究』第四四号、二〇一八年。

――「一九三〇年代における太田宇之助の中国統一援助論」『東アジア近代史』第二四号、二〇二〇年。

――「日中戦争期中国の日本通ジャーナリストの対日認識――陳博生（中央通訊社東京特派員・総編輯）の軌跡」『メディア史研究』第四八号、二〇二〇年。

――「忘れられた稀代の中国通ジャーナリスト――太田宇之助と日中友好の夢」『孫文研究』第六六号、二〇二〇年。

――「日中戦争期における中国専門記者の認識と活動――太田宇之助を中心に」（片山慶隆編著『アジア・太平洋戦争と日本の対外危機――満洲事変から敗戦に至る政治・社会・メディア』ミネルヴァ書房、二〇二一年）。

――「売られ散逸した私文書の来歴とその行方――太田宇之助および宮村三郎（林銑十郎）旧蔵史料を中心に」『東アジア近代史』第二八号、二〇二二年。

――「天津租界の日本語メディア『日華公論』（一九一三～一九二二年）における日華文化提携の試み――中国新文化運動と日本アナキズム運動との関連性を中心に」（科研費報告書『近代日中関係の対外宣伝と相互理解をめぐる摩擦と模索――『順天時報』の分析を通して』二〇二二年）。

――「対華新政策と太田宇之助――江蘇省経済顧問時代の米糧・田賦政策を中心に」『孫文研究』第七二号、二〇二三年。

――「日中戦争期における吉岡文六（東京日日新聞）の中国認識――蔣介石観を中心に」『東洋学報』第一〇六巻第二号、

二〇二四年。

――「中国専門記者太田宇之助の戦後」（中村元哉・村田雄二郎・山口早苗編『戦後日本と中華圏の人物交流史――日中国交正常化まで』東洋文庫、二〇二四年）。

――「太田宇之助と尾崎秀実――一九三〇年代における東京朝日新聞社中国専門記者の中国認識」（朱琳・渡辺健哉編『近代日本の中国学――その光と影』勉誠社、二〇二四年）。

鈴木多聞「重慶和平工作と小磯内閣」『東京大学日本史学研究室紀要』第一一号、二〇〇七年。

関智英『対日協力者の政治構想――日中戦争とその前後』名古屋大学出版会、二〇一九年。

――「荒木貞夫の人物像とその中国認識」（瀧下彩子・矢野真太郎編『軍人荒木貞夫と戦前の日中関係――東洋文庫所蔵の口述記録』東洋文庫、二〇二四年）。

髙綱博文『「国際都市」上海のなかの日本人』研文出版、二〇〇九年。

――「戦時上海における内山完造――内山完造の〈グレーゾーン〉問題を中心に」『日本大学通信教育部研究紀要』第三三号、二〇二〇年。

高柳峻秀「中国人の日本留学と『日本研究』――団体と雑誌を中心に（一九一五～一九三二）」（孫安石・大里浩秋編『明治から昭和の中国人日本留学の諸相』東方書店、二〇二二年）。

武田知己『重光葵と戦後政治』吉川弘文館、二〇〇二年。

巽由佳子「占領期日本における華僑の出版物」『国立国会図書館月報』第六五八号、二〇一六年。

田中悦子「昭和九―一〇年の尾崎秀実――初期評論をめぐって」『日本歴史』第四六六号、一九八七年。

――「尾崎秀実の中国情勢の分析――昭和一二～一三年国民再編成運動との関連から」『日本歴史』第五五七号、一九九四年。

――「尾崎秀実の汪兆銘工作観――昭和十四年～十六年中国情勢観をめぐって」『日本歴史』第五九二号、一九九七年。

――「上海時代の尾崎秀実――「上海特電」を中心に」『日本歴史』第六〇五号、一九九八年。

――「大阪朝日新聞『上海特電』タイトル（昭和三年十一月末～昭和七年二月初）」『ゾルゲ事件研究』第六号、二〇〇〇年。

種稲秀司『近代日本外交と「死活的利益」――第二次幣原外交と太平洋戦争への序曲』（芙蓉書房出版、二〇一四年）。

段瑞聡『蔣介石と新生活運動』慶應義塾大学出版会、二〇〇六年。

――『蔣介石の戦時外交と戦後構想　一九四一―一九七一年』慶應義塾大学出版会、二〇二一年。

チェン、ジェローム『軍紳政権』岩波書店、一九八四年。

張宝芸「日本新聞博物館――紙資料を中心とした所蔵資料」『戦争とメディア、そして生活』勉誠出版、二〇〇八年。

塚本元『中国における国家建設の試み――湖南一九一九―一九二一』東京大学出版会、一九九四年。

土屋礼子「毎日・朝日の二大新聞社における『東亜』の組織と記者たち」『Intelligence』第一五号、二〇一五年。

戸部良一『ピース・フィーラー――支那事変和平工作の群像』論創社、一九九一年。

――『日本陸軍と中国――「支那通」にみる夢と蹉跌』講談社選書メチエ、一九九九年。

――「桐工作をめぐって」（同『戦争のなかの日本』千倉書房、二〇二〇年）。

――「日本人の日中戦争観――一九三七―一九四一」（同『戦争のなかの日本』千倉書房、二〇二〇年）。

――『日中和平工作　一九三七―一九四一』吉川弘文館、二〇二四年。

冨塚一彦「一九三三、三四年における重光外務次官の対中国外交路線――「天羽声明」の考察を中心に」『外務省史料館報』第一三号、一九九九年。

冨田啓一郎『大正デモクラシーと鳥居素川』熊本出版文化会館、二〇一七年。

富田武『スターリニズムの統治構造――一九三〇年代ソ連の政策決定と国民統合』岩波書店、一九九六年。

――『戦間期の日ソ関係』岩波書店、二〇一〇年。

――『日本人記者の観た赤いロシア』岩波全書、二〇一七年。

内藤湖南研究会編『内藤湖南の世界』河合文化教育研究所、二〇〇一年。

中下正治『新聞にみる日中関係史』研文出版、一九九六年。

中村元哉『戦後中国の憲政実施と言論の自由　一九四五―四九』東京大学出版会、二〇〇四年。

――「国民党政権と南京・重慶『中央日報』――戦時から戦後にかけての自立化傾向」（波多野澄雄・久保亨・中村元哉編『日中終戦と戦後アジアへの展望』慶応義塾大学出版会、二〇一七年）。

夏井春喜『中国近代江南の地主制研究』及古書院、二〇〇一年。

――『中華民国江南地主制研究』及古書院、二〇一四年。

奈良岡聰智『対華二十一ヵ条要求とは何だったのか――第一次世界大戦と日中対立の原点』名古屋大学出版会、二〇一五年。

西村成雄「『中国統一化』論争の一側面」『歴史学研究』第三九一号、一九七二年。

――「日中戦争前夜の中国分析――「再認識論」と「統一化論争」」（岸本美緒編『岩波講座「帝国」日本の学知　第三巻　東洋学の磁場』二〇〇六年）。

――『二〇世紀中国政治史研究』放送大学教育振興会、二〇一一年。

――「ジャーナリスト太田宇之助氏の第2四半世紀――一九三五年『中国論』の新たな構図」『図録　ジャーナリスト太田宇之助の見た中国と孫文』孫文記念館、二〇一九年。

日本国際政治学会太平洋戦争原因究明部編『太平洋戦争への道　一　満州事変前夜』朝日新聞社、一九六三年。

根岸智代「一九三五年『華北問題』をめぐる胡適・室伏高信の論争」『大阪大学中国文化フォーラム・ディスカッションペーパー』二〇一三―三、二〇一三年。

――「一九三〇年代半ば中国再認識をめぐる日本の論壇――『中央公論』誌を中心にして」『現代中国研究』第三五・三六号、二〇一五年。

野村浩一『近代日本の中国認識――アジアへの航跡』研文出版、一九八一年。

萩原淳『平沼騏一郎と近代日本』京都大学学術出版会、二〇一六年。

羽島知之「新聞博物館に入る『羽島コレクション』」『日本古書通信』第六二巻第八号（通号八一七）、一九九七年。

――「新聞と私――新聞収集研究六〇年」『あめく通信』第九号、琉球新報新聞博物館、二〇〇八年。

橋本浩一『福建人民革命政府の研究』汲古書院、二〇二二年。

秦郁彦「日中戦争の軍事的展開」（日本国際政治学会太平洋戦争原因研究部編『太平洋戦争への道――開戦外交史』第四巻〈日中戦争　下〉、朝日新聞社、一九六三年）。

波多野乾一「中国専門記者とその業績」『新聞研究』第七二号、一九五七年。

波多野澄雄『太平洋戦争とアジア外交』東京大学出版会、一九九六年。

――「日中戦争の原因と背景について」（波多野澄雄・中村元哉編『日中戦争はなぜ起きたのか』中央公論新社、二〇一八年）。

服部聡『松岡外交――日米開戦をめぐる国内要因と国際関係』千倉書房、二〇一二年。

馬場公彦『戦後日本人の中国像――日本敗戦から文化大革命・日中復交まで』新曜社、二〇一〇年。

原正人『近代中国の知識人とメディア、権力――研究系の行動と思想、一九一二～一九二九』研文出版、二〇一二年。

潘吉玲「中国の日本研究専門雑誌『日本評論』およびその前身雑誌について――一九三〇年代を中心に」『中国研究月報』第八六二号、二〇一九年。

樋口秀実「日本陸軍の中国認識の変遷と『分治合作主義』」『アジア経済』第五七巻第一号、二〇一六年。

武暁桐「日刊紙『晨報』の性格について―民国メディア史研究の基礎作業として」『国際文化研究』第二二号、二〇一六年。

――「『晨報』における学生運動に関する言論――一九一九年五四運動から一九二八年北伐まで」『国際文化研究』第二三号、二〇一七年。

――「一九二八年以後の「晨報系」新聞と政治状況の関係について」『中国近現代文化研究』第二〇号、二〇一九年。

――『「晨報系」新聞の研究（一九一六―一九三七年）』東北大学博士学位論文、二〇二〇年。

藤村一郎『吉野作造の国際政治論――もうひとつの大陸政策』有志舎、二〇一二年。

古厩忠夫「対華新政策と汪精衛政権――軍配組合から商統総会へ」（中村政則・高村直助・小林英夫編著『戦時華中の物資総動員と軍票』多賀出版、一九九四年）。

――「日中戦争と占領地経済」同『日中戦争と上海、そして私――古厩忠夫中国近現代史論集』研文出版、二〇〇四年。

弁納才一「なぜ食べるものがないのか――汪精衛政権下中国における食糧事情」（弁納才一・鶴園裕『東アジア共生の歴史的基礎』御茶の水書房、二〇〇八年）。

堀井弘一郎『汪兆銘政権と新国民運動――動員される民衆』創土社、二〇一一年。

増田弘『石橋湛山研究――「小日本主義者」の国際認識』東洋経済新報社、一九九〇年。

松尾尊兊「吉野作造と石橋湛山の中国論・断章」『近きに在りて』第三二号、一九九七年。

松田康博『台湾における一党独裁体制の成立』慶應義塾大学出版会、二〇〇七年。

松本三之介『近代日本の中国認識――徳川期儒学から東亜共同体論』以文社、二〇一一年。

丸山昇『ある中国特派員――山上正義と魯迅』田畑書店、一九九七年。

溝口雄三「反日デモ――どういう歴史の目で見るか」『現代思想』二〇〇五年六月号。

三好章「清郷工作と『清郷日報』」（同編『『清郷日報』記事目録』中国書店、二〇〇五年）

三輪公忠「中国『非国論』の系譜」（同『共同体意識の土着性』三一書房、一九七八年）。

望月雅士「〔解題〕支那派遣軍嘱託としての太田宇之助」『横浜開港資料館紀要』第二一号、二〇〇三年。

――「太田宇之助と中国人留学生」『横浜開港資料館紀要』第三八号、二〇二二年。

矢野真太郎「華北分離工作以後の日中『経済提携』――日本側アクターの構想を中心に」『東アジア近代史』第二四号、二〇二〇年。

山田智・黒川みどり編『内藤湖南とアジア認識』勉誠出版、二〇一三年。

山本武利『占領期メディア分析』法政大学出版局、一九九六年。

――『朝日新聞の中国侵略』文藝春秋、二〇一一年。

山本秀夫『橘樸』中公叢書、一九七七年。

山本秀夫編『橘樸と中国』勁草書房、一九九〇年。

横山宏章『中華民国――賢人支配の善政主義』中公新書、一九九七年。

米谷匡史「戦時期日本の社会思想――現代化と戦時変革」『思想』八八二号〈一九三〇年代の日本思想〉、一九九七年。

――「解説」（同編『尾崎秀実時評集』東洋文庫、二〇〇四年）。

李相哲『満州における日本人経営新聞の歴史』凱風社、二〇〇〇年。

劉傑『日中戦争下の外交』吉川弘文館、一九九五年。

――『漢奸裁判――対日協力者を襲った運命』中公新書、二〇〇〇年。

――「汪兆銘政権論」『岩波講座　アジア・太平洋戦争　七　支配と暴力』岩波書店、二〇〇六年。

――「汪兆銘と『南京国民政府』――協力と抵抗の間」（劉傑・三谷博・楊大慶編『国境を越える歴史認識――日中対話の試み』東京大学出版会、二〇〇六年）。

――「日中関係のなかの『中国通』外交官――芳沢謙吉・有吉明の時代」（劉傑・川島真編『対立と共存の歴史認識』東京大学出版会、二〇一三年）。

――「石射猪太郎と日中戦争」（黄自進・劉建輝・戸部良一編『〈日中戦争〉とは何だったのか――複眼的視点』ミネルヴァ書房、二〇一七年）。

鹿錫俊『中国国民政府の対日政策　一九三一―一九三三』東京大学出版会、二〇〇一年。

――「満洲事変と日中紛争」（川島真・服部龍二編『東アジア国際政治史』名古屋大学出版会、二〇〇七年）。

――『蔣介石の「国際的解決」戦略　一九三七―一九四一――「蔣介石日記」から見る日中戦争の深層』東方書店、二〇一六年。

2　中国語

曹立新『在統制与自由之間――戦時重慶新聞史研究（一九三七―一九四五年）』桂林：広西師範大学出版社、二〇一二年。

陳進金『地方実力派与中原大戦』新店：国史館、二〇〇二年。

裴桐「民国報人陳博生新聞活動与思想研究」重慶大学修士論文、二〇一七年五月。

裴桐・斉輝「抗戦時期報人陳博生新聞実践活動初探」『新聞春秋』（北京）二〇一七年第四期、二〇一七年一二月。

高郁雅『北方報紙輿論対北伐之反応―以天津大公報、北京晨報為代表的探討』台北：学生書局、一九九九年。

蔣江艶「『復興月刊』民族復興思想研究―以政治話語為中心」長沙：湖南師範大学博士学位論文、二〇一四年。

李雷波「抗戦前北京〝晨報〞編輯出版系統演変考実」『民国研究』（北京）、二〇一四年第一期。

潘敏『江蘇日偽基層政権研究　一九三七―一九四五』上海：上海人民出版社、二〇〇六年。

王潤沢『張季鸞与「大公報」』北京：中華書局、二〇〇八年。

呉廷俊『《大公報》全史　一九〇二―一九四九』全五冊、上海：復旦大学出版社、二〇二三年。

許金生『近代日本対華宣伝戦研究（一八六八―一九三七）』上海：復旦大学出版社、二〇二一年。

許硯輝「日本在華刊物『日華公論』（一九一九―一九二二）研究」北京：北京語言大学博士学位論文、二〇二二年。

楊棟梁主編『近代以来日本的中国観』全六巻、南京：江蘇人民出版社、二〇一六年。

――『近代以来日本対華認識及其行動選択研究』北京：経済科学出版社、二〇一五年。

楊子震「中国駐日代表団之研究―初探戦後中日・台日関係之二元架構」『国史館館刊』第一九期（台北：国史館、二〇〇九年）。

愈凡『新記《大公報》再研究』北京：中国社会科学出版社、二〇一六年。

余子道・曹振威・石源華『汪偽政権全史』上下巻、上海：上海人民出版社、二〇〇六年。

張継木『張季鸞抗戦言論研究』武漢：華中師範大学出版社、二〇一四年。

周佳栄編『近代日人在華報業活動』香港：三聯書店、二〇〇七年。

3 英語

REVELANT, *Andrea. Revolution deconstructed: Chiang Kai-shek and the Northern Expedition in the Japanese Press 1926-1928*, In: Laura De Giorgi, Guido Samarani (eds.), *Chiang Kai-shek and His Time: New Historical and Historiographical Perspectives*, Venezia: Edizioni Ca' Foscari, 2017.

V 一般書

『昭和の大衆娯楽――性の文化史と戦後日本人』イーストプレス、二〇一四年。

広岡敬一『戦後性風俗大系――わが女神たち』小学館文庫、二〇〇七年。

みのわ・ひろお『日本ストリップ五〇年史』三一書房、一九九九年。

あとがき

本書は、二〇一八年に早稲田大学大学院社会科学研究科に提出した、博士学位請求論文「太田宇之助と大正・昭和期日中関係――中国専門記者の戦前・戦中・戦後」をもとにしている。

本書の原型となる論文執筆においては、服部国際奨学財団の給付奨学金、および、以下のＪＳＰＳ科研費（19K13638・21J00144）の助成を受けた。

各章の初出は以下の通りである。本書収録にあたり、全て大幅な加筆・修正を施している。

序章　第一節～第四節　書き下ろし。補節「売られ散逸した私文書の来歴とその行方――太田宇之助および宮村三郎（林銑十郎）旧蔵史料を中心に」『東アジア近代史』第二六号、二〇二二年。

第1章「ある中国専門記者の誕生――一九一〇～二〇年代の太田宇之助の中国経験と中国認識」『メディア史研究』第四四号、二〇一八年。および、「新聞記者における国民革命認識と対満蒙強硬論の形成――東京朝日新聞大西斎の満洲事変に至る転回」『歴史評論』第八一一号、二〇一七年。

第2章　第一節「ある中国専門記者の誕生」。第二節「一九三〇年代における太田宇之助の中国統一援助論」『東アジア近代史』第二四号、二〇二〇年。第三節書き下ろし。第四節「日中戦争期における中国専門記者の認識と活動――太田宇之助を中心に」（片山慶隆編著『アジア・太平洋戦争と日本の対外危機――満洲事変から敗戦に至る政治・社会・メディア』ミネルヴァ書房、二〇二一年)。
第3章　「日中戦争期における中国専門記者の認識と活動」。
第4章　「対華新政策と太田宇之助──江蘇省経済顧問時代の米糧・田賦政策を中心に」『孫文研究』第七二号、二〇二三年。
第5章　「中国専門記者太田宇之助の戦後」(中村元哉・村田雄二郎・山口早苗編『戦後日本と中華圏の人物交流史──日中国交正常化まで』東洋文庫、二〇二四年)。
補章　「日中戦争期中国の日本通ジャーナリストの対日認識──陳博生(中央通訊社東京特派員・総編輯)の軌跡」『メディア史研究』第四八号、二〇二〇年。
終章　書き下ろし。

本研究テーマのきっかけは、修士課程までテーマとしていた昭和戦前期日本のイスラーム政策の研究が博士課程入学後、史料的な理由で行き詰まったことにある。新しい研究テーマに悩んでいたところ、指導教員の劉傑先生より「戦前期の雑誌を徹底的に読みなさい」とアドバイスをいただいた。早稲田大学図書館の書庫に籠もり、『中央公論』に始まり、『改造』『文藝春秋』『日本評論』『外交時報』『支那』などを片っ端から読んだ。そうした作業のなかで、戦前の雑誌のなかでは中国評論、つまり中国とどういうふうに付き合っていくのかとか、中国が今後どうなるのかといった評論が非常に多いことに気付いた。また、書き手のなかに中国問題を専門とする新聞記者がかなり多いことも引っ掛かった。何名かの記者が視野に入ったが、その中でも「これは！」と思った人物が太田宇之助であった。太田の評論は、雑誌を散読、乱読していてしばしば目に留まった。何故なら、彼は、中国が今後どうなるのか、そして日本と中国の関係はどうあるべきかということに関して、ユニークにして、確固たる持論を有していたからであった。当時の論壇で主流だった「中国非国家論」と一線を画す議論を展開していた太田はまさに異色の存在であり、彼の足跡《そくせき》を辿るのに夢中になったことを覚えている。それが二〇一一年の夏頃で、そこから本研究がスタートしたのであった。余談だが、筆者は、これまで三度太田を夢に見ている。いつも聞きたいことも聞けないまま目が覚めるのだが、研究対象が夢枕に立つとは、何たる執着なのかと我ながら驚く。

太田、大西斎、吉岡文六らの雑誌評論の収集には、皓星社の「ざっさくプラス――雑誌記事索引集成データベース」を主に用いた（抜けも多いので、雑誌をめくって収集した評論もある）。本研究は、このDBなくして成立しえなかったので、ここに感謝の意を表したい。

また、博士課程入学当時から、劉先生のもとで昭和期の「支那通」軍人である今井武夫の日記の読解・整理作業に携わったことも、イスラーム政策史から日中関係史への移行をスムーズにした。『今井武夫日記』は近いうちにみすず書房より刊行される予定である。この作業のなかで今井のご遺族である故今井貞夫さんとは特に懇意になった。遺族・研究者という関係に留まらない、年の離れた友人といってよい関係を築けた。今井さんとは劉ゼミ、各種研究会でご一緒させていただく機会が多く、よく酒も酌み交わしたし、一緒に台北・南京・北京を旅行した。博士論文執筆の上でも大変お世話になった。二〇二四年一月に急逝されたために、本書を届けることができなかったのは返す返すも残念である。

指導教員であり博士論文の主査を務めていただいた劉傑先生は、基本的に放任主義を採ってくれたが、怠惰な筆者を時に厳しく導いて下さった。大学院劉ゼミは、留学生、社会人が数多く、議論が盛んであり、歴史研究だけでなく、現代中国を研究する院生もおり、多様な視点で中国に向き合う指針を提供してくれた。毎年夏のゼミ合宿や毎週ゼミ後の懇親会で劉先生、ゼミ生一同と交流したことは、研究生活を豊かにした。劉ゼミの皆さんにも感謝を申し上げたい。劉ゼミのサブゼミとして活動した太田宇之助日記研究会での議論や拙レジュメは、そのまま本書に生かされている。劉先生のご著書『日中戦争下の外交』（吉川弘文館）からも学ぶ点は多かったし、本書で用いている中華圏の史料（檔案や雑誌・新聞史料）は、劉先生が最初に案内してくれた台湾で見つけたものであった。そもそも、先に触れた通り、劉先生なくして、本書のテーマには辿り着けなかった。提出後の博士論文に深刻な不備があった際も、再提出できるようお骨折りいただいた。ご迷惑をおかけしてしまい、心から反省している。本書の刊行が劉先生から賜った学恩に少しでも報いることになれば望外の喜びである。

　副指導教員であり副査を務めていただいた故島善高先生は、筆者の研究を面白がって下さり、また、博士号取得、早稲田大学講師への就職を誰よりも喜んでくれた。暖かく筆者を見守って下さった島先生に本書をお渡しできないことが悔やまれる。同じく副査を務めていただいた中村元哉先生には、中国近現代史、中国メディア史の知見に基づくご指導を賜り、日本学術振興会特別研究員（ＰＤ）の受入教員をお引き受けいただいた。中村先生には、戦後史のシンポジウムにお誘い下さり、東洋文庫奨励研究員に推薦いただくなど、気に掛けていただいている。陳博生についてより深く研究するように勧めて下さったのも中村先生である。

　学士課程、修士課程で指導教員であった故山崎有恒先生、服部龍二先生からも深い学恩を賜った。特に、山崎先生には早稲田大学助手の任期が切れた後の路頭に迷っていた時期に、立命館大学立命館アジア・日本研究機構研究員として受け入れて下さり、学部の山崎ゼミの副指導教員としてゼミ指導を二年間一緒に担当させていただいた。博士論文は、この立命館大学在勤中に提出した。諸事情で塩漬けになっていた博士論文を提出する気になったのは、課程博士の年限が来てしまったという事情のほかに、卒業論文に取り組む山崎ゼミの学生たちの真摯な姿に触発された結果でもある。山崎先生からも博士号を是非取るようにと背中を押していただいた。十日間不眠不休で仕上げた。そもそも、学部の時に山崎先生に出会ってなければ、筆者は研究者を目指してはなかっただろう。筆者のことを常に気に掛けてくれて、全幅の信頼を寄せていただき、どんな相談でも親身に聞いて下さった。先生は暖かくて大きな、慈父のような存在だった。山崎先生からは言葉に尽くせないほど、多くのことを学ばせていただいた。その山崎先生が本書校正中の二〇二四年一一月に台北で急逝してしまったことは哀惜の念にたえない。心よりご冥福をお祈りする。また、修士課程の時、服部先生の『広田弘毅』(中公新書)の史料調査のお手伝いをしたことがあった。この時垣間見えた服部先生の史料収集への飽くなき情熱に目を開かれる思いをした。研究者とはかくあるべきなのかと感銘を受けたのを覚えている。服部先生はその後、戦後政治外交史に研究を進められたが、本書が戦後期までも対象としているのは、先生の薫陶といってよい。

本書刊行までにお世話になった方は数多い。小山俊樹先生とは山崎先生主催の西園寺公望文書研究会でお会いして以来、お世話になっているが、特に二〇一〇年一一月以降、筆者とともに大学横断型の日本近代史に関する研究会である機密費研究会を設立して、そこでお世話になってる。機密費研究会は筆者を含めて参加者が博論構想報告を気軽に行うことを目的の一つとして組織した。同研究会での議論は執筆に非常に役に立った。参加者の皆様にも心から感謝の意を表したい。また、片山慶隆先生とは、服部先生が主催されていた東アジア国際政治史研究会でお会いして以降、主催されている日本政治社会史研究会、近代日本メディア研究会などでお世話になっている。筆者をメディア史研究、メディア言説研究に導いていただいたのは片山先生であった。青山治世・関智英両先生には、主に順天時報の会でお世話になっている。お二人からは中国近現代史の視点からのアドバイスをいつもいただいている。博士論文を提出して一年後の二〇一九年に、太田に関する特別展「ひょうごの人々と近代中国——ジャーナリスト太田宇之助の見た中国と孫文」を開いて下さった孫文記念館の皆さん、特に西村成雄先生、蔣海波先生にもお世話になった。海外での研究発表においては、陳家豪先生、アンドレア・レヴェラント先生にお世話になった。他にもお世話になった方がいらっしゃるが、数が多く、かつ書き漏らす恐れがあるので、以上としたい。

太田家のご遺族・ご親族(故縫田曄子さん、髙礒加代子さん、植田実可子さん、太田覚さん)からも、本書刊行に向け励ましの言葉をいただいた。特に太田の長女である縫田さんは、本書のもととなる博士論文に目を通してありがたい感想を下さるとともに、太田に関するインタビューや手紙での問い合わせに何度も快く応じて下さった。二〇二四年九月に亡くなられた縫田さんに本書を届けられなかったことは痛恨の思いである。

本書刊行にあたっては、編集者の奥田のぞみさん、中村孝子さんのご助力は欠かせないものであった。特に、中村さんは懇切丁寧な校正を施して下さり感謝にたえない。

現下の厳しい出版事情にもかかわらず、本書の刊行をお引き受けいただいた法政大学出版局にも感謝を申し上げる。本書の出版にあたっては、ＪＳＰＳ科研費の出版助成である、研究成果公開促進費（学術図書）24HP5080の補助を受けている。

最後に家族に対して感謝を伝えたい。筆者がこれまで研究を続けてこられたのは両親の理解・支援があってこそであった。本書の刊行がささやかな親孝行になればと願う。

二〇二五年一月

島田大輔

人名索引

あ　行

か　行

さ　行

た　行

な　行

は　行

ま　行

や　行

ら　行

事項索引

あ　行

か　行

さ　行

た　行

な　行

は　行

ま　行

ら　行

わ　行

著者紹介

島田大輔（しまだ　だいすけ）

1982年静岡県生。公益財団法人東洋文庫奨励研究員。

立命館大学文学部卒業。中央大学大学院総合政策研究科博士前期課程修了。早稲田大学大学院社会科学研究科博士後期課程満期退学。

博士（社会科学）。

早稲田大学社会科学総合学術院助手，立命館大学立命館アジア・日本研究機構研究員，同専門研究員，早稲田大学社会科学総合学術院講師，日本学術振興会特別研究員（PD）を経て現職。

専門は，日本近現代史，日中関係史，メディア史。

主な論文に，「日中戦争期における吉岡文六（東京日日新聞）の中国認識――蔣介石観を中心に」『東洋学報』第106巻第2号，2024年，「日中戦争期中国の日本通ジャーナリストの対日認識――陳博生（中央通訊社東京特派員・総編輯）の軌跡」『メディア史研究』第48号，2020年，「1930年代における太田宇之助の中国統一援助論」『東アジア近代史』第24号，2020年など。

中国専門記者の日中関係史
太田宇之助を中心に

2025年2月28日　初版第1刷発行

著　者　島田大輔
発行所　一般財団法人 法政大学出版局
〒102-0071 東京都千代田区富士見2-17-1
電話03(5214)5540 振替00160-6-95814
印刷：平文社　製本：積信堂
装幀：奥定泰之

Printed in Japan

ISBN978-4-588-32608-0